Zur strafrechtlichen Verantwortlichkeit als Folge der regelwidrigen Beeinflussung geltender Allokationskriterien im Bereich der Organzuteilung

Europäische Hochschulschriften

European University Studies

Publications Universitaires Européennes

Reihe II **Rechtswissenschaft**

Series II Law

Série II Droit

Band/Volume **5809**

Christian Koppe

Zur strafrechtlichen Verantwortlichkeit als Folge der regelwidrigen Beeinflussung geltender Allokationskriterien im Bereich der Organzuteilung

PL ACADEMIC RESEARCH

Bibliografische Information der Deutschen Nationalbibliothek
Die Deutsche Nationalbibliothek verzeichnet diese Publikation in der Deutschen Nationalbibliografie; detaillierte bibliografische Daten sind im Internet über http://dnb.d-nb.de abrufbar.

Zugl.: Kiel, Univ., Diss., 2015

D 8
ISSN 0531-7312
ISBN 978-3-631-66745-3 (Print)
E-ISBN 978-3-653-06362-2 (E-Book)
DOI 10.3726/978-3-653-06362-2

PL Academic Research ist ein Imprint der Peter Lang GmbH.
Peter Lang – Frankfurt am Main · Bern · Bruxelles · New York · Oxford · Warszawa · Wien

Diese Publikation wurde begutachtet.

www.peterlang.com

Vorwort

Die vorliegende Arbeit entstand in der Zeit von 2013 bis 2015 und wurde vom Promotionsausschuss der Rechtswissenschaftlichen Fakultät der Christian-Albrechts-Universität zu Kiel im April 2015 als Dissertation angenommen. Das Manuskript wurde im April 2015 abgeschlossen; spätere Entwicklungen – insbesondere das Urteil des LG Göttingen v. 06.05.2015 (Az.: 6 Ks 4/13) – konnten nicht mehr berücksichtigt werden und wurden daher nur punktuell nachgetragen.

Für mich war die Erstellung dieser Arbeit eine Herausforderung und eine persönlich bereichernde Erfahrung zugleich. Den zahlreichen Personen, die mich in vielfältiger Art und Weise unterstützt haben sowie den Weggefährten, die mich während der Promotionszeit begleitet und mir Rückhalt gegeben haben, möchte ich an dieser Stelle ganz herzlich danken.

Mein besonderer Dank gilt zunächst meinem Doktorvater Herrn Professor Dr. Manfred Heinrich für seine hervorragende Unterstützung bei der Betreuung dieser Arbeit. Durch die richtige Balance aus Interesse an meiner Arbeit und gleichzeitig gewahrter Zurückhaltung in Bezug auf jegliche Art von Vorgaben hat er mir ein perfektes Umfeld für die Dissertation zur Verfügung gestellt. Ebenfalls herzlich bedanken möchte ich mich bei Herrn Professor Dr. Andreas Hoyer für die freundliche Übernahme des Zweitgutachtens.

Meiner Lebensgefährtin Sonja Lubnow gilt mein Dank vor allem für die unendliche Geduld während der langwierigen Arbeiten.

Mein größter Dank gilt an dieser Stelle meinen Eltern Karin und Peter Koppe sowie meiner Schwester Dr. Anja Hehne. Meiner Schwester danke ich für die Aufheiterungen während der letzten zwei Jahre und dafür, dass sie mir stets ein Vorbild war. Meinen Eltern danke ich von Herzen, dass sie mir diese Ausbildung ermöglicht und mich auf meinem bisherigen Lebensweg vorbehaltlos unterstützt, gefördert und gefordert haben, wodurch sie mir die Basis für meine persönliche und berufliche Entwicklung ermöglichten. Durch ihren steten Rückhalt, ihren Zuspruch und ihre Liebe haben sie im wesentlichen Maße zum Gelingen der Arbeit beigetragen. Ihnen widme ich diese Arbeit.

Hamburg, den 13.11.2015 Christian Koppe

Inhaltsverzeichnis

Einleitung und Ziel der Arbeit

Niemals zuvor konnte der Einzelne seine materiellen Bedürfnisse so leicht verwirklichen wie heute. Dank des Internetzeitalters und immer längerer Ladenöffnungszeiten ist es praktisch kaum noch möglich, eine Ware nicht zu bekommen. Musste man früher noch überlegen, ob eine Sache überhaupt verfügbar war, so stellt sich heute meist nur noch die Frage, ob man finanziell in der Lage ist, sich diese zu leisten, und wenn ja, wo diese erworben werden soll. Selbst bei finanziell angespannter Lage stellt die moderne Dienstleistungsgesellschaft zahlreiche Modelle zur Verfügung, um den Strom des Konsums nicht abreißen zu lassen. Diese anscheinend so perfektionierte Konsumgesellschaft lässt einen beinahe den Blick dafür verlieren, dass es nach wie vor Gebiete gibt, in denen der Mensch sein Verlangen nach „mehr“ nicht befriedigen kann. Einer dieser Bereiche, bei denen die Nachfrage um ein Vielfaches größer ist als das zur Verfügung stehende Angebot, ist der Bereich der Organspende. In kaum einem anderen Bereich herrscht aber ein so eklatantes Missverhältnis zwischen Angebot und Nachfrage wie in diesem. Allein in Deutschland betrug die Zahl der Menschen im Jahr 2013, die auf ein Spenderorgan gewartet haben, rund 11.000.[1] Die Zahl der transplantierten Organe hingegen betrug nur 4.059.[2] Damit bekam nicht einmal jeder Zweite das von ihm dringend benötigte Organ. Führt man sich vor Augen, dass die Organspende für die betroffenen Menschen oft die einzig verbliebene Möglichkeit ist, am Leben teilzunehmen, so wird einem die Dramatik des Organmangels bewusst. Erschwerend kommt hinzu, dass es sich bei der Organspende nicht um ein Gebiet handelt, in dem das Angebot durch Druck oder Zwang erhöht werden kann. Die Organspende erfolgt vielmehr ausschließlich auf freiwilliger Basis. Ziel muss es daher sein, neben der Gewinnung neuer potentieller Spender, dass Vertrauen der Bevölkerung in das bestehende System zu festigen. Dazu gehört insbesondere das Vertrauen in eine gerechte Allokation (von lat. *locare = zuteilen*[3]) der Organe nach festen Kriterien.

1 vgl. DSO Jahresbericht 2013, S. 54, abrufbar unter: http://www.dso.de/uploads/tx_dsodl/JB_2013_Web_05.pdf, (zuletzt abgerufen am 15.07.2014).

2 siehe dazu Kap. Eins, VI; Vgl. DSO Jahresbericht 2013, S. 65, abrufbar unter: http://www.dso.de/uploads/tx_dsodl/JB_2013_Web_05.pdf, (zuletzt abgerufen am 15.07.2014).

3 siehe Duden, abrufbar unter: http://www.duden.de/rechtschreibung/Allokation, (zuletzt abgerufen am 15.07.2014).

Dieses Vertrauen wurde durch den im Jahr 2012 bekannt gewordenen „Organspendenskandal“ erheblich erschüttert. Dabei wurde bekannt, dass in den Transplantationskliniken Göttingen, Leipzig, München rechts der Isar und Münster erhebliche Unregelmäßigkeiten im Zusammenhang mit der Organallokation aufgetreten sind,[4] wobei allein in Göttingen – in 34 Fällen – die Gesundheitsdaten von Patienten verändert wurden.[5] Dabei wurden Patientenakten derart manipuliert, dass den Patienten ein erheblich schlechterer medizinischer Zustand bescheinigt wurde. In einem zweiten Schritt wurden diese Krankendaten an die Vergabezentrale „Eurotransplant“ übermittelt, woraufhin die Patienten nicht nur in die Warteliste für eine zukünftige Transplantation aufgenommen wurden, sondern aufgrund des bescheinigten Zustandes auch zeitnah ein Organ erhalten haben sollen.[6] Die Konstellation macht bereits deutlich, dass es sich im Kern daher auch nicht um einen „Organ*spenden*-Skandal“ handelt, sondern vielmehr um einen „Organ*verteilungs*-Skandal“. Die verwerfliche Handlung liegt nämlich nicht in der rechtswidrigen Gewinnung von Spenderorganen, sondern in deren unrechtmäßiger Verteilung an deren Empfänger durch die behandelnden Mediziner.[7]

Als Reaktion auf die Geschehnisse hat der Gesetzgeber im Jahr 2013 § 19 Abs. 2a TPG in das Transplantationsgesetz aufgenommen, wonach mit Freiheitsstrafe bis zu zwei Jahren oder mit Geldstrafe bestraft wird, *„wer absichtlich entgegen § 10 Absatz 3 Satz 2 den Gesundheitszustand eines Patienten erhebt, dokumentiert oder übermittelt“*.[8]

Die nachfolgende Arbeit will als Reaktion dieses Skandals die strafrechtliche Bedeutung dieses Verhaltens untersuchen und dabei die vorhandene Rechtsprechung auf ihre Konsistenz hin überprüfen. Zum besseren Verständnis der Materie wird zunächst eine Einführung in die Transplantationsmedizin gegeben. Dazu soll ein Überblick über die Entwicklung der Transplantation im

---

4 *Sigmund- Schultze*, DÄBl. 2013, S. 2118.

5 http://www.sueddeutsche.de/gesundheit/transplantationsskandal-in-goettingen-manipulation-leicht-gemacht-1.1861321, (zuletzt abgerufen am 15.07.2014).

6 *Siegmund-Schultze*, DÄBl. 2013, S. 1468; *Kudlich*, NJW 2013, S. 918, vgl. auch: http://www.aerztezeitung.de/politik_gesellschaft/organspende/article/818379/organspende-skandal-goettinger-uniklinik.html, (zuletzt abgerufen am 15.07.2014).

7 so auch *Kudlich*, NJW 2013, S. 917, Fn. 1.

8 BGBl. I S. 2430, abrufbar unter: http://www.bgbl.de/banzxaver/bgbl/start.xav?startbk=Bundesanzeiger_BGBl&start=//*%5B@attr_id=%2527bgbl113s2423.pdf%2527%5D#__bgbl__%2F%2F*%5B%40attr_id%3D'bgbl113s2423.pdf'%5D__1403512190135, (zuletzt abgerufen am 15.07.2014).

Allgemeinen sowie der aktuelle Stand in Deutschland aufgezeigt werden. Dabei wird auch ein Blick auf alternative Regelungsmöglichkeiten geworfen. Anschließend wird auf Möglichkeiten eingegangen werden, dem anhaltenden Organmangel wirksam zu begegnen. Schließlich sollen die einzelnen Organisationen, die an der Organallokation beteiligt sind, vorgestellt werden, um anschließend das Vergabeverfahren selbst darzustellen.

Kapitel Eins: Einführung in die Transplantationsmedizin

I. Allgemeines

Der Wunsch der Menschheit, geschädigte Organe (*griech.* Werkzeug[9]) und Körperteile auszutauschen, ist so alt wie die Menschheit selbst. Daher ist auch nicht verwunderlich, dass es seit jeher Geschichten und Erzählungen bezüglich der Übertragung von Extremitäten gibt. Nach der Legende Aureas aus dem 13. Jahrhundert haben die Ärztebrüder Damian und Kosmas „'das Bein eines frisch verstorbenen Mohren' auf einen weißen Patienten übertragen, dessen Bein vom Krebs zerstört war".[10] Aber lange Zeit blieb es genau dies – Geschichten und Erzählungen. Erst mit der Entwicklung der modernen Medizin zu Beginn des 20. Jahrhunderts war es den Menschen erstmalig möglich, diesen Traum Wirklichkeit werden zu lassen. Es verwundert deshalb auch nicht, dass das Wort Transplantation aus dem Lateinischen stammt und so viel wie „verpflanzen" oder „versetzen" bedeutet.[11]

Eine Transplantation findet vordergründig aus folgenden Erwägungen statt. Sie kann einerseits medizinisch notwendig sein, um das Leben eines Patienten zu retten. Dies kommt vor allem bei dem drohenden Ausfall von lebensnotwendigen Organen – wie dem des Herzens oder der Leber – in Betracht. Eine Transplantation kann aber nicht nur angezeigt sein, um Leben zu retten, sondern auch, um das Leiden zu verringern oder, wie dies oft in Fällen der Nierentransplantation der Fall ist, die Lebensqualität des Patienten nachhaltig zu verbessern.[12] Letzteres wird besonders anschaulich, wenn man sich vor Augen führt, wie negativ sich eine Dialysebehandlung auf das tägliche Leben auswirken kann.

---

9 vgl. Pschyrembel, Klinisches Wörterbuch, S. 1392.

10 vgl. *Ugowski*, Rechtsfragen der Lebendspende von Organen, S. 17, m.w.N. *Losse*, in: Toellner, Richard (Hrsg.): Organtransplantation – Beiträge zu ethischen und juristischen Fragen, S. 3, m.w.N.; *Holznienkemper*, Organspende und Transplantation und ihre Rezension in der Ethik der abrahaminitischen Religionen, S. 20.

11 vgl. Pschyrembel, Klinisches Wörterbuch, S. 1943.

12 vgl. *Buchborn*, in: *Hiersche/Hirsch/Graf-Baumann (Hrsg.)*, Rechtliche Fragen der Organtransplantation, S. 4; *Lang*, ZRP 1995, S. 457.

II. Arten der Transplantation

Die Übertragung eines Organes oder Gewebeteiles kann weiterhin auf zwei Arten erfolgen. Zum einen kann die Übertragung postmortal (*lat: post = nach* und *mortalis = den Tod betreffend*)[13] erfolgen. Dazu wird das Spenderorgan bzw. -gewebe einem bereits verstorbenen Menschen entnommen und auf einen anderen, noch lebenden Menschen übertragen.[14] Die andere Form der Transplantation ist die Lebendtransplantation. Dabei spendet ein gesunder Mensch eines seiner Organe, um einem kranken Menschen zu helfen.[15] Prominentes Beispiel hierfür ist die Nierenspende des ehemaligen Kanzlerkandidaten, Vizekanzlers und jetzigen Außenministers Frank-Walter Steinmeier an seine Ehefrau im Jahr 2010.

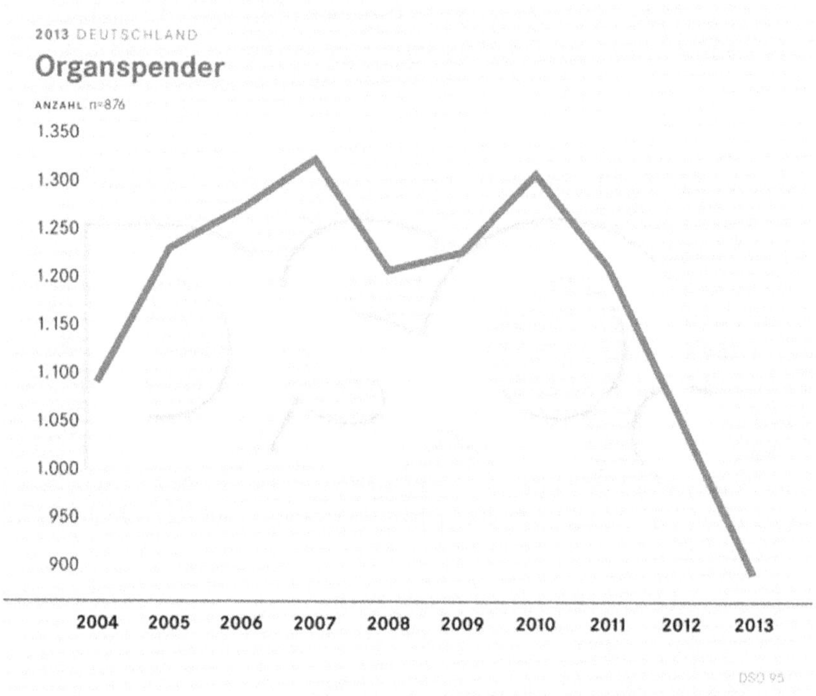

Nebenstehend illustriert, der Rückgang der Organspenden in Deutschland.
Quelle: Deutsche Stiftung Organtransplantation (DSO)

---

13 http://www.duden.de/rechtschreibung/postmortal, (zuletzt abgerufen am 15.07.2014).
14 Schroth/König/Gutmann/Oduncu- *Oduncu*, TPG, Kommentar, Einl., S. 13, Rn. 15.
15 Schroth/König/Gutmann/Oduncu- *Oduncu*, TPG, Kommentar, Einl., S. 13 Rn. 15.

III. Das Hirntodkonzept[16]

Die Feststellung des Todes bei einer postmortalen Transplantation erfolgt nach dem derzeit gültigen, aber nicht gänzlich unumstrittenen Hirntodkonzept.[17] Der Tod wird dabei normativ festgestellt.[18] Dies bedeutet, dass ein wesentliches Kriterium für die Bestimmung des Todes der vollständige Funktionsverlust des Gesamthirnes ist. Voraussetzung ist somit immer, dass sowohl der Hirnstamm, das Großhirn, als auch das Kleinhirn unumgänglich aufgehört haben zu arbeiten.[19]

Der früher geltende Maßstab, dass auf den Stillstand des Herz-Kreislaufsystems zur Feststellung Todes abgestellt werden müsse, wird zwar weiterhin vertreten, entspricht jedoch nicht der herrschenden Meinung.[20] Dies beruht maßgeblich auf dem Umstand, dass es mit der modernen Medizin nunmehr möglich ist, das Herz-Kreislaufsystem künstlich aufrechtzuerhalten, nachdem der Hirntod diagnostiziert wurde.[21] Schachtschneider hat dazu ausgeführt, dass der bisher geltende Todesbegriff durch die nunmehr möglichen intensivmedizinischen Maßnahmen um den des Hirntodes ergänzt wurde.[22] Kritiker des Hirntodkonzeptes stellen demgegenüber darauf ab, dass dadurch lediglich der

---

16 Die ausführliche Darstellung des Hirntodkonzepts ist m.E. angezeigt, da 33 Prozent derjenigen, die eine postmortale Organspende ablehnen, den Hirntod *nicht* für den Tod des Menschen halten. Siehe repräsentative Befragung von „forsa" im Auftrag der Bundeszentrale für gesundheitliche Aufklärung und der DSO aus dem Jahr 2012. Abrufbar unter: http://www.dso.de/uploads/tx_infoc/BZGA_Umfrage_2012.pdf, (zuletzt abgerufen am 15.07.2014).

17 So geht *Rixen* auch bei einem hirntoten Patienten von einem noch lebenden Menschen aus, vgl. *Rixen*, ZRP 1995, S. 464. Zu den einzelnen Argumenten gegen das Hirntodkonzept siehe: *Sengler/Schmidt*, MedR 1997, S. 242ff.; auch: Roxin/Schroth-*Schroth*, Handbuch des Medizinstrafrechts, S. 448ff.; vgl. *Deutsch*, NJW 1998, S. 778.

18 vgl. *Ulsenheimer*, Arztstrafrecht in der Praxis, S. 373, Rn. 307; S/S-*Eser/Sternberg-Lieben*, Vorbem. § 211, Rn. 19.

19 vgl. *Oduncu*, Hirntod und Organtransplantation, S. 41ff., m.w.N.; *Küfner*, Rechtsphilosophische Aspekte moderner Medizintechniken am Beispiel der Organtransplantation und der Intensivmedizin, S. 38ff.

20 ablehnend etwa *Küfner*, Rechtsphilosophische Aspekte moderner Medizintechniken am Beispiel der Organtransplantation und der Intensivmedizin, S. 43 ff.; zur Kritik des Hirntodkonzepts vgl. auch: *Rixen*, Lebensschutz am Lebensende, S. 23f; *Duttge*, Zeitschrift für Lebensrecht, 2011, S. 55 m.w.N.

21 vgl. dazu *Schmeissner*, (Straf-)Rechtliche Aspekte der Transplantation fetaler Zellen und Gewebe, S. 114ff.; *Schachtsteiner/Siebold*, DÖV 2000, S. 129f.

22 *Schachtsteiner/Siebold*, DÖV 2000, S. 130.

rechtliche Rahmen geschaffen werden sollte, um dadurch Organtransplantationen zu beschleunigen.[23] Als Beispiel für die Fehlerhaftigkeit des Hirntodkonzeptes wird auf den „Erlanger Baby-Fall“ abgestellt. Dabei war es Medizinern gelungen, die Lebensfunktionen einer schwangeren, aber hirntoten Frau aufrechtzuerhalten, um dadurch das im Mutterleib befindliche Baby zu retten. Die aufrechterhaltende Schwangerschaft dient den Kritikern dabei als Beleg dafür, dass der Hirntod allein nicht zur Diagnose des Todes ausreichen kann, wenn der Körper noch ein Kind im Inneren am Leben erhalten und sich dieses sogar weiter entwickeln kann.[24] Befürworter des Hirntod-Kriteriums stellen demgegenüber darauf ab, dass mit dem Gehirntod das zentrale Steuerungselement im Körper zum Erliegen kommt.[25] Der Geist, die Seele und das Bewusstsein sind unwiderruflich verloren und damit diejenigen Faktoren, die das Menschsein kennzeichnen.[26] Interessant ist auch die Argumentation von Merkel. Merkel hält den Kritikern des Hirntodkonzeptes vor, dass diese dadurch den absoluten Lebensschutz konterkarieren. Ein vollständiges Versagen des Gesamthirns könnte – so sein Argument – die Tötungstatbestände des Strafgesetzbuches nie erfüllen, wenn es medizinisch möglich ist, den Körper mittels Herz-Lungenmaschine weiterzuerhalten.[27] Damit würde man den gewünschten Schutz des Lebens letztendlich nur verkürzen, da ein Tötungsdelikt schon auf Tatbestandsebene nicht möglich wäre.[28] Weiterhin hat die Wissenschaft aber auch die Erkenntnis gewonnen, dass Sterben ein Vorgang ist und kein schlagartig eintretendes Ereignis. Vielmehr handelt es sich um einen Prozess. Dieser Prozess resultiert aus dem Umstand, dass verschiedene Organe eine unterschiedliche „Sauerstoffmangel-Toleranz“ haben. Dies bedeutet, je größer die Toleranz des jeweiligen Organs ist, ohne Sauerstoff auszukommen, desto länger dauert der Sterbeprozess des jeweils betroffenen Organs bzw. Gewebes an.[29] Das Gehirn hat dabei die geringste Sauerstoffmangel-Toleranz.[30] Folge ist, dass bereits wenige Sekunden, nachdem

23 *Oduncu*, Hirntod und Organtransplantation, S. 12f.
24 *Oduncu*, Hirntod und Organtransplantation S. 13.
25 *Angstwurm*, in: Dietrich(Hrsg.), Organspende Organtransplantation, S. 17.
26 Schachtsteiner/Siebold, DÖV 2000, S. 130.
27 *Merkel*, Jura 1999, S. 118. Interessant auch das weitere Beispiel anhand siamesischer Zwillinge S. 117.
28 *Merkel*, Jura 1999, S. 118.
29 vgl. Roxin/Schroth-*Schroth*, Handbuch des Medizinstrafrechts, S. 448; *Oduncu*, Hirntod und Organtransplantation, S. 146.
30 vgl. Schroth/König/Gutmann/Oduncu- *Oduncu*, TPG, Kommentar, vor. §§ 3, 4, Rn. 8; *Oduncu*, Hirntod und Organtransplantation, S. 43.

die Sauerstoffzufuhr zum Gehirn unterbrochen ist, eine Bewusstlosigkeit eintritt. Ein plakatives Beispiel dafür ist die Bewusstlosigkeit nach einem Herzinfarkt.[31] Bei einem Durchblutungsstillstand von 3–8 Minuten treten bereits irreversible Schäden am Gehirn auf. Nach 5–10 Minuten ohne Sauerstoffversorgung erlischt schließlich auch die Funktion des Hirnstammes, der unter anderem für die Steuerung des Herz-Kreislaufsystems verantwortlich ist.[32] Mit der irreversiblen Schädigung des Gesamthirns ist zugleich das maßgebliche Steuerungszentrum im Gehirn unwiederbringlich ausgefallen. Der Mensch ist als Person aufgrund des fehlenden Bewusstseins nicht mehr vorhanden.[33]

IV. Geschichtliche Entwicklung der Transplantationsmedizin

A. Allgemeine Entwicklung

Die Anfänge der Transplantationsmedizin lassen sich bereits auf den Beginn des 20. Jahrhunderts zurückführen, als Emerich Ullman 1902 in Wien einem Hund eine Niere transplantiert hat.[34] Mit dieser für damalige Verhältnisse beeindruckenden Leistung wollte Ullman zunächst nur Möglichkeiten entwickeln, die es erlauben, durchtrennte Gefäße (Arterien und Venen) wieder zu verbinden. Dennoch gilt diese Operation als Geburtsstunde der Transplantationsmedizin.[35]

Entscheidend für den zukünftigen Erfolg von Transplantationen war zudem die Entdeckung der Blutgruppen durch den Mediziner Karl Landsteiner, im gleichen Jahr, wofür er 1930 den Nobelpreis in Medizin erhielt.[36] Die Blutgruppenübereinstimmung ist einer der wesentlichen Erfolgsfaktoren für eine erfolgreiche Transplantation.[37]

Bis Anfang der 50er Jahre scheiterten sämtliche Transplantationen aber aufgrund eines eintretenden Abstoßungseffektes des Körpers auf das neue Organ. Diese Reaktion des Immunsystems auf das neue Organ war bereits seit 1912

---

31 vgl. *Oduncu*, Hirntod und Organtransplantation, S. 43.

32 vgl. *Oduncu*, Hirntod und Organtransplantation, S. 28 und 43.

33 vgl. Schroth/König/Gutmann/Oduncu-*Schroth* (Hrsg.), Transplantationsgesetz, Kommentar, Vor. §§ 3,4, S. 75, Rn. 16;

34 vgl. *Eigler*, MedR 1992, S. 88.

35 vgl. *Gragert*, Strafrechtliche Aspekte des Organhandels, S. 4; Vogt/Karbaum, in: Toellner, Richard (Hrsg.): Organtransplantation – Beiträge zu ethischen und juristischen Fragen, S. 8.

36 vgl. *Bader*, Organmangel und Verteilung, S. 78.

37 vgl. *Bader*, Organmangel und Verteilung, S. 78 sowie 217ff.

bekannt.[38] Eine genaue Beschreibung dieses Abstoßvorganges gelang im Jahr 1944 dem libanesisch-britischen Wissenschaftler Peter Medawar, wofür dieser 1960 den Nobelpreis erhielt.[39]

Erst 1954 gelang es dem amerikanischen Arzt *Joseph Murray* aus Boston, USA diesen Effekt zu umgehen, indem er eine Transplantation an eineiigen Zwillingen durchführte.[40] Dies fußte maßgeblich auf der Erkenntnis, dass die unerwünschte Reaktion des Immunsystems mit steigendem Verwandtschaftsgrad abnahm.[41] Der Umstand, dass eineiige Zwillinge genetisch identisch sind, führte dazu, dass der Abstoßungseffekt des Immunsystems gänzlich ausblieb.

Die Entdeckung des HLA-Systems (engl. **H**uman **L**eukocyte **A**ntigen[42]) im Jahr 1958 war der nächste wichtige Schritt, um auch genetisch unterschiedlichen Personen eine Organtransplantation zu ermöglichen.[43] Mit dem HLA-System gelang erstmals eine Typisierung der unterschiedlichen Gewebetypen beim Menschen. Die Forschung hatte ergeben, dass mit erhöhter Übereinstimmung der HL-Merkmale (Gewebeübereinstimmung) die Gefahr von Abstoßungsreaktionen abnahm. Der Grund dafür ist, dass HLA-Antigene Teile des Immunsystems sind, körperfremde Strukturen erkennen und versuchen, diese zu zerstören, wodurch es im Bereich der Organspende zu der bekannten Abstoßungsreaktion kommt.[44] Das Wissen um die Bedeutung der HLA-Kompatibilität führte dazu, dass im Jahr 1958 erstmals zwei genetisch unterschiedliche Zwillinge erfolgreich operiert wurden.[45]

---

38 vgl. *Eigler*, MedR 1992, S. 88.

39 vgl. *Stoecker*, Zum Novellierungsbedarf der gesetzlichen Regelungen zur Lebendspende unter besonderer Berücksichtigung europäischer und internationaler Vorschriften, S. 16.

40 vgl. *Eigler*, MedR 1992, S. 88; auch Schroth/König/Gutmann/Oduncu- *Oduncu*, TPG-Kommentar, Einl., Rn. 13

41 vgl. *Gragert*, Strafrechtliche Aspekte des Organhandels, S. 5.

42 Pschyrembel, Klinisches Wörterbuch, S. 825.

43 vgl. *Stoecker*, Zum Novellierungsbedarf der gesetzlichen Regelungen zur Lebendspende unter besonderer Berücksichtigung europäischer und internationaler Vorschriften, S. 16; zur Gewebeverträglichkeitsprüfung siehe: *Conrads*, MedR 1996, S. 302ff.

44 vgl. *Holznienkemper*, Organspende und Transplantation und ihre Rezension in der Ethik der abrahaminitischen Religionen, S. 36f.; Pschyrembel, Klinisches Wörterbuch, S. 825; Krukemeyer/Lison-*Hard/Grosse-Wilde* (Hrsg.), Transplantationsmedizin – ein Leitfaden für den Praktiker, S. 4f.; *Schäfer*, in: Toellner (Hrsg.): Organtransplantation – Beiträge zu ethischen und juristischen Fragen, S. 37.

45 vgl. *Stoecker*, Zum Novellierungsbedarf der gesetzlichen Regelungen zur Lebendspende unter besonderer Berücksichtigung europäischer und internationaler Vorschriften, S. 16.

Der Durchbruch in der Transplantationsmedizin gelang schließlich mit der Herstellung eines Immunsuppressivums (Azathioprin) im Jahr 1962.[46] Dieses unterdrückt die Abstoßungsreaktion des Körpers auf das fremde Transplantat, indem es die Funktionsfähigkeit des Immunsystems beeinträchtigt.[47] Diese Entdeckung ebnete den Weg, die Organtransplantation als Therapieansatz massentauglich werden zu lassen und den Bereich der Experimentalmedizin zu verlassen. So wurde bereits 1967 die erste Leber transplantiert.[48] Im gleichen Jahr folgte bereits die erste Herztransplantation in Kapstadt, Südafrika.[49] Die Überlebenszeit war mit 18 Tagen allerdings noch recht gering.[50] Die erste Niere in Deutschland wurde 1963 in Berlin transplantiert.[51]

B. Die Entstehung des Transplantationsgesetzes (TPG) in Deutschland

Trotz dieser jahrzehntelangen Entwicklung erfolgte eine gesetzliche Regelung des Transplantationsrechts in Deutschland erst mit der Verabschiedung des Transplantationsgesetzes (TPG) im Jahre 1997. Dies beruhte dabei weniger auf wissentlicher Untätigkeit des Gesetzgebers, der sich der Materie nicht annehmen wollte, als vielmehr darauf, dass eine Einigung aufgrund zahlreicher Streitigkeiten schlicht bis dato nicht zustande kam.[52] Erste Unternehmungen einer bundesgesetzlichen Normierung fanden sich bereits im Jahr 1979, als von Seiten der damaligen Bundesregierung ein Entwurf zur Regelung von Rechtsfragen im Zusammenhang mit Organübertragungen eingebracht wurde.[53] In den folgenden Jahren folgte eine Reihe von Entwürfen sowohl auf Bundes- wie auf Landesebene.[54] Um ein Mindestmaß an Einheitlichkeit im Bereich der Transplantationsmedizin zu erreichen, erarbeitete der Arbeitskreis der deutschen Transplantationszentren 1987 einen „Transplantationskodex", der „eine

---

46 vgl. *Stoecker*, Zum Novellierungsbedarf der gesetzlichen Regelungen zur Lebendspende unter besonderer Berücksichtigung europäischer und internationaler Vorschriften, S. 16.

47 Pschyrembel, Klinisches Wörterbuch, S. 897.

48 vgl. Schroth/König/Gutmann/Oduncu-*Oduncu*, TPG-Kommentar, Einl. Rn. 61.

49 vgl. *Oduncu,* in: Oduncu/Schroth/Vossenkuhl (Hrsg.), Transplantation Organgewinnung und -allokation, S. 16.

50 Schroth/König/Gutmann/Oduncu-*Oduncu*, TPG-Kommentar, Einl. Rn. 50.

51 Schroth/König/Gutmann/Oduncu- *Oduncu*, TPG-Kommentar, Einl. Rn. 38.

52 *Deutsch*, NJW 1998, S. 777; ausführlich auch: *Pommer*, Rechtliche Aspekte der Blutstammzellspende, S. 39ff.

53 BT-Drucks. 8/2681 vom 16.03.1979; gute Übersicht über die Gesetzgebungsgeschichte in: *Höfling/Rixen*, Verfassungsfragen der Transplantationsmedizin, S. 24ff.

54 zu nicht durchgeführten Gesetzesvorhaben siehe: *Deutsch*, NJW 1998, S. 777.

Zusammenfassung wichtiger medizinischer, ärztlicher, ethischer und juristischer Grundsätze"[55] enthielt.[56]

1994 verabschiedete Rheinland-Pfalz ein Transplantationsgesetz, das auf dem Widerspruchsmodell[57] basierte: Wer danach kein Spender sein wollte, konnte dies nur vermeiden, soweit er einen gesonderten Ausweis bei sich führte, in dem sein Widerspruch dokumentiert war. Aufgrund der überwiegend ablehnenden Haltung der Bevölkerung gegenüber diesem Gesetz wurde es nur zwei Monate später wieder aufgehoben.[58] 1994 wurde Art. 74 GG zudem im Rahmen einer Verfassungsänderung dahingehend angepasst und die Nr. 26 eingefügt, wodurch die konkurrierende Gesetzgebung auch den Bereich der Transplantation mitumfasste.[59] Nach weiteren Entwürfen der SPD aus dem Jahr 1994, sowie Entwürfen der Grünen aus dem Jahr 1995, kam es 1996 nach langen inhaltlichen Auseinandersetzungen zu einem fraktionsübergreifenden Entwurf von CDU/CSU, SPD und FDP, aus dem schlussendlich das Transplantationsgesetz hervorging, das sodann am 01.12.1997 in Kraft trat.[60]

V. Ein Ausblick

Nachdem ein kurzer Überblick über die bisherige Entwicklung der Transplantationsmedizin gegeben wurde, stellt sich die Frage, welche Behandlungsmethoden die Zukunft bereitstellen wird. Zweifelsfrei lässt sich zumindest sagen, dass aufgrund des anhaltenden Organmangels neue Methoden zur Organ- und Gewebegewinnung zu begrüßen sein dürften.

Ein großer Hoffnungsträger ist die Stammzellenforschung. Stammzellen zeichnen sich im Gegensatz zu anderen Zellen durch zwei Eigenschaften aus, die keine andere Zelle sonst aufweist. Zum einen besitzen sie die Fähigkeit zur Selbsterneuerung; zum andern – und das ist für die Transplantationsmedizin bedeutend – haben Stammzellen die Eigenschaft, sich in sämtlichen Zell- und

55 *Lauf*, NJW 1989, S. 1525.

56 vgl. *Bader*, Organmangel und Verteilung, S. 94, m.w.N.

57 zum Widerspruchsmodell siehe: Kap. Eins, VII, C und D.

58 vgl. *Joo*, Organtransplantation und Strafrecht, S. 13; *Deutsch*, NJW 1998, S. 777.

59 vgl. Mangoldt/Klein/Starck-*Oeter*, GG-Kommentar, Art. 74, Rn. 169; BGBl.I 1994, S. 3146; *Stoecker*, Zum Novellierungsbedarf der gesetzlichen Regelungen zur Lebendspende unter besonderer Berücksichtigung europäischer und internationaler Vorschriften, S. 22.

60 vgl. *Joo*, Organtransplantation und Strafrecht, S. 14f.; vgl. auch *Bader*, Organmangel und Verteilung, S. 97f.

Gewebestrukturen zu entwickeln.[61] Die therapeutische Nutzbarkeit, die Forscher in der Stammzellenforschung sehen, ist, dass es damit möglich erscheint, defekte Organe mittels Stammzellen zu heilen – vorausgesetzt eine kontrollierbare Teilung in großer Zahl wird möglich.[62] Ob sich diese Vision aber jemals realisieren lässt, bleibt abzuwarten. Auch hinsichtlich der ethischen Kontroversen im Zusammenhang mit der Gewinnung und Nutzung embryonaler Stammzellen dürfte die Stammzellenforschung spannend bleiben.

Eine weitere Form der Gewebezüchtung ist das sog. Tissue Engineering (engl. Gewebezüchtung). Ziel dieser Methode ist es, körpereigene Zellen aus dem Patienten zu extrahieren und diese im Labor zu vermehren, um sie anschließend dem Patienten wieder zu transplantieren.[63] Die Zellen stammen dabei aus dem *jeweils* geschädigten Gewebe bzw. Organ. Der Vorteil dieses Ansatzes ist, dass keinerlei Abstoßungsreaktionen zu befürchten sind, da es sich um gezüchtetes, aber körpereigenes Material handelt. Ferner entfällt die teure Behandlung mit Immunsuppressiva. Zum jetzigen Zeitpunkt ist das Tissue Engineering hauptsächlich in der plastischen Hautchirurgie anzutreffen, wo es dazu dient, Verbrennungen zu behandeln.[64] Inwieweit die Forschung es schafft, ganze Organe zu züchten, bleibt abzuwarten. Bisherige Hautzüchtungen leiden daran, dass weder Nerven noch Schweißdrüsen mitgezüchtet werden können. Auch Haare lassen sich nicht mitreproduzieren. Dies führt insbesondere dazu, dass Patienten an den künstlichen Hautstellen keine Reize wahrnehmen und die Regulierung der Körpertemperatur in diesen Bereichen nur unzureichend gelingt.[65]

Eine andere Möglichkeit, den anhaltenden Organmangel zu bekämpfen, besteht in der Xeno-transplantation[66] (griech. *xénos*: Fremder). Dabei kommt das Spenderorgan nicht von einem Menschen, sondern von einem Tier.[67] Das bisherige

---

61 vgl. *Surbek*, in: *Becchi/Bondolfi/Kostka/Seelmann (Hrsg.)*, Die Zukunft der Transplantation von Zellen, Geweben und Organen, S. 11.

62 vgl. *Surbek*, in: *Becchi/Bondolfi/Kostka/Seelmann*, Die Zukunft der Transplantation von Zellen, Geweben und Organen, S. 12f; auch: *Oduncu*, in: Oduncu/Schroth/Vossenkuhl (Hrsg.), Transplantation Organgewinnung und -allokation, S. 11.

63 *Dieners/Sonnenschein*, PharmR 2003, S. 150f.

64 *Dieners/Sonnenschein*, PharmR 2003, S. 150f.

65 *Dieners/Sonnenschein*, PharmR 2003, S. 151.

66 zur Entwicklung dieser Transplantationsart siehe: *Halter*, in: *Becchi/Bondolfi/Kostka/Seelmann (Hrsg.)*, Organallokation, S. 261f, m.w.N.

67 vgl. *Hamza/Fornara*, in: Lilie/Rosenau/Hakeri, Die Organtransplantation – Rechtsfragen bei knappen medizinischen Ressourcen, S. 115; vgl. auch: *Holznienkemper*, Organspende und Transplantation und ihre Rezension in der Ethik der abrahaminitischen Religionen, S. 19; Schroth/König/Gutmann/Oduncu-*Oduncu*, TPG-Kommentar, Einl. Rn. 14.

Hauptproblem bei dieser Form der Transplantation besteht in der Abstoßung des tierischen Organs. Dass diese Art der Organgewinnung nicht unumstritten ist, braucht an dieser Stelle wohl kaum erwähnt zu werden. Haupteinwände gegen diese Art der Therapie liegen zum einen im tierethischen Bereich, insbesondere in der Befürchtung, dass Tieren dadurch nur noch die Bedeutung eines Ersatzteillagers zukommen könnte.[68] Vor allem weisen Kritiker aber auf die Gefahr hin, dass humanpathogene Erreger sowie Retroviren (kurz für: **Re**verse **Tr**anskriptase **O**nkoviren) auf den Menschen übertragen werden könnten und auch eine Mensch-zu-Mensch-Übertragung dieser Krankheiten nicht ausgeschlossen werden könne.[69] Dass es sich dabei nicht um fiktive Äng-ste handelt, zeigen bereits mahnende Beispiele wie AIDS oder auch Ebola.[70] Auch hier bleibt abzuwarten, ob und wie sich diese Form der Organtransplantation letztendlich durchsetzen wird.

VI. Aktueller Stand in Deutschland

Im Jahr 2013 wurden in Deutschland 4.059 Organe transplantiert. Darunter waren: 2.272 Nieren, 970 Lebern, 313 Herzen, 371 Lungen, 128 Bauchspeicheldrüsen (Pankreas) sowie 5 Dünndärme. Das entspricht einem Rückgang von fast 11 % im Vergleich zu 2012 mit 4.555 Transplantationen.[71] Die Anzahl der in Deutschland postmortal gespendeten Organe, die für eine Transplantation im In- und Ausland zur Verfügung standen, fiel von 3.511 Organen im Jahr 2012 auf 3.035 Spenden im Jahr 2013, was einem Rückgang von 13,6 % entspricht.[72] Im laufenden Jahr 2014 wird zudem mit einem weiteren Rückgang gerechnet. Erschwerend kommt hinzu, dass die enormen Fortschritte in der Medizin auch weiterhin den Bedarf an Organen steigen lassen werden. Gleichzeitig sinkt aber auch die Anzahl der verwertbaren Organe weiter. Dies liegt maßgeblich darin begründet, dass die Spender im Schnitt älter werden und damit auch Vorschädigungen an Organen nicht selten sind.[73] Ein weiterer nicht zu vernachlässigender Gesichtspunkt ist zudem, dass „potentielle“ Organspender aus Verkehrsunfällen aufgrund des steigenden

68 vgl. *Halter*, in: Becchi/Bondolfi/Kostka/Seelmann (Hrsg.), Organallokation, S. 264.

69 vgl. *Hamza/Fornara*, in: Lilie/Rosenau/Hakeri (Hrsg.), Die Organtransplantation – Rechtsfragen bei knappen medizinischen Ressourcen, S. 115; siehe auch: *Halter*, in: Becchi/Bondolfi/Kostka/Seelmann (Hrsg.), Organallokation, S. 264f.

70 vgl. *Halter*, in: Becchi/Bondolfi/Kostka/Seelmann (Hrsg.), Organallokation, S. 265.

71 vgl. DSO Jahresbericht: http://www.dso.de/uploads/tx_dsodl/JB_2013_Web_05.pdf, S. 65, (zuletzt abgerufen am 20.07.2014).

72 vgl. DSO Jahresbericht 2013, S. 55f., abrufbar unter: http://www.dso.de/uploads/tx_dsodl/JB_2013_Web_05.pdf, (zuletzt abgerufen am 18.10.2014).

73 vgl. *Siegmund-Schultze*, DÄBL. 2010, S. 2367.

Insassenschutzes deutlich seltener werden. Auch dies verschärft die ohnehin schon angespannte Situation zusätzlich.[74] So warten allein in Deutschland zur Zeit rund 11.000 Menschen auf ein Spenderorgan – darunter allein 8.000 auf eine Niere.[75]

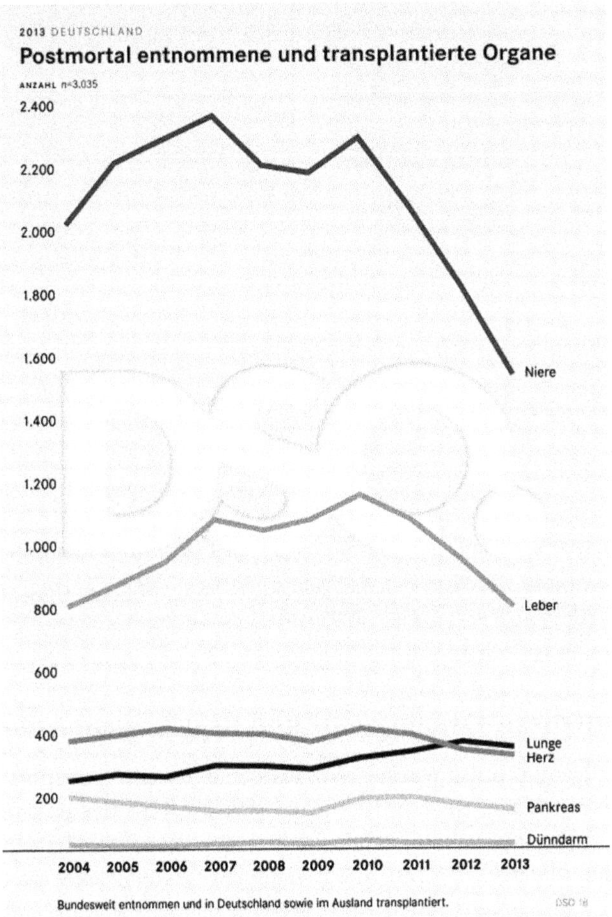

Nebenstehend illustriert, der signifikante Abwärtstrend im Bereich der postmortalen Organspende in Deutschland.

Quelle: DSO Jahresbericht 2013

74 vgl. *Sigmund-Schultze*, DÄBl. 2011, S. 2249.

75 http://www.dso.de/organspende-und-transplantation/warteliste-und-vermittlung.html, (zuletzt abgerufen am 20.07.2014).

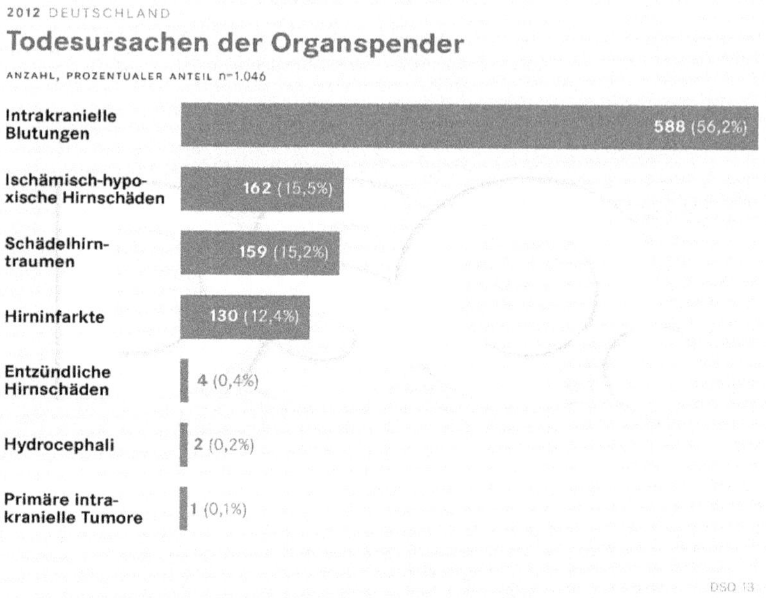

Die nebenstehende Abbildung illustriert die häufigsten Todesursachen bei Organspendern. Dabei ist zu erkennen, dass die meisten Organspender nicht mehr aus dem Straßenverkehr aufgrund tödlich verlaufender Unfälle stammen.

Quelle: DSO

VII. Postmortale Organspende und Regelungsmodelle

Bei der Festlegung, unter welchen Voraussetzungen eine postmortale Organ- und Gewebeentnahme zulässig ist, stehen sich im Kern das postmortale Persönlichkeitsrecht sowie die Glaubensfreiheit des Spenders einerseits und das Interesse der Allgemeinheit an lebenswichtigen Organen andererseits gegenüber.[76] Eine Abwägung der sich widerstreitenden Interessen hat dazu geführt, dass sich in verschiedenen Ländern unterschiedliche Modelle herausgebildet haben, welche versuchen, die berechtigten Interessen bestmöglich in Einklang zu bringen.

---

76 vgl. *Bader*, Organmangel und Verteilung, S. 20; zum geschützten Rechtsgut: Schroth/König/Gutmann/Oduncu- *Oduncu*, TPG-Kommentar, Vor. §§ 3, 4, Rn. 45.

A. Die erweiterte Zustimmungslösung

Das in Deutschland favorisierte Modell ist die erweiterte Zustimmungslösung.[77] Danach ist die Entnahme von Organen und Geweben nur zulässig, wenn der Verstorbene zu Lebzeiten seinen Willen dahingehend bekundet hat.[78] Liegt weder eine schriftliche Einwilligung noch ein schriftlicher Widerspruch des möglichen Organ- oder Gewebespenders vor, ist dessen nächster Angehöriger zu befragen, ob ihm von diesem eine Erklärung zur Organ- oder Gewebespende bekannt ist.[79] Ist auch den Angehörigen der Wille des Verstorbenen nicht bekannt, so ist die Entnahme nur zulässig, wenn die Angehörigen ihr zugestimmt haben.[80]

Um die Bereitschaft, der Bevölkerung Organe zu spenden, weiter zu fördern, wurde das Transplantationsgesetz im Jahr 2012 um die sog. „*Entscheidungslösung*"[81] erweitert. Diese besagt, dass öffentliche Stellen wie bspw. Krankenkassen und die Bundeszentrale für gesundheitliche Aufklärung (BZgA) die Bevölkerung regelmäßig über die Möglichkeit und die Bedeutung der Organspende aufklären. Ziel ist es, dass sich jeder ernsthaft mit der Frage der Spendenbereitschaft auseinandersetzt.[82] Dazu wird jeder über 16-Jährige gem. § 2 Abs. 1a, Satz 1 TPG von seiner Krankenkasse schriftlich über die Möglichkeit zur Organspende unterrichtet.[83] Zudem halten die beauftragten Stellen geeignete Aufklärungsmaterialien bereit. Dabei soll insbesondere auf die Bedeutung einer zu Lebzeiten abgegebenen Erklärung sowie auf die Bedeutung der Organspende für den kranken Menschen hingewiesen werden. Die Aufklärung hat dabei ergebnisoffen zu bleiben.[84]

---

77 vgl. §§ 3, 4 TPG; Schroth/König/Gutmann/Oduncu- *Oduncu*, TPG-Kommentar, Vor. §§ 3, 4, Rn. 44.

78 § 3 Abs. 1 Nr. 1 TPG.

79 § 4 Abs. 1 Satz 1 TPG.

80 § 4 Abs. 1 Satz 2 TPG.

81 vgl. BT-Drucks. 17/9030 vom 21.03.2012, S. 3ff.

82 Vvgl. BT-Drucks. 17/9030 vom 21.03.2012, S. 7f.

83 vgl. auch *Richter-Kuhlmann/Sigmund-Schultze*, DÄBl. 2012, S. 1310; BT-Drucks. 17/9030 vom 21.03.2012, S. 7.

84 BGBl. 2012, Teil I, Nr. 33, S. 1504f.; BT-Drucks. 17/9030 vom 21.03.2012, S. 7, 16.

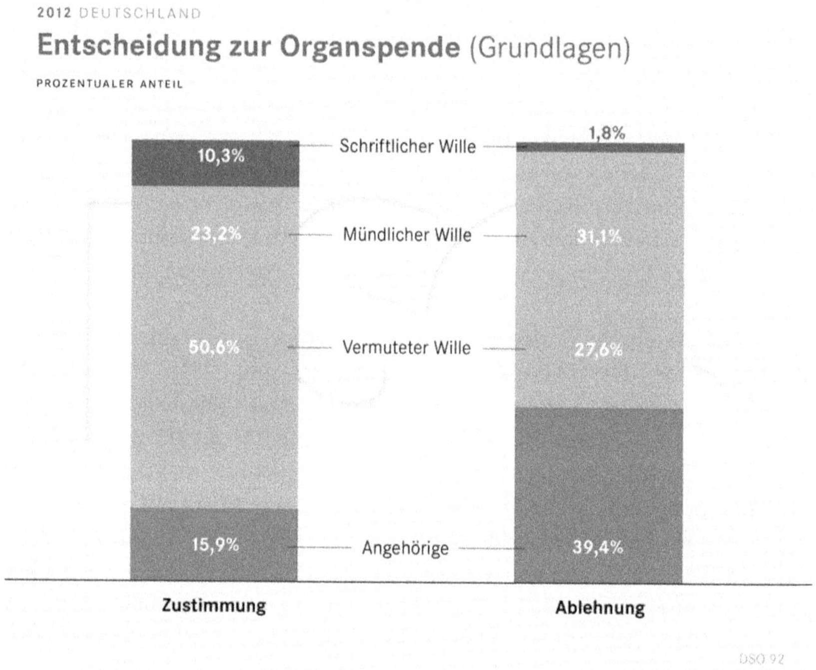

Eine Umfrage der Deutschen Stiftung Organtransplantation aus dem Jahr 2012 ergab, dass 50,6 % der postmortalen Spenderorgane aufgrund des vermuteten Willens entnommen wurden.

39,4 % der Ablehnungen zu einer postmortalen Spende basierten ausschließlich auf dem persönlichen Willen der Angehörigen des Verstorben.

Quelle: DSO

B. Enge Zustimmungslösung

Neben der erweiterten Zustimmungslösung existiert auch noch die „enge Zustimmungslösung“. Danach ist eine Entnahme von Organen und Geweben nur zulässig, soweit der Verstorbene zu Lebzeiten seinen Willen zur Organspende niedergelegt hat.[85] Diese Regelungsform respektiert den Willen und die Würde des Verstorbenen am stärksten, da ohne seinen ausdrücklichen Willen ein

85 vgl. *Rosenberg*, Die postmortale Organtransplantation, S. 42.

körperlicher Eingriff ausgeschlossen ist. Begründet wird die enge Zustimmungslösung unter anderem damit, dass kein Dritter das Recht haben soll, über den Körper eines anderen zu verfügen. Daher kann es für die Beurteilung keinen Unterscheid machen, ob man sich im Sterbeprozess befindet oder bereits für tot erklärt wurde. Das postmortale Persönlichkeitsrecht gewährleistet auch in dieser Phase einen entsprechenden Schutz des Verstorbenen.[86] Dass der Grundsatz, nach dem andere über fremde Körper nicht verfügen dürfen, nicht grenzenlos gilt, zeigt aber bereits die Tatsache, dass andere gerade in den Bereichen zu derartigen Verfügungen berechtigt sind, in denen eine Einwilligungsfähigkeit des Patienten nicht besteht. Wenn es aber für Dritte möglich ist, über eine medizinische Behandlung eines Einwilligungsunfähigen zu entscheiden, welche medizinisch indiziert ist, dann ist es kaum begründbar, warum eine solche Verfügung nicht auch nach dem Tod eines Menschen möglich sein soll, wenn nicht gegen den ausdrücklichen oder mutmaßlichen Willen des Verstorbenen verstoßen wird.[87] Derzeit verfügt kein Land über die enge Zustimmungslösung.

C. Enge Widerspruchslösung

Die in Spanien favorisierte[88] – und auch hierzulande oft geforderte – Widerspruchslösung kehrt die Zustimmungsregelung genau um. Danach ist die Entnahme von Organen und Geweben bereits immer dann zulässig, wenn kein Widerspruch des Verstorbenen zu Lebzeiten dokumentiert wurde.[89] Neben Spanien verfügen beispielsweise auch Luxemburg und Portugal über die enge Widerspruchslösung.[90] Dieses Modell trägt insbesondere dem Umstand Rechnung, dass die Akzeptanz der Bevölkerung in Bezug auf Organspenden zwar generell – mit immerhin 70 % – recht hoch ist[91] (sog. passive Akzeptanz); die Anzahl derjenigen, die einen Spenderausweis besitzen, aber dagegen nur relativ gering ist (sog. aktive Akzeptanz). Sinn und Zweck dieser Art der Regelung ist demnach,

---

86 vgl. dazu *Sengler/Schmidt*, MedR 1997, S. 245 m.w.N.

87 vgl. *Sengler/Schmidt*, MedR 1997, S. 245.

88 Dennoch haben auch in Spanien die Angehörigen das Recht, durch ihren Widerspruch die Organentnahme zu versagen, so dass es sich im Kern um die erweiterte Widerspruchslösung handelt; vgl. *Bader*, Organmangel und Verteilung, S. 22 m.w.N.

89 vgl. *Rosenberg*, Die postmortale Organtransplantation, S. 42.

90 vgl. *Rosenberg*, Die postmortale Organtransplantation, S. 43.

91 Repräsentative Befragung von „forsa“ im Auftrag der Bundeszentrale für gesundheitliche Aufklärung und der DSO aus dem Jahr 2012. Abrufbar unter: http://www.dso.de/uploads/tx_infoc/BZGA_Umfrage_2012.pdf, (zuletzt abgerufen am 03.08.2014).

diesen passiven Teil der Bevölkerung für eine Organspende zu gewinnen, soweit er nicht zu Lebzeiten bereits aktiv wird.

D. Erweiterte Widerspruchslösung

Die erweiterte Widerspruchslösung ergänzt die Widerspruchslösung insofern, als dass sie den Angehörigen das Recht gewährt, die Organentnahme beim Verstorbenen zu versagen, soweit dieser seinen Willen zu Lebzeiten nicht zum Ausdruck gebracht hat.[92] Es besteht mithin eine starke Ähnlichkeit zur erweiterten Zustimmungslösung. Während also die Angehörigen bei der erweiterten Widerspruchslösung die Entnahme *versagen* können, haben die Angehörigen bei der erweiterten Zustimmungslösung die Möglichkeit, der Entnahme noch *zuzustimmen*.

E. Notstandslösung

Die Notstandslösung sieht dagegen vor, dass jeder – unabhängig von seiner persönlichen Einstellung – zum Organspender wird, soweit ein Notstand an Organen besteht.[93] Auch ein Widerspruch zu Lebzeiten vermag daran nichts zu ändern. Die Beseitigung des Organmangels ist oberstes Anliegen dieses Modells. Begründet wird die Notstandslösung vorwiegend mit der Idee, eine Gemeinschaft zu schaffen, in der jeder als Spender und Empfänger in Betracht kommt. In einer solchen Gemeinschaft müsse aber dann zum Wohle der Gemeinschaft das individuelle Interesse an der Unversehrtheit des Körpers zurückstehen.[94] Lediglich die CDU-Fraktion hat im Jahr 1973 durch einen entsprechenden Gesetzesentwurf im Berliner Abgeordnetenhaus versucht, dieses Modell in Berlin zu etablieren.[95] Ob dieses Modell mit dem deutschen Verfassungsrecht im Einklang steht, dürfte zweifelhaft sein, soll hier aber auch nicht im Detail erörtert werden. Fest steht, dass die Unverletzlichkeit der Menschenwürde auch nach dem Tod fort gilt. Dies hat das BVerfG in der Mephisto-Entscheidung[96] herausgestellt, in der es dem postmortalen Persönlichkeitsrecht aus Art. 2 Abs. 1 GG i.V.m. Art. 1 GG Verfassungsrang eingeräumt hat. Wenn dem postmortalen Persönlichkeitsrecht

---

92 vgl. Roxin/Schroth-*Schroth*, Handbuch des Medizinstrafrechts, S. 454ff.

93 vgl. *Rosenberg*, Die postmortale Organtransplantation, S. 43.

94 Breyer/Daele/Engelhard/Gubernatis/Kliemt/Kopetzki/Schlitt/Taupitz, Organmangel, S. 112f.

95 vgl. *Kloth*, Todesbestimmung und postmortale Organentnahme, S. 151; ausführlich: *Linck*, JZ 1973, S. 759ff.

96 *BVerfGE* 30, 173; vgl. auch: *Weck*, Vom Mensch zur Sache?, S. 204f.

aber Verfassungsrang zukommt, dann erscheint eine gesetzliche Regelung ohne jedweden Interessensausgleich zu Gunsten der Organentnahme zweifelhaft.[97]

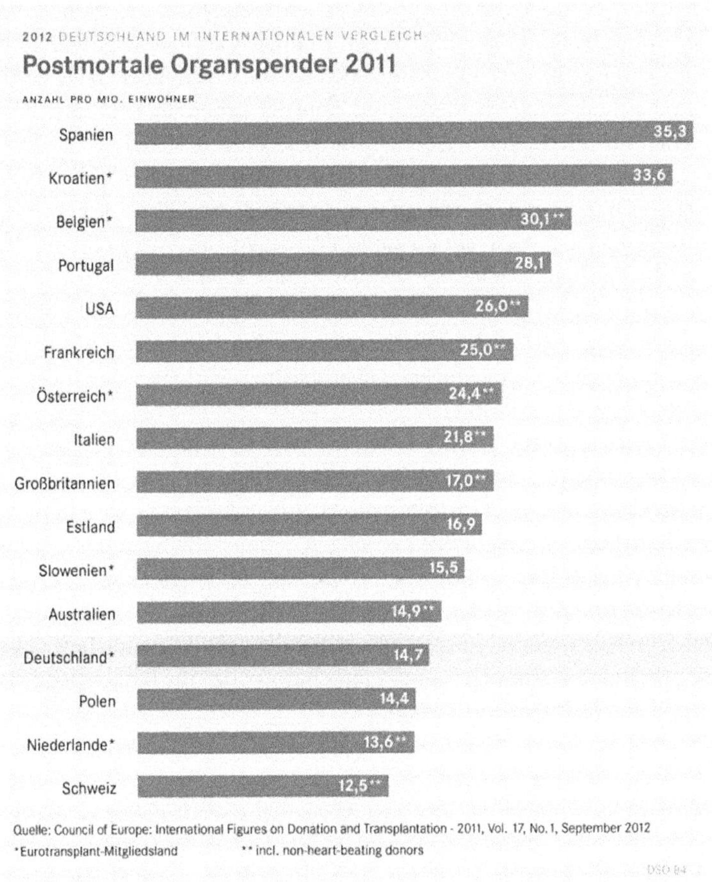

Die Abbildung der „Deutschen Stiftung Organspende" (DSO) macht deutlich, dass die Länder die eine Widerspruchslösung eingeführt haben, ein wesentlich höheres Spendenaufkommen zu verzeichnen haben als Länder mit einer Zustimmungsregelung.

Danach hat Spanien mit 35,3 Spendern auf eine Million Einwohner mehr als doppelt soviel postmortale Organspender wie Deutschland.

Quelle: DSO

---

97 so auch: *Kloth*, Todesbestimmung und postmortale Organentnahme, S. 152ff.; andere Ansicht: *Kohlhaas*, NJW 1970, S. 1225; wohl auch: *Linck*, JZ 1973, S. 764.

VIII. Lebendspende

Wie bereits erwähnt, besteht neben der postmortalen Spende die Möglichkeit der Lebendspende. Im Gegensatz zur postmortalen Spende lebt der Spender vor und nach der Transplantation hier also weiter. Demnach kommen als Spenderorgane nur solche in Betracht, deren Entnahme den Spender nicht übermäßig gefährden. Daher sind es hauptsächlich Nieren und Teile der Leber, die bei dieser Form der Transplantation übertragen werden.[98] Die gesetzlichen Voraussetzungen, unter denen eine Lebendspende zulässig ist, sind eng. Das Transplantationsgesetz sieht diese Art der Organspende als subsidiär an. Dies bedeutet, dass eine Lebendspende nur dann möglich ist, wenn ein postmortales Organ zum Zeitpunkt der Entnahme nicht zur Verfügung steht (vgl. § 8 Abs. 1, Satz 1, Nr. 3 TPG). Zudem kommt eine Lebendspende bei gesundheitlicher Eignung, Volljährigkeit und Einwilligung überdies nur zum Zwecke der Übertragung auf Verwandte ersten oder zweiten Grades, den Ehegatten, eingetragene Lebenspartner, Verlobte oder andere Personen, die dem Spender in besonderer persönlicher Verbundenheit offenkundig nahestehen, in Betracht (vgl. § 8 Abs. 1, Satz 2 TPG).[99] Das Erfordernis im deutschen Transplantationsgesetz, dass es sich bei der Lebendspende um einen nahen Angehörigen handeln muss, stellt im internationalen Vergleich eine Ausnahme dar.[100]

Der Gesetzgeber verfolgte mit den engen Voraussetzungen der Lebend-Organspende dreierlei Ziele. Zum einen sollte jegliche Form eines Organhandels kategorisch vermieden werden, zum anderen die Entschlussfreiheit des Spenders sichergestellt werden.[101] Außerdem sollte die Lebendspende bewusst subsidiär ausgestaltet sein, um den Spender zu schützen, da eine Organspende keinen Heileingriff für den Spender darstellt.[102]

---

98 vgl. *Breyer/Daele/Engelhard/Gubernatis/Kliemt/Kopetzki/Schlitt/Taupitz*, Organmangel, S. 29. Andere nicht regenerierungsfähige Organe i.S.v. § 8 Abs. 1 Satz 2 TPG sind nach der Legaldefinition gem. § 1a Nr. 3 TPG alle Organe, die sich beim Spender nach der Entnahme nicht wieder bilden können.

99 vgl. *Kraatz*, Arztstrafrecht, S. 121f, Rn. 195.

100 vgl. dazu: *Esser*, Verfassungsrechtliche Aspekte der Lebendspende von Organen zu Transplantationszwecken, S. 148f., auch unter Berücksichtigung der Verfassungsmäßigkeit der Regelung; *Gutmann/Schroth*, in: Oduncu/Schroth/Vossenkuhl (Hrsg.), Transplantation Organgewinnung und -allokation, S. 273; zur Entscheidung des Bundesverfassungsgerichts zu § 8 Abs. 1 Satz 2 TPG siehe: BVerfG NJW 1999, S. 3399ff.

101 vgl. BT-Drucks 13/4355 vom 16.04.1996, S. 20.

102 vgl. BT-Drucks 13/4355 vom 16.04.1996, S. 20; *Schreiber/Wolfslast*, MedR 1992, S. 193.

Gemessen an den absoluten Zahlen, stellt die Lebendspende die nachgelagerte Transplantationsvariante dar. Die nachfolgenden Übersichten sollen dies veranschaulichen.

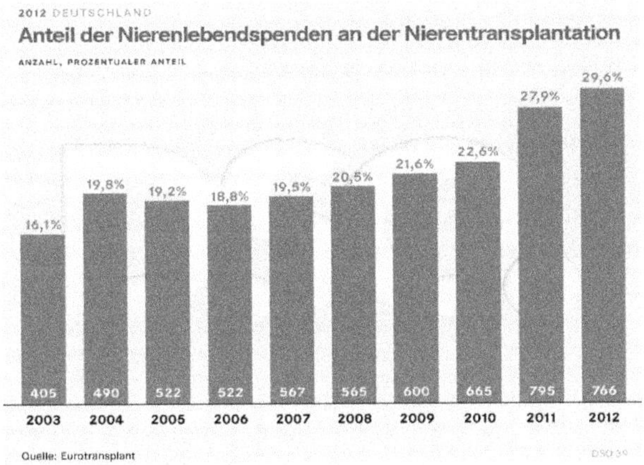

Im Gegensatz zur postmortalen Organspende konnte die Zahl der Nieren-Lebendspende im Jahr 2012 gesteigert werden.

Quelle: DSO

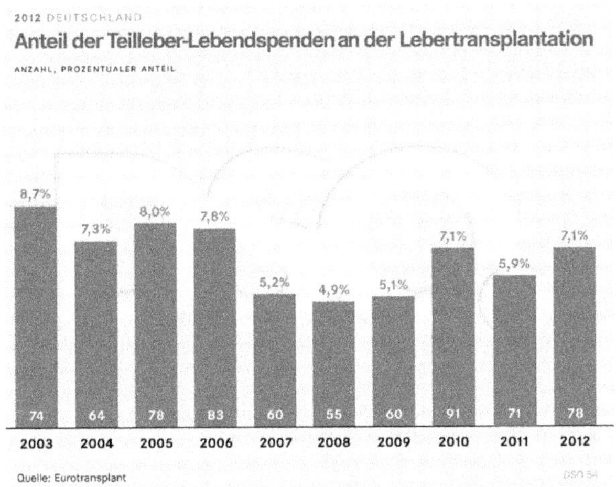

Die nebenstehende Illustration stellt den Anteil der Teilleber-Lebendspende, gemessen an allen transplantierten Lebern, dar. Danach betrug die Anzahl der Teilleber-Lebendspende im Jahr 2012 gerade einmal 7,1 %. Damit sind 94,9 % aller (Teil)-Leberspenden postmortal erfolgt.

Quelle: DSO

IX. Förderung der Organspendenbereitschaft[103]

A. Einführung der Widerspruchslösung in Deutschland

Soweit medizinische Alternativen zur Organspende nicht existieren, kann der einzig gangbare Weg, dem anhaltenden Organmangel entgegenzuwirken, nur der sein, die Bevölkerung zu einer größeren Spendenbereitschaft zu bewegen. Daher wird regelmäßig die Forderung laut, auch in Deutschland die erweiterte Widerspruchslösung einzuführen.[104] Wie bereits erwähnt, wird dabei der Umstand ausgenutzt, dass die generelle Akzeptanz der Organspende in der Bevölkerung[105] mit denjenigen, die tatsächlich einen Spenderausweis besitzen,[106] nicht deckungsgleich ist. So lag im Jahr 2012 die generelle Befürwortung der postmortalen Organspende in Deutschland bei 70 %. Die Zahl derjenigen, die selbst ein Spenderorgan annehmen würden, um ihre medizinische Situation zu verbessern, liegt sogar bei 85 %. Die Zahl derer, die aber auch einen Spenderausweis besitzen, liegt demgegenüber bei nur 22 %.[107] Befürworter verweisen zum Beweis dazu auf das spanische Widerspruchsmodell, das in der Tat mit durchschnittlich 35,3 Spendern pro Millionen Einwohner eine mehr als doppelt so hohe Spendenausbeute erzielt als Deutschland mit im Schnitt 14,7 Spendern pro Millionen Einwohner. Bei reiner Betrachtung der Zahlen ist dies eine selbstverständliche Schlussfolgerung, die kaum jemand anzufechten vermag. Kritiker mahnen jedoch, dass die Statistik wesentliche Faktoren außer Acht lässt.[108] Dies lässt sich bereits damit belegen, dass die USA, in der – wie in Deutschland – die erweiterte Zustimmung gilt, im internationalen Vergleich mit 26 Organspenden pro Millionen Einwohner eine deutlich größere Zahl an Spendern generieren können, während Polen, in der die Widerspruchslösung gilt, im internationalen Vergleich sogar noch einen Platz hinter der Bundesrepublik liegt.[109] Das spanische Modell unterscheidet sich damit nicht nur in den Voraussetzungen, wann

---

103 Der Vollständigkeit halber sollen einige Lösungsvorschläge mit etwaigen Vor- und Nachteilen aufgezeigt werden, ohne dabei jedoch den Anspruch auf Vollständigkeit zu erheben.

104 *vgl. Duttge*, Zeitschrift für Lebensrecht 2011, S. 55, m.w.N.

105 die sog. „passive Akzeptanz" der Organspende.

106 die sog. „aktive Akzeptanz" der Organspende.

107 Repräsentative Befragung von „forsa" im Auftrag der Bundeszentrale für gesundheitliche Aufklärung und der DSO aus dem Jahr 2012. Abrufbar unter: http://www.dso.de/uploads/tx_infoc/BZGA_Umfrage_2012.pdf, (zuletzt abgerufen am 03.08.2014).

108 vgl. dazu *Duttge*, Zeitschrift für Lebensrecht 2011, S. 58.

109 vgl. Grafik auf Seite 18; vgl. auch: Duttge, Zeitschrift für Lebensrecht 2011, S. 58.

eine Entnahme von Organen generell zulässig sein soll. Vielmehr zeichnet sich das dortige Modell auch dadurch aus, dass die *Koordination* der Organspende deutlich fortgeschrittener als hierzulande ist.[110]

B. Zusammenarbeit stärken

Eine Lösung, die Spendenbereitschaft zu erhöhen, liegt somit in der Verbesserung der Koordination aller Beteiligten. Einen wesentlichen Beitrag können und müssen dazu zukünftig die lokalen Krankenhäuser leisten. In Deutschland gab es im Jahr 2010 ca. 1400 Krankenhäuser, die postmortale Organentnahmen durchführen konnten. Betrachtet man hingegen die Anzahl der verstorbenen Patienten in den Krankenhäusern mit denjenigen Zahlen, die an die DSO als potentielle Organspender weitergeleitet wurden, so fiel eine deutliche Diskrepanz auf. Danach meldeten nur ca. 10 % aller Kliniken alle in Betracht kommenden Spender. Die anderen meldeten im Schnitt nur 40 % der potentiellen Spender.[111] Der Hauptgrund für eine derart geringe Anteilnahme wird zum Teil darin gesehen, dass es zu wenig (finanzielle) Anreize, aber auch Sanktionen für die jeweiligen Krankenhäuser gibt, der Meldeverpflichtung nachzukommen.[112] Aber auch bestehende Rechtsunsicherheiten sind als Problem zu benennen. Die fehlende Kenntnis, wo die eigenen Zuständigkeiten anfangen, und wo diese genau enden, führen zu einer nur mäßigen Partizipation der beteiligten Krankenhäuser. Zu nennen sind vor allem finanzielle Unsicherheiten bezüglich der Erstattung von Aufwendungen, die mit der Untersuchung einer Spendentauglichkeit oder der (Personal-)Kosten für die Durchführung der Angehörigengespräche einhergehen.[113]

Eng anknüpfend an das soeben Gesagte ist außerdem die Erforderlichkeit, *sog. Transplantationsbeauftragte* in Krankenhäusern mit Intensivstationen

---

110 vgl. *Richter-Kuhlmann*, DÄBl. 2010, S. 1668.

111 vgl. *Rosenberg*, in: Middel/Pühler/Lilie/Vilmar, Novellierungsbedarf des Transplantationsrechts, S. 110f.; vgl. auch BT-Drucks. 15/4542, S. 4f.

112 so die Annahme des Nationalen Ethikrats, vgl. Stellungnahme des Nationales Ethikrats vom 24.04.2007 zum Thema: Die Zahl der Organspenden erhöhen – zu einem drängenden Problem der Transplantationsmedizin in Deutschland, S. 20f. Abrufbar unter: http://www.ethikrat.org/dateien/pdf/die-zahl-der-organspenden-erhoehen.pdf.

113 vgl. *Rosenberg*, in: Middel/Pühler/Lilie/Vilmar, Novellierungsbedarf des Transplantationsrechts, S. 110f.

einzusetzen.[114] Daher wurde das Transplantationsgesetz 2012 dahingehend ergänzt, dass ein solcher Transplantationsbeauftragter nunmehr gem. § 9a TPG zu bestellen ist. Der Transplantationsbeauftragte ist gem. § 9a Abs. 2 TPG dafür verantwortlich, dass Spender der DSO gemeldet werden (Nr. 1). Weiterhin hat er dafür Sorge zu tragen, dass die Angehörigen von Spendern angemessen begleitet (Nr. 2), die Zuständigkeiten und Handlungsabläufe in den Entnahmekrankenhäusern festgelegt (Nr. 3) sowie ärztliches und pflegerisches Personal im Entnahmekrankenhaus über die Bedeutung und den Prozess der Organspende regelmäßig informiert werden (Nr. 4).

C. Weitere Aufklärung der Bevölkerung

Ein weiterer Faktor ist zudem die Informationspolitik. Demnach fühlen sich in Deutschland *49 %* der Bevölkerung nur mäßig informiert, *5 %* gaben an, dass sie über Aspekte der Organspende nur schlecht informiert seien.[115] Dies zu ändern war unter anderem auch Anlass für die Einführung der „Entscheidungslösung".[116] Wie wichtig die Öffentlichkeitsarbeit ist, wird nicht nur erkennbar, wenn man sich den „Organspendenskandal" vor Augen führt, der zu einem gravierenden Vertrauensverlust in der Bevölkerung geführt hat.[117] So gaben 67 % der Befragten, die sich gegen eine postmortale Organentnahme ausgesprochen haben, an, einen Missbrauch bei der Verwendung der Organe zu befürchten. 52 % der Befragten fürchteten, dass Mediziner nicht alles medizinisch Notwendige unternehmen würden, wenn die Befragten zu Lebzeiten einen Spenderausweis besaßen. Immerhin noch 35 % gaben an, Angst davor zu haben, es könnten bereits vor dem Tod Organe entnommen werden. Und schließlich gaben 33 % der Befragten an, dass sie den Hirntod *nicht* für den Tod des Menschen halten.[118] Die Zahlen sind zwar nicht erfreulich, zeigen aber gleichzeitig keine generelle Ablehnung der postmortalen Organentnahme, wie zum Beispiel aus religiösen

114 vgl. *Rosenberg*, in: Middel/Pühler/Lilie/Vilmar, Novellierungsbedarf des Transplantationsrechts, S. 112f.

115 Repräsentative Befragung von „forsa" im Auftrag der Bundeszentrale für gesundheitliche Aufklärung und der DSO aus dem Jahr 2012. Abrufbar unter: http://www.dso.de/uploads/tx_infoc/BZGA_Umfrage_2012.pdf, (zuletzt abgerufen am 03.08.2014).

116 vgl. BT-Drucks. 17/9030 vom 21.03.2012, S. 4ff.; Entscheidungslösung siehe unter: Kap. Eins, VII, A.

117 vgl. Sigmund- Schultze, DÄBl. 2013, S. 2118f.

118 Repräsentative Befragung von „forsa" im Auftrag der Bundeszentrale für gesundheitliche Aufklärung und der DSO aus dem Jahr 2012. Abrufbar unter: http://www.dso.de/uploads/tx_infoc/BZGA_Umfrage_2012.pdf, (zuletzt abgerufen am 04.07.2014).

Gründen. Mit wirksamer Öffentlichkeitsarbeit, die das Ziel haben muss, Ängste und Missverständnisse auszuräumen, scheint es also durchaus möglich, die Zahl von Organspendern zu erhöhen.

D. Ausweitung der Lebendspende

Ein weiterer Weg, die Spendenbereitschaft zu erhöhen, besteht in der Ausweitung der Lebend-Organspende. Voraussetzung wäre lediglich der politische Wille zu einer Gesetzesänderung dahingehend, dass eine Lebendspende nicht mehr nur bei nahen Angehörigen im Sinne von § 8 Abs. 1 Satz 2 TPG zulässig ist.[119] Der Gesetzgeber verfolgte mit den engen Voraussetzungen der Lebend-Organspende dreierlei Ziele. Zum einen sollte jegliche Form eines Organhandels kategorisch vermieden werden. Zum andern sollte die Entschlussfreiheit des Spenders sichergestellt werden.[120] Diese Freiheit sah man, bei Spendern, die genetisch nicht verwandt sind, als gefährdet an. So sei nicht ausgeschlossen, dass die Entscheidung zu einer Organentnahme nicht primär auf altruistischen Gründen beruht, sondern aufgrund von Notsituationen vorgenommen wird. Solche könnten vornehmlich finanzieller Art sein – so die Befürchtung des Gesetzgebers.[121] Drittens sollte die Lebendspende bewusst subsidiär ausgestaltet sein, um den Spender zu schützen, da eine Organspende keinen Heileingriff für den Spender darstellt. Im Gegenteil, ist diese doch regelmäßig mit Risiken für die eigene Gesundheit verbunden.[122] Dass die Ziele des Gesetzgebers ehrenhaft sind, steht außer Frage. Inwieweit sie aber auch tatsächlich angemessen sind, ist eine ganz andere. Warum nämlich die Frage von Freiwilligkeit einer Organspende immer auch eine Frage der Verwandtschaft sein soll, bleibt unklar. Nur weil eine potentielle Spende nicht an einen Angehörigen geht, folgt daraus nicht zwingend die Unfreiwilligkeit der Spende.[123] Auch woher die Pflicht des Staates folgt, den einzelnen Spender vor sich selbst zu schützen, wird nicht hinreichend

---

119 vgl. *Bader*, Organmangel und Verteilung, S. 10ff.; zur Entscheidung des Bundesverfassungsgerichts zu § 8 Abs. 1 Satz 2 TPG siehe: BVerfG NJW 1999, S. 3399ff.

120 vgl. BT-Drucks 13/4355 vom 16.04.1996, S. 20.

121 vgl. *Schreiber/Wolfslast*, MedR (1992), S. 193; *Esser*, Verfassungsrechtliche Aspekte der Lebendspende von Organen zu Transplantationszwecken, S. 161f, m.w.N.

122 vgl. BT-Drucks 13/4355 vom 16.04.1996, S. 20; *Schreiber/Wolfslast*, MedR 1992, S. 193.

123 vgl. *Schroth*, MedR 2012, S. 573.

deutlich.[124] Eine staatliche Pflicht dahingehend, den Menschen vor einer potentiell gefährlichen Selbstschädigung zu behüten, existiert nicht.[125]

E. Die Nutzung von „Nudges"

Eine weitere feinsinnige Möglichkeit, Menschen zu bewegen, sich stärker an der Organspende zu beteiligen, besteht in der Verwendung von *sog. „Nudges"*.[126] Das aus dem Englischen stammende *„nudge"* bedeutet dabei so viel wie *sanft schubsen*. Ziel ist es dabei, das Verhalten des Menschen subtil zu ändern, ohne dabei jedoch Zwang oder Druck auszuüben. Ansatz dieser Methode ist die Erkenntnis, dass Menschen ihr Verhalten bei Zweifeln und etwaigen Risiken nicht immer ändern. Nudges bezwecken nun durch Veränderung der äußeren Gegebenheiten, den Menschen in eine „vorzugswürdigere Richtung zu bewegen". Dazu wird die Entschlussfreiheit aber nicht eingeengt, sondern es wird nur eine zusätzliche Option eröffnet, beispielsweise durch eine Empfehlung, Andeutung oder Ermutigung, die in den Räumen ausliegenden Spendenantragsformulare auszufüllen. Wichtig ist dabei, dass man sich bereits in einem kommunikativen Prozess befindet, vergleichbar mit einer Vorlesung, Kontrolluntersuchung oder wie beim Blutspenden. Da man sich bereits „in Bewegung befindet", kann das theoretische Wissen hier mühelos in ein aktives Verhalten umgesetzt werden, ohne dabei ein zu großes Maß an Selbstüberwindung aufbringen zu müssen. Der Vorteil gegenüber der Zusendung von Informationsmaterial per Post, mit der Bitte den beiliegenden Spenderausweis auszufüllen, besteht darin, dass man nicht bloßer Adressat einer Forderung bzw. Bitte ist, sondern durch den kommunikativen Prozess zu erkennen gibt, dass man die Meinung, aber auch den Menschen als solchen respektiert und anerkennt.[127]

F. Änderung der Verteilungsregeln

Auch eine Änderung der Verteilungsregeln bei der Organzuteilung wird schließlich diskutiert. Die bisherige Verteilung der gespendeten Organe erfolgt gem. § 12 Abs. 3 Satz 1 TPG nach Regeln, die dem Stand der medizinischen Wissenschaft entsprechen, insbesondere nach Erfolgsaussicht und Dringlichkeit.

---

124 zum Problem des erlaubten Risikos bei Lebendspenden vgl. auch *Küfner*, Rechtsphilosophische Aspekte moderner Medizintechniken am Beispiel der Organtransplantation und der Intensivmedizin, S. 20ff.

125 vgl. *Schroth*, „Spendenautonomie und Schadensvermeidung", MedR 2012, S. 572f.

126 vgl. dazu auch: *Schroth*, NStZ 2013, S. 437f.

127 *Duttge*, Zeitschrift für Lebensrecht 2011, S. 59f. m.w.N.

Geht es beispielsweise also um die Zuteilung einer gespendeten Leber, wird die Dringlichkeit nach dem sog. MELD-Score (**M**odel of **E**ndstage **L**ive **D**isease)[128] bestimmt. Dabei handelt es sich um eine standardisierte Untersuchung, bei der Kreatinin, Bilirubin und die Blutgerinnung der potentiellen Empfänger bestimmt werden. Die Skala des MELD-Scores variiert dabei zwischen 6 und 40.[129] Je höher der Wert ist, desto kranker ist der potentielle Empfänger.[130] Mit erhöhter Dringlichkeit steigt auch die Wahrscheinlichkeit einer Organzuteilung. Die Frage, ob der Empfänger dabei nur einen Monat oder aber zehn Jahre überlebt, spielt in der Entscheidungsphase keine Rolle. Der Erhalt des Lebens hat oberste Priorität. Die Erfolgsaussichten treten demgegenüber zurück. Kritiker bemängeln, dass zwischen Dringlichkeit und Erfolgsaussicht gravierende Unterschiede bestehen, da die Allokation regelmäßig gerade an diejenigen erfolgt, welche den höchsten MELD-Score haben. Regelmäßig sind es aber genau diese Patienten, die eine geringere Lebenserwartung haben.[131] Auch zeigen Erfahrungen, dass eine Operation bei Menschen mit einem MELD-Score von über 30 eine 20-prozentig geringere Überlebenswahrscheinlichkeit nach einem Jahr haben als solche, deren Wert zum Zeitpunkt der Transplantation unter 30 liegt. Bei Letzteren droht die Verschlechterung des MELD-Scores mangels Spenderorgans, so dass auch deren Überlebenswahrscheinlichkeit zu sinken droht. Daher wird gefordert, bei der Allokation vermehrt auch auf den Punkt der Erfolgsaussicht Rücksicht zu nehmen.[132] Dabei können dann medizinische Faktoren wie Alter, BMI-Wert oder zu erwartende Erfolgsaussichten in Form eines weiteren Scores mitberücksichtigt werden.[133] Ob es bei der Verteilung knapper Güter wie Spenderorgane überhaupt eine Verteilung geben kann, die allen gerecht wird, darf sicherlich hinterfragt werden, soll aber nicht Thema dieser Arbeit sein. Für die Kritiker des bisherigen Systems spricht sicherlich, dass Dringlichkeit und Erfolgsaussicht

---

128 Nach der Richtlinie der Bundesärztekammer für die Wartelisteneinführung und der Organvermittlung zur Lebertransplantation ermittelt der MELD-Score die Wahrscheinlichkeit, ob ein Patient ohne Lebertransplantation in den nächsten 3 Monaten stirbt, vgl. III. Nr. 4 der Richtlinie.

129 vgl. *Benckert/Quante/Jonas*, ZEFQ (2010), S. 398; *Siegmund-Schultze*, DÄBL. 2010, S. 2367.

130 Im Jahr 2010 betrug der Durchschnittswert in Deutschland 30, vgl. *Siegmund-Schultze*, DÄBL. 2010, S. 2368.

131 vgl. *Benckert/Quante/Jonas*, ZEFQ 2010, S. 398f.; auch *Dannecker/Streng*, JZ 2012, S. 444.

132 vgl. *Siegmund-Schultze*, DÄBL. 2010, S. 2367f.

133 vgl. *Dannecker /Streng*, JZ 2012, S. 445, m.w.N.

gleichermaßen Einzug in das Gesetz gefunden haben. Warum dann aber die Erfolgsaussicht schlicht unberücksichtigt bleibt, erscheint zunächst unklar. Betrachtet man die Vergabe unter verfassungsrechtlichen Gesichtspunkten, dass eine Verteilung von Organen mit dem Recht auf Leben gleichzusetzen ist, und dass jeder Mensch das gleiche Recht haben muss, am Verteilungsverfahren zu partizipieren, so erscheint das Merkmal „Erfolgsaussicht“ mit Art. 2 Abs. 2 Satz 1 GG i.V.m. Art. 1 Abs. 1 GG sowie mit Art. 3 Abs. 1 GG unvereinbar. Eben aus diesen Grundrechten ergibt sich das Recht an einer gerechten Allokation, unabhängig vom Alter oder der finanziellen Leistungsfähigkeit. Auch der Grund für das Versagen eines Organes – sprich durch Fremd- oder Eigenverschulden – muss unberücksichtigt bleiben. Die Menschenwürde garantiert die Gleichheit der Menschen.[134] Diese Gleichheit ist aber verletzt, wenn der *Lebenswert* eines Menschen als Kriterium für die Vergabe von lebensnotwendigen Organen herangezogen wird. Das Merkmal „Erfolgsaussicht“ steht damit im Widerspruch zur Gleichheit der Menschen, weshalb dies bei der Vergabe in verfassungskonformer Auslegung nicht zu berücksichtigen ist.[135]

X. Das Organverteilungssystem

A. Eurotransplant International Foundation

Führt man sich das oben dargestellte Missverhältnis zwischen den vorhandenen und den benötigen Organen vor Augen[136], so kommt der Organallokation eine grundlegende Bedeutung zu, da so entschieden wird, wer eines der begehrten und oft wohl auch lebensrettenden Organe erhält. Die Allokation der gespendeten Organe erfolgt über die „Eurotransplant International Foundation“, oder kurz: „*Eurotransplant*“. Dabei handelt es sich um eine im Jahr 1967 von dem Niederländer Jon. J. van Rood gegründete Stiftung mit Sitz in Leiden (Niederlande).[137] Sie ist die älteste Organisation, die sich für einen länderübergreifenden Organaustausch

---

134 vgl. Jarass/Pieroth-*Jarass*, GG-Kommentar, Art. 1 GG, Rn. 12f.

135 strittig, so aber die herrschende Meinung: vgl. *Dannecker/Streng*, JZ 2012, S. 444ff. m.w.N.; so etwa: *Höfling*, JZ 2007, S. 486; *Ladeur/Augsberg*, Die Funktion der Menschenwürde im Verfassungsstaat, S. 48ff.; andere Ansicht: *Junghanns*, Verteilungsgerechtigkeit in der Transplantationsmedizin, S. 45ff.

136 siehe Kap. Eins, VI.

137 vgl. Krukemeyer/Lison-*Rahmel*, Transplantationsmedizin – ein Leitfaden für den Praktiker, S. 65; http://www.eurotransplant.org/cms/index.php?page=history, (zuletzt abgerufen am 03.08.2014); *Schmidt*, Politik der Organverteilung, S. 32f.; vgl. auch *Conrads*, MedR 1996, S. 300.

einsetzt.[138] Das primäre Ziel von Eurotransplant ist es, als zentrale Anlaufstelle dafür Sorge zu tragen, dass Spenderorgane nach einen transparenten Verfahren – also aufgrund medizinischer Kriterien – an die jeweils geeigneten Empfänger zugeteilt werden, um damit eine optimale Verfügbarkeit an Organen in den Mitgliedsstaaten zu gewährleisten. Weiterhin versucht Eurotransplant, die Bedeutung der Organspende im Bewusstsein der Menschen zu verankern, und macht sich zudem für die Forschung im Bereich der Transplantationsmedizin stark.[139] § 12 Abs. 2 TPG sieht dabei ausdrücklich vor, dass als Vermittlungsstelle auch eine Organisation beauftragt werden kann, die ihren Sitz nicht im Geltungsbereich des TPG hat. Gemäß § 12 Abs. 4 Satz 1 TPG ist dazu ein Vertrag zwischen der Vermittlungsstelle Eurotransplant, der Bundesärztekammer, der deutschen Krankhausgesellschaft und dem Spitzenverband Bund der Krankenkassen zu schließen, der die genauen Aufgaben von Eurotransplant festlegt und dabei insbesondere auch die Transplantationszentren mitverpflichtet. Daraus entstand der Eurotransplant-Vertrag, oder kurz: ET-Vertrag.[140]

Die Vermittlung von Organen über Eurotransplant hat dabei nach Regeln, die dem Stand der Erkenntnisse der medizinischen Wissenschaft entsprechen, – insbesondere nach Erfolgsaussicht und Dringlichkeit – zu erfolgen.[141] Vermittlungspflichtige Organe sind gem. § 1a Nr. 2 TPG dabei Herz, Lunge, Leber, Niere, Bauchspeicheldrüse und Darm. Die Finanzierung von Eurotransplant erfolgt zum einen durch Registrierungspauschalen. Das sind Gebühren, die anfallen, soweit man sich auf der Warteliste registrieren lässt. Zum anderen gehören das Stiftungsvermögen sowie Spenden und Fördermittel zu den Einnahmequellen.[142]

Im Verbundsystem von Eurotransplant befinden sich neben Deutschland auch Österreich, Kroatien, Belgien, Ungarn, Luxemburg, die Niederlande sowie Slowenien. Daneben haben sich weitere Organisationen gebildet, die das Ziel verfolgen, Organe und Gewebe zu vermitteln. Dazu gehören beispielsweise

---

138 vgl. *Klinkhammer*, DÄBl. 2010, S. 2370.

139 vgl. *Erhard/Daul/Eigler*, DÄBl. 1995, S. 43.

140 ausführlich zum Eurotransplant-Vertrag: *Krüger*, Die Organvermittlungstätigkeit Eurotransplants im Sinne des § 12 TPG, S. 13ff.; siehe auch: *Böning*, Kontrolle im Transplantationsgesetz, S. 30. ET-Vertrag abrufbar unter: http://www.transplantation-information.de/gesetze_organspende_transplantation/vertraege/vertrag_vermittlungsstelle.html, (zuletzt abgerufen am 03.08.2014)

141 gem. § 12 Abs. 3 TPG.

142 vgl. *Krüger*, Die Organvermittlungstätigkeit Eurotransplants im Sinne des § 12 TPG, S. 24.

Swisstransplant, Scandiatransplant[143], Francetransplant sowie der United Kingdom Transplant Service. Ein Austausch kann dabei auch mit anderen Verbundsystemen, die nicht Teil von Eurotransplant sind, erfolgen. Voraussetzung ist jedoch, dass es für das zur Verfügung stehende Organ keinen geeigneten Empfänger im eigenen Verbundsystem gibt.[144]

B. Deutsche Stiftung für Organtransplantation

Auf nationaler Ebene existiert u.a. die Deutsche Stiftung für Organtransplantation (DSO) mit Hauptsitz in Frankfurt am Main. Die DSO ist als gemeinnützige Stiftung des bürgerlichen Rechts ausgestaltet und wurde 1984 gegründet. „Sie ist die nach dem Transplantationsgesetz beauftragte Koordinierungsstelle für die Organspende in Deutschland".[145] Die konkrete Aufgabenzuweisung erfolgt dabei gemäß § 11 Abs. 2 TPG durch einen Vertrag zwischen der DSO als Koordinierungsstelle (Auftragnehmerin) und dem Spitzenverband Bund der Krankenkassen, der Bundesärztekammer, der Deutschen Krankenhausgesellschaft oder den Bundesverbänden der Krankenhausträger gemeinsam (Auftraggeber).[146] Die DSO gestaltet die Organspende auf nationaler Ebene insbesondere dadurch, dass sie nicht nur die Empfängerbetreuung verwaltet, sondern auch die Koordination zwischen allen Beteiligten übernommen hat[147], indem sie Verfahrensanweisungen für die Organ- und Gewebeentnahme für alle Beteiligten erstellt, wodurch sie einen organisierten Ablauf für die postmortale Organspende bereitstellt.[148] Verfahrensanweisungen sind dabei in § 1a Nr. 10 TPG legal definiert als schriftliche Anweisungen, die die Schritte eines spezifischen Verfahrens beschreiben, einschließlich der zu verwendenden Materialien und Methoden und des erwarteten Ergebnisses. Das Erfordernis einer solchen Koordinierungsstelle folgt unter anderem daraus, dass durch eine zentralisierte Wahrnehmung dieser Aufgabe eine Entlastung der einzelnen Transplantationszentren erfolgt und die

---

143 Mitglieder sind Dänemark, Island, Schweden, Finnland sowie Norwegen, vgl. http://www.scandiatransplant.org, (zuletzt abgerufen am 06.08.2014).

144 vgl. *Gragert*, Strafrechtliche Aspekte des Organhandels, S. 23 m.w.N.

145 http://www.dso.de/dso/aufgaben-und-ziele.html, (zuletzt abgerufen am 21.01.2015).

146 Vertrag abrufbar unter: http://www.dso.de/uploads/tx_dsodl/Koordinierungs stellenvertrag_2013.pdf, (zuletzt abgerufen am 06.08.2014).

147 vgl. *Lilie*, FS-Deutsch, S. 643.

148 vgl. bzgl. der Aufgaben der DSO: § 2 Abs. 1 des Vertrages zur Beauftragung der Koordinierungsstelle, abrufbar unter: http://www.dso.de/uploads/tx_dsodl/Koordinierungsstellenvertrag_2013.pdf (zuletzt abgerufen am 04.07.2014); BT-Drucks. 17/7376 vom 19.10.2011, S. 14.

sachgerechte Allokation von Organen eine Gemeinschaftsaufgabe darstellt. Die Zentralisierung dieser Aufgaben soll zudem zu einer Effektivierung der im Gesundheitsbereich vorhanden Mittel führen.[149]

C. Die Bundesärztekammer

Auch der Bundesärztekammer kommt eine wesentliche Bedeutung zu. Sie ist nach § 1 der Satzung der Bundesärztekammer (Arbeitsgemeinschaft der Deutschen Ärztekammern) ein Zusammenschluss der einzelnen 17[150] Landesärztekammern mit Sitz in Berlin.[151] Sie ist *keine* Körperschaft des öffentlichen Rechts, sondern eine Privatinstitution in Form eines nicht rechtsfähigen Vereins bürgerlichen Rechts.[152] Es handelt sich um eine Interessensvertretung, die sich schwerpunktmäßig auf die Themen der Gesundheits- und Sozialpolitik konzentriert. Aufgrund der Fortschritte in der Hochleistungsmedizin (z.B. in der Stammzellenforschung) ist auch ein verstärktes Engagement im Bereich der Medizinethik festzustellen.[153] Die Bundesärztekammer ist im Rahmen des Transplantationsrechts vor allem gemäß § 16 Abs. 1 TPG für die Festlegung von Richtlinien verantwortlich.[154] Dazu gehören die Regeln zur Feststellung des Todes und die Verfahrensregeln zur Feststellung des endgültigen, nicht behebbaren Ausfalls der Gesamtfunktion des Großhirns, des Kleinhirns und des Hirnstamms (Nr.1), die Regeln zur Aufnahme in die Warteliste (Nr.2), Mitteilungspflichten der Entnahmekrankenhäuser bezüglich der Organspendentauglichkeit (Nr.3), die Anforderungen an die im Zusammenhang mit einer Organentnahme zum Schutz der Organempfänger erforderlichen Maßnahmen (Nr. 4), die Regeln zur Organvermittlung (Nr.5), Anforderungen an die im Zusammenhang mit einer

149 vgl. *Lilie*, FS-Deutsch, S. 647.

150 bestehend aus den Landesärztekammern: Baden-Württemberg, Bayern, Berlin, Brandenburg, Bremen, Hamburg, Hessen, Mecklenburg-Vorpommern, Niedersachsen, Nordrhein, Rheinland-Pfalz, Saarlandes, Sachsens, Sachsen-Anhalt, Schleswig-Holstein, Thüringen und der Ärztekammer Westfalen-Lippe, § 1 Abs. 1 der Satzung der Bundesärztekammer.

151 vgl. § 1 Abs. 2 Satz 2 der Satzung der Bundesärztekammer, abrufbar unter: http://www.bundesaerztekammer.de/page.asp?his=0.1.18, (zuletzt abgerufen am 04.07.2014).

152 vgl. Laufs/Kern-*Laufs*, Handbuch des Arztrechts, § 13, Rn. 13*; Lang*, MedR 2005, S. 270; *Richter-Kuhlmann/Sigmund-Schultze*, DÄBl. 2012, S. 1312; *Böning*, Kontrolle im Transplantationsgesetz, S. 31f., m.w.N.

153 Aufgaben und Satzung der BÄK, http://www.bundesaerztekammer.de/page.asp?his=3.66.67.1771#Die, (zuletzt abgerufen am 06.08.2014).

154 kritisch zur Legitimation der BÄK: *Höfling*, JZ 2007, S. 483f.

Organentnahme und -übertragung erforderlichen Maßnahmen zur Qualitätssicherung (Nr.6) sowie Anforderungen an die Aufzeichnung der Lebendorganspenden (Nr.7). Um dieser Aufgabe nachzukommen hat die Bundesärztekammer die *„Ständige Kommission Organtransplantation"* eingerichtet, welche aus mindestens 18 Mitgliedern besteht.[155]

D. Transplantationszentren

Eine wichtige Rolle nehmen außerdem die Transplantationszentren ein. Nach § 10 Abs. 1 Satz 1 TPG handelt es sich bei Transplantationszentren um Krankenhäuser, die nach § 108 des Fünften Buches Sozialgesetzbuch oder nach anderen gesetzlichen Bestimmungen für die Übertragung von Organen verstorbener Spender sowie für die Entnahme und Übertragung von Organen lebender Spender zugelassen sind. Darüber hinaus bestimmt § 10 Abs. 1 Satz 2 TPG, dass Schwerpunkte für die Übertragung dieser Organe zu bilden sind, um eine bedarfsgerechte, leistungsfähige und wirtschaftliche Versorgung zu gewährleisten und die erforderliche Qualität der Organübertragung zu sichern. Zu den Aufgaben der Transplantationszentren gehört unter anderem, einheitliche Wartelisten[156] mit Patienten zu führen, die auf ein vermittlungspflichtiges Organ warten (vgl. § 10 Abs. 2 Satz 1 Nr. 1 TPG).[157] Die Pflicht, die Wartelisten aller deutschen Transplantationszentren als eine einheitliche Liste zu führen, ist dabei Ausdruck der im TPG verankerten Chancengleichheit.[158]

---

155 Daneben hat die Ständige Kommission Organtransplantation nach § 1 des Statuts der ständigen Kommission beispielsweise weitere Aufgaben, wie die Beratung von Parlament und Regierung zu Fragen der Transplantationsmedizin, Beobachtung und Bewertung der Praxis der Organspende, -vermittlung und -verteilung und der Organtransplantation und die Abgabe von Empfehlungen zu Grundsätzen und Richtlinien für die Organspende, -vermittlung und -verteilung. http://www.bundesaerztekammer.de/page.asp?his=0.1.15.1641, (zuletzt abgerufen am 06.08.2014).

156 Der Begriff der Warteliste ist irreführend. Er suggeriert, dass es sich um eine starre Liste handelt, bei der man kontinuierlich nach vorne „rutscht", wenn der Listenplatz-Erste ein Organ zugeteilt bekommen hat. Das ist aber unrichtig. Vielmehr wird für jedes Organ eine neue Liste erstellt, bei der die Wartezeit nur einer von mehreren Faktoren ist; vgl. unten: Kap. Zwei, II, A, 1; vgl. auch Höfling-*Lang*, TPG-Kommentar, § 10 Rn. 7; *Norba,* Rechtsfragen der Transplantationsmedizin aus deutscher und europäischer Sicht, S. 166f.

157 zur Definition vermittlungspflichtiges Organ vgl. § 1a Nr. 2 TPG.

158 vgl. etwa *Rissing-van Saan*, NStZ 2014, S. 234.

E. Die Prüfungskommission

Eine wichtige Rolle im sensiblen Bereich der Organtransplantation nimmt schließlich die Prüfungskommission ein. Sie findet ihre gesetzliche Grundlage in § 12 Abs. 4 Satz 2 Nr. 4 TPG und ist für die Überprüfung von *konkreten* Vermittlungsentscheidungen zuständig.[159] Dies soll gemäß § 3 Abs. 1 der Geschäftsordnung der Prüfungskommission[160] durch Stichproben erfolgen. Ferner hat Eurotransplant als Vermittlungsstelle, gemäß § 10 Abs. 3 des Eurotransplant-Vertrages (ET-Vertrag) der Prüfungskommission, sämtliche Auskünfte zu erteilen und Unterlagen herauszugeben. Eurotransplant ist darüber hinaus gemäß § 15 Satz 2 des ET-Vertrages verpflichtet, die Prüfungskommission zu unterrichten, soweit Verdachtsmomente wegen Missbrauchs im Zusammenhang mit der Organallokation bestehen.[161] Die Prüfungskommission setzt sich zur Erfüllung ihrer Aufgaben gemäß § 4 Abs. 1 der Geschäftsordnung der Prüfungskommission aus acht Mitgliedern zusammen. Dabei entsenden die Vertragspartner, namentlich die Spitzenverbände der Gesetzlichen Krankenkassen gemeinsam, die Deutsche Krankenhausgesellschaft und die Bundesärztekammer, jeweils bis zu zwei Mitglieder. Zwei weitere Mitglieder müssen zudem Ärzte aus dem Bereich der Transplantationsmedizin sein. Weitere Sachverständige können zur Beratung hinzugezogen werden. Die Amtszeit beträgt dabei drei Jahre.[162] Als problematisch anzusehen ist jedoch der Umstand, dass die Prüfungskommission auf die freiwillige und umfassende Mitwirkung der Transplantationszentren und von Eurotransplant angewiesen ist.[163] Dies liegt maßgeblich darin begründet, dass die Prüfungskommission zwar das Recht hat, alle relevanten Unterlagen zu erhalten, aber weder das TPG noch die Geschäftsordnung der Prüfungskommission Instrumente in Form von Kontrollmechanismen vorgibt, um diesen Auskunftsanspruch auch durchsetzen zu können.[164]

---

159 vgl. *Lilie*, FS-Deutsch 2009, S. 334.

160 Abrufbar unter: http://www.bundesaerztekammer.de/downloads/Pruefungskommission_Geschaeftsordnung_2011.pdf (zuletzt abgerufen am 04.07.2014).

161 vgl. dazu auch: *Verrel*, in: Lilie/Rosenau/Hakeri (Hrsg.), Die Organtransplantation – Rechtsfragen bei knappen medizinischen Ressourcen, S. 182.

162 vgl. § 5 der Geschäftsordnung der Prüfungskommission.

163 Vgl. *Lilie*, FS-Deutsch 2009, S. 337f.

164 vgl. *Lilie*, FS-Deutsch 2009, S. 335ff. (336f.); zu den Kontrollbefugnissen der Prüfungskommission siehe auch: *Böning*, Kontrolle im Transplantationsgesetz, S. 95ff.; *Verrel*, in: Lilie/Rosenau/Hakeri (Hrsg.), Die Organtransplantation – Rechtsfragen bei knappen medizinischen Ressourcen, S. 182f. m.w.N.

F. Die Überwachungskommission

Anders als der Prüfungskommission, welche die *konkrete* Vermittlungsentscheidung kontrolliert, obliegt es der Überwachungskommission, die Deutsche Stiftung für Organtransplantation (DSO) auf die Einhaltung der ihr übertragenen Aufgaben zu kontrollieren.[165] Im Gegensatz zu der Prüfungskommission soll die Überwachungskommission den gesamten Ablauf einer Organspende gewissenhaft kontrollieren.[166] Ihre Rechtsgrundlage findet die Überwachungskommission dabei in § 11 Abs. 3 S. 3 TPG. Zusammengesetzt ist die Überwachungskommission aus insgesamt elf Mitgliedern. Dabei stellen die Auftraggeber je drei Vertreter. Die zwei weiteren Vertreter werden von den Bundesländern gestellt. An der Überwachung können zudem Gäste beteiligt werden. Als solcher kommt zum einen ein Vertreter der Vermittlungsstelle in Betracht. Zum anderen kann dies aber auch ein Vertreter der DSO selbst sowie des Verbandes der Privaten Krankenversicherung e.V. sein (vgl. § 10 Abs. 1 des Vertrages zur Beauftragung der Koordinierungsstelle). Zur Durchsetzbarkeit der ihr übertragenen Aufgaben gilt das entsprechend zur Prüfungskommission Gesagte.[167]

XI. Das Allokationsverfahren

A. Das Standardverfahren zur Allokation

Um sich ein genaueres Bild von der Verteilungspraxis machen zu können, soll hier der grundsätzliche Ablauf einer Organspende skizziert werden.[168]

In einem ersten Schritt wird in einem lokalen Krankenhaus der Hirntod eines Patienten festgestellt. Dieser gilt dann als festgestellt, wenn zwei Ärzte den Verstorbenen unabhängig voneinander untersucht und für hirntot erklärt haben, vgl. § 5 Abs. 1 Satz 1 TPG. Abweichend davon genügt die Feststellung eines Arztes, wenn der endgültige, nicht behebbare Stillstand des Herz-Kreislauf-Systems

---

165 ausführliche Darstellung bei: *Böning*, Kontrolle im Transplantationsgesetz, S. 82.

166 vgl. § 2 Abs. 1 des Koordinierungsstellenvertrages, abrufbar unter: http://www.dso.de/uploads/tx_dsodl/Koordinierungsstellenvertrag_2013.pdf, (zuletzt abgerufen am 07.08.2014).

167 vgl. *Lilie*, FS-Deutsch 2009, S. 335ff. (336f.); auch: *Lilie*, in: Middel/Pühler/Vilmar (Hrsg.), Organspende und Organtransplantation in Deutschland, S. 19, der die Informationsrechte als „stumpfes Schwert" bezeichnet; zu den Kontrollbefugnissen siehe auch: *Böning*, Kontrolle im Transplantationsgesetz, S. 82ff.

168 vgl. dazu: http://www.dso.de/organspende-und-transplantation/thema-organspende/vom-spender-zum-empfaenger.html (zuletzt abgerufen am 30.12.2014); siehe auch: *Erhard/Daul/Eigler*, DÄBl. 1995, S. 43f.

eingetreten ist und seitdem mehr als drei Stunden vergangen sind, vgl. § 5 Abs. 1 Satz 2 TPG.

Ist der Tod festgestellt, erfolgt in einem zweiten Schritt die Feststellung, ob der Verstorbene als Organspender in Betracht kommt. Dazu muss der Verstorbene entweder zu Lebzeiten in eine postmortale Organspende eingewilligt haben (z.B. durch einen Organspende-Ausweis), vgl. § 3 Abs. 1 Nr. 1 TPG, oder die nächsten Angehörigen sind zu befragen, ob ihnen von der verstorbenen Person eine Erklärung zur Organ- oder Gewebespende bekannt ist, vgl. § 4 Abs. 1 Satz 1 TPG. Ist auch dem nächsten Angehörigen eine solche Erklärung nicht bekannt, so ist die Entnahme nur zulässig, wenn ein Arzt die Angehörigen über eine in Frage kommende Organ- oder Gewebeentnahme unterrichtet und diese schließlich der Spende zustimmen, vgl. § 4 Abs. 1 Satz 2 TPG.

Wurde die Spendenbereitschaft bejaht, ist das lokale Krankenhaus verpflichtet, den potentiellen Spender der zentralen Koordinationsstelle „Deutsche Stiftung Organtransplantation" zu melden, vgl. § 9a Abs. 2 Nr. 1 TPG. Die Koordinierungsstelle veranlasst die weiteren notwendigen Untersuchungen zur Prüfung, ob der Verstorbene auch aus gesundheitlicher Sicht als Spender in Betracht kommt; die Organe also weder eine Vorschädigung haben, noch andere Krankheiten vorliegen, die eine Spende ausschließen. Dazu erfolgt eine enge Zusammenarbeit mit dem nächstgelegenen Transplantationszentrum.[169]

Wurde die gesundheitliche Eignung bestätigt, werden in einem vierten Schritt alle relevanten Daten an Eurotransplant übermittelt. Dort findet ein Abgleich der übersendeten Daten mit den bei Eurotransplant hinterlegten Wartelisten statt, um einen geeigneten Empfänger zu ermitteln.[170] Die Auswahl erfolgt dabei insbesondere nach den Kriterien der Erfolgsaussicht und Dringlichkeit[171], vgl. § 12 Abs. 3 Satz 1 TPG.

Wurde ein passender Empfänger gefunden, erfolgt die Organentnahme. Anschließend erfolgt der Transport des Organs zum Transplantationszentrum des Empfängers.[172]

---

169 vgl. *Erhard/Daul/Eigler*, DÄBl. 1995, S. 43f.; http://www.dso.de/organspende-und-transplantation/thema-organspende/vom-spender-zum-empfaenger.html, (zuletzt abgerufen am 30.12.2014).

170 vgl. *Erhard/Daul/Eigler*, DÄBl. 1995, S. 44; http://www.dso.de/organspende-und-transplantation/thema-organspende/vom-spender-zum-empfaenger.html, (zuletzt abgerufen am 04.07.2014).

171 zum Verhältnis dieser beiden Anforderungen zueinander vgl. Kap. Eins, IX, F.

172 vgl. *Erhard/Daul/Eigler*, DÄBl. 1995, S. 44; http://www.dso.de/organspende-und-transplantation/thema-organspende/vom-spender-zum-empfaenger.html, (zuletzt abgerufen am 06.08.2014).

B. Besondere Vermittlungsverfahren

Neben dem Standardverfahren existieren zur Vermittlung von Organen noch zwei weitere Varianten.

1. Das modifizierte Vermittlungsverfahren

Die im Standardverfahren beschriebene Vorgehensweise setzt voraus, dass ein Spenderorgan keinen Anlass zur Beanstandung gibt. Ist dies nicht der Fall, weil der Organspender möglicherweise eine schwerwiegende Vorerkrankung hatte, das Organ nur bedingt funktionstüchtig ist oder es im Zuge der Organentnahme zu unerwarteten Komplikationen kam, wird die Vermittlungsfähigkeit des Spenderorgans eingeschränkt. Nach der Richtlinie der Bundesärztekammer zur Organvermittlung sind solche Komplikationen insbesondere: Drogenabhängigkeit, Maligne Tumore in der Anamnese, Virushepatitis oder Meningitis (Hirnhautentzündung).[173] Zur Vermeidung, dass solche Organe verloren gehen, kann eine Allokation über die normalen Voraussetzungen hinaus erfolgen, wenn sich ein Transplantationszentrum einverstanden erklärt, das Organ entgegenzunehmen, es einen passenden Empfänger für das Organ gibt und der potentielle Empfänger einwilligt, das Organ anzunehmen.[174]

2. Das beschleunigte Vermittlungsverfahren

Als weiteres Vermittlungsverfahren kommt zudem das beschleunigte Verfahren – auch Rettungsallokation[175] genannt – in Betracht. Dieses wird durchgeführt, wenn aufgrund von (1.) logistischen oder organisatorischen Gründen ein Organverlust droht, (2.) eine Kreislaufinstabilität des Spenders eintritt oder (3.) aus spender- oder organbedingten Gründen drei Zentren das Angebot eines Herzens, von Lungen, eines Pankreas, einer Leber oder aber fünf Zentren das

---

173 Richtlinie der Bundesärztekammer zur Organtransplantation, Punkt II. 3.2, abrufbar unter: http://www.bundesaerztekammer.de/downloads/RiliOrgaLeber20130308.pdf, (zuletzt abgerufen am 04.07.2014).

174 vgl. Punkt II. 3.1. i.V.m. II. 2 der Richtlinie der Bundesärztekammer zur Organtransplantation. Danach kann das einzelne Transplantationszentrum der Vermittlungsstelle allgemeine Akzeptanzkriterien für die Annahme von Spenderorganen mitteilen (sog. Zentrumsprofil). Zudem können mit dem Patienten einzelne Akzeptanzkriterien abgesprochen werden (sog. Patientenprofil).

175 vgl. auch Eurotransplant Manual, Chapter 3, 3.2.3.3, abrufbar unter: http://www.eurotransplant.org/cms/mediaobject.php?file=Chapter3_allocation8.pdf, (zuletzt abgerufen am 04.07.2014).

Angebot einer Niere abgelehnt haben. Ein Organangebot gilt dann als organisatorisch abgelehnt, wenn auf dieses nicht binnen 30 Minuten reagiert wird.[176] Ziel des Verfahrens ist es, den Verlust eines Organes zu vermeiden, der z.B. durch Vorschädigungen oder aufgrund zu langer Transportwege drohen kann. Erfolgt die Vermittlung im beschleunigten Verfahren, so erfolgt die Vermittlung *durch* das jeweilige Transplantationszentrum innerhalb der Region, in der sich das potentielle Spenderorgan befindet. Obwohl das beschleunigte Verfahren nachgelagert sein sollte, wurden im Jahr 2012 40,5 % aller Organe im beschleunigten Verfahren vergeben. Im Vergleich zu 2007 mit 26,8 % bedeutet dies einen Anstieg um 13,7 %. Die zunehmende Anwendung des Verfahrens wird mit dem gestiegenen Lebensalter der Spender und der abnehmenden Qualität der Organe im Bereich der Leberallokation begründet.[177]

XII. Erfolgsquoten nach Transplantationen

Nachfolgend soll ein kurzer Überblick über die Erfolgsquoten nach einer Transplantation gegeben werden. Dabei ist die Nierentransplantation diejenige Operation, welche die besten Ergebnisse erzielt. Statistiken zufolge funktionieren nach 5 Jahren im Schnitt noch 70 % der verpflanzten postmortalen Nieren;[178] die Funktionsrate eines Herzens liegt bei 70–80 %. Nach 10 Jahren arbeitet im Schnitt noch die Hälfte aller transplantierten Herzen.[179] Von allen postmortalen Lebern sind nach 5 Jahren im Schnitt noch 62 % voll funktionsfähig.[180] Von den verpflanzten Bauchspeicheldrüsen arbeiten nach 5 Jahren immerhin noch 61 % ohne besondere Einschränkungen,[181] gefolgt von Lungen mit 47 %.[182]

---

176 Richtlinie der Bundesärztekammer zur Organtransplantation, II. 3.3.2, abrufbar unter: http://www.bundesaerztekammer.de/downloads/RiliOrgaLeber20130308.pdf, (zuletzt abgerufen am 06.08.2014). Die Ermächtigung zum Erlass der Richtlinie folgt aus § 16 Abs. 1 Nr. 5 TPG.

177 Presseerklärung der Bundesärztekammer und Eurotransplant zum sogenannten beschleunigten Vermittlungsverfahren vom 07.08.2012, http://www.bundesaerzte kammer.de/page.asp?his=3.71.9972.10676.10713, (zuletzt abgerufen am 04.07.2013).

178 Schroth/König/Gutmann/Oduncu- *Oduncu*, TPG, Kommentar, Einl. Rn. 41.

179 Schroth/König/Gutmann/Oduncu- *Oduncu*, TPG, Kommentar, Einl. Rn. 54.

180 Schroth/König/Gutmann/Oduncu- *Oduncu*, TPG, Kommentar, Einl. Rn. 66.

181 Schroth/König/Gutmann/Oduncu-*Oduncu*, TPG, Kommentar, Einl. Rn. 48.

182 Schroth/König/Gutmann/Oduncu-*Oduncu*, TPG, Kommentar, Einl. Rn. 59.

Kapitel Zwei: Strafrechtliche Beurteilung

I. Ausgangslage

Liest man in Zeitschriften verschiedene Artikel oder stößt in einer Unterhaltung zufällig auf das Thema, steht das Urteil meist schnell fest und lässt sich wie folgt beschreiben: Wer einen anderen, bereits kranken Menschen willentlich von seinem Listenplatz verdrängt, weshalb dieser dann stirbt oder aber droht, zu versterben, gehört bestraft. Dass dieses Ergebnis Richtigkeit beansprucht, scheint auch der Umstand zu belegen, dass das LG Göttingen die Anklage der Staatsanwaltschaft wegen neunfachen versuchten Totschlags gegen einen Arzt des Göttinger Transplantationszentrums zuließ.[183] Aber ist dieses schnelle Urteil auch unter strafrechtlichen Gesichtspunkten tragbar, und wenn ja, kommen vielleicht noch andere Straftatbestände in Betracht, die von der medialen Berichterstattung bisher (bewusst) ausgeblendet wurden, aber trotzdem nicht weniger Unrecht darstellen?

Untersucht man Fälle vorliegender Art, stößt man schnell auf erste Zweifel, ob das so schnell gefundene Ergebnis auch unter juristischen Gesichtspunkten Bestand haben kann. Dabei ergeben sich bereits grundlegende Probleme, wie die genaue Identifizierung etwaiger Opfer. Sollte dies nicht möglich sein, verbliebe nur noch eine Versuchsstrafbarkeit hinsichtlich etwaiger Tötungsdelikte. Aber selbst wenn eine Feststellung der Opfer möglich sein sollte, stellt sich die Frage, wie eine „bloße" Veränderung von Blutwerten auf dem Papier kausal für den Tod eines Menschen sein kann. Und auch wenn die Beantwortung der Frage gelingen sollte, so stünde immer noch das Problem des Vorsatzes im Raum. Schließlich wollte der angeklagte Arzt letztlich nur helfen und nicht töten. Aber selbst wenn eine Tötungsabsicht festgestellt werden könnte, dürften keine Rechtfertigungsgründe für die Taten vorliegen. Immerhin beging er das Unrecht in der Absicht, dadurch ein anderes Leben zu erhalten. Und wie sieht es mit anderen Straftatbeständen aus? Für Ärzte in einer öffentlich-rechtlichen Körperschaft sind Amtsdelikte nicht fernliegend, und auch Urkundsdelikte oder Verstöße im Bereich des Nebenstrafrechts gilt es, nicht aus den Augen zu verlieren. Die

183 vgl. Beschluss OLG Braunschweig vom 20.03.2013, S. 2, Rn. 4, Az: Ws 49/13, abrufbar unter: http://www.rechtsprechung.niedersachsen.de/jportal/portal/page/bsndprod.psml?doc.id=KORE218762013&st=null&showdoccase=1&paramfromHL=true#focuspoint, (zuletzt abgerufen am 07.08.2014); *Rissing- van Saan*, NStZ 2014, S. 234; *Bülte*, StV 2013, S. 753.

nachfolgenden Ausführungen sollen daher einen Beitrag dazu leisten, die aufgeworfenen Fragen zu beantworten.

II. Straftaten gegen das Leben

Organverteilung ist mehr als eine bloße medizinische Behandlung. Aufgrund der Knappheit und der gravierenden Folgen bei nicht rechtzeitiger Allokation eines Organs stellt sich für den potentiellen Empfänger in diesem Zusammenhang nicht selten die Frage von Leben oder Tod.[184] Aufgrund der schwerwiegenden Konsequenzen, die mit der Allokation einhergehen, soll der Fokus zunächst darauf gelegt werden, ob sich eine Strafbarkeit nach dem 16. Abschnitt des StGB begründen lässt. Dabei soll der Einwand, das derzeit praktizierte Vergabesystem verstoße gegen das Verfassungsrecht, weitestgehend ausgeblendet werden. Insoweit sei darauf abgestellt, dass ein Gesetz solange Geltung beansprucht, bis durch das BVerfG das Gegenteil festgestellt wurde (sog. Verwerfungsmonopol). Da eine derartige Feststellung bisher nicht erfolgte, waren und sind alle Beteiligten an die Vorgaben des Transplantationsgesetzes gebunden.[185] Schwieriger dagegen ist die Frage zu beantworten, inwieweit die Richtlinien der Bundesärztekammer für die Wartelistenführung und die Organvermittlung verfassungsrechtlich zu beurteilen sind.[186] So steht das LG Göttingen in seiner bislang noch nicht veröffentlichten Entscheidung v. 06.05.2015 nach bisheriger Kenntnis auf dem Standpunkt, dass einzelne Voraussetzungen wie die sechsmonatige Alkoholabstinenz vor einer Transplantation verfassungsrechtlich unzulässig seien, da ansonsten in unzulässiger Weise in das Recht auf Leben und körperliche Unversehrtheit aus Art. 2 Abs. 2 GG eingegriffen würde.[187] Meines Erachtens ist ein derartiger Standpunkt keinesfalls zwingend, im Gegenteil. Eine derartige Argumentation vernachlässigt den Umstand, dass, wenn nicht genug Organe zur Verfügung stehen, der Einzelne nur ein Recht auf derivative Teilhabe an dieser Mangelverwaltung als Ausfluss des stattlichen Schutzauftrages aus Art. 2 Abs. 2

---

184 vgl. *Augsberg*, in: Middel/Pühler/Lilie/Vilmar (Hrsg.), Novellierungsbedarf des Transplantationsrechts, S. 163; auch: *Lang*, VSSR 2002, S. 25; auch: *Fateh-Moghadam/Gutmann*, NJW 2002, S. 3366 m.w.N.

185 so auch: *Rissing- van Saan*, NStZ 2014, S. 237; andere Ansicht: *Bülte*, StV 2013, S. 753; *Schroth*, NStZ 2013, S. 444.

186 vgl. Dannecker/Streng-Baunemann, NStZ 2014, S. 673ff. m.w.N, die von der Verfassungswidrigkeit der Richtlinie ausgehen.

187 so wohl das LG Göttingen, Urteil v. 06.05.2015 (Az.: 6 Ks 4/13), nach den Presseberichten, vgl. bspw. http://www.anwalt.de/rechtstipps/freispruch-fuer-transplantationsarzt-im-organspende-skandal_069052.html.

Satz 1 GG i.V.m. Art. 3 Abs. 1 GG haben kann.[188] Dass dann aber nur eine Verteilung nach vorher festgelegten Kriterien als die gerechteste Lösung in Betracht kommen kann, wird auch klar, wenn man sich die Alternativen bewusst macht. Anderenfalls käme ja nur die Vergabe per Zufall oder aber überhaupt keine Zuteilung in Betracht. Da beide Alternativen aber keinen Gewinn darstellen und letztere sogar als Verstoß gegen die staatliche Schutzpflicht aus Art. 2 Abs. 2 Satz 1 GG bewertet werden muss,[189] bleibt nur die Schaffung eines möglichst gerechten Vergabesystems nach medizinischen Kriterien. Knüpft das TPG i.V.m. den Richtlinien der BÄK nun aber zur Verwirklichung dieses Teilhaberechts unter dem Vorbehalt des Möglichen an das Erfordernis der Dringlichkeit an, dann muss es auch gestattet sein, diese unter biologischen Gesichtspunkten mit Leben zu füllen. Wenn nun also das TPG i.V.m. den Richtlinien der BÄK die Vergabe an spezifische gesundheitliche Merkmale anknüpft, wie beispielsweise die HLA-Kompatibilität oder die Alkoholabstinenz, dann folgt daraus, dass es sich um sachliche Differenzierungen handelt, um einerseits die Mindestvoraussetzungen einer erfolgreichen Transplantation aus medizinischer Sicht zu gewährleisten sowie andererseits den Patienten auszuwählen, bei dem die Not nach objektiven Kriterien am größten ist, und welcher die Voraussetzungen für eine erfolgreiche Transplantation mit sich bringt. Die gesundheitlichen Mindestvoraussetzungen gewährleisten damit den effektiven Umgang mit dem knappen Gut Organ. Der effektive Umgang wiederum liegt im Interesse des gesamten Vergabesystems, da anderenfalls die Organe sonst ebenso per Zufall verteilt werden könnten. Damit ist gezeigt, dass die Kriterien der BÄK keinesfalls das Ziel verfolgen, Patienten bei der Organzuteilung zu benachteiligen, sondern auf die konkrete und gerechte Ausgestaltung des Teilhaberechts aus Art. 2 Abs. 2 Satz 1 GG i.V.m. Art. 3 Abs. 1 GG gerichtet sind.

A. Totschlag, gemäß § 212 Abs. 1 StGB

„Wer einen Menschen tötet, ohne Mörder zu sein, wird als Totschläger mit Freiheitsstrafe nicht unter fünf Jahren bestraft."

Die ärztliche Manipulation der Patientenakten mit dem Ziel, eigene Patienten bei der Vergabe zu bevorzugen, erfüllt den Straftatbestand des Totschlages, wenn der jeweils handelnde Arzt vorsätzlich durch die Manipulation einen anderen Menschen getötet hat, die Tötung kausal ist und der Tod dem handelnden Arzt

188 vgl. *Bülte*, StV 2013, S. 756; *Fateh-Moghadam/Gutmann*, NJW 2002, S. 3366.
189 vgl. *Junghanns*, Verteilungsgerechtigkeit in der Transplantationsmedizin, S. 54.

auch objektiv zurechenbar ist. Ferner dürfen keine Rechtfertigungs- sowie Entschuldigungsgründe für den manipulierenden Arzt vorliegen.

1. Die Nachweisbarkeit des tatbestandlichen Erfolges

Voraussetzung eines vollendeten Totschlags ist demnach zunächst der Tod eines anderen Menschen[190]. Da insbesondere der Tod des eigenen Patienten vermieden werden sollte, kommt nur der Tod solcher Menschen in Betracht, die ebenfalls auf der Warteliste standen, aber infolge der Manipulation keine Transplantation erhalten haben und dadurch verstarben. Bereits hier ergeben sich erste Probleme. Dazu müsste es nämlich zweifelsfrei möglich sein, festzustellen, wer die konkreten Opfer sind. Dies ist angesichts der Tatsache, dass man sich in einem länderübergreifenden Verbund befindet, keine Einfachheit. Ist dies nicht möglich, scheidet eine Strafbarkeit wegen vollendeten Totschlages aus, denn die reine Möglichkeit einer Lebensgefährdung ist durch § 212 StGB nicht sanktioniert.[191] In Betracht kommt dann allenfalls nur noch ein versuchter Totschlag. Wie oben bereits beschrieben erfolgt die Allokation von Organen dabei auf folgenden möglichen Wegen: zum einen im Wege des Standardverfahrens oder aber im beschleunigten Verfahren.[192]

Zum besseren Verständnis soll hier zunächst die konkrete Zuteilung am Beispiel einer Niere im Standardverfahren dargestellt werden. Würde die Zuteilung eines Organs ausschließlich im Wege des Standardverfahrens erfolgen, so wäre eine genaue Rückverfolgung wohl grundsätzlich vorstellbar.[193] Dies liegt darin begründet, dass die konkrete Zuteilung eines Organs durch einen speziellen „Schlüssel" realisiert wird. Ein solcher Verteilungsschlüssel ist beispielsweise für die Niere der sog. *ETKAS* (**E**uro**t**ransplant **K**idney[194] **A**llocation **S**ystem) und der *X-COMB Algorithmus*[195].[196]

Bei *ETKAS* handelt es sich um ein Computerprogramm, dass mit Hilfe des *X-COMB Algorithmus* eine Bewertung nach verschiedenen Kriterien darüber erstellt, welches Organ am besten zu welchem konkreten Empfänger passt. Dabei

---

190 vgl. SSW-StGB-*Momsen*, § 212, Rn. 4; LK-*Kühl*, § 212, Rn. 2, vgl. auch vor. § 211, Rn. 9; MR-StGB-*Safferling*, § 212, Rn. 4.

191 vgl. S/S-*Eser*, Vorbem. §§ 211 Rn. 11, mit Beispiele für Lebensgefährdungsdelikte.

192 siehe Kap. Eins, XI, A, B, 2.

193 so auch *Schroth*, NStZ 2013, S. 441.

194 Aus dem Englischen: Niere.

195 X-COMB gilt dabei nur für die Allokation von Nieren.

196 *Krüger*, Die Organvermittlungstätigkeit Eurotransplants im Sinne des § 12 TPG, S. 40.

erstellt das Programm für jede neue Niere eine neue Bewertung in Form eines Rankings.[197] Die Bewertung erfolgt dabei nach 5 Kriterien:[198] (1.) der HLA-Kompatibilität[199], (2.) Transportzeit, (3.) Wartezeit des potentiellen Empfängers, (4.) der Mismatch-Wahrscheinlichkeit sowie (5.) der nationalen Import- und Exportbilanz. Dem Patienten, der nach diesem Ranking die höchste Punktzahl aufweist, wird die entsprechende Niere dann angeboten.[200]

Jedes der fünf Merkmale hat dabei eine individuelle Maximalpunktzahl. Die jeweiligen Punktzahlen dienen dazu, die einzelnen Merkmale zu priorisieren, um damit ihre Bedeutung bei der Vergabe zu unterstreichen.[201] Grundvoraussetzung ist zunächst die Blutgruppenkompatibilität zwischen Spenderorgan und Empfänger.[202]

a) HLA-Kompatibilität

Die oben bereits erwähnte HLA-Kompatibilität hat eine mögliche Maximalpunktzahl von 400.Die HLA-Kompatibilität beschreibt die Gewebeübereinstimmung zwischen dem vorhandenen Spenderorgan und potentiellen Empfängern und ist einer der wesentlichen Faktoren für eine erfolgreiche Transplantation.[203] Je höher die Übereinstimmung ausfällt, desto höher ist die Punktzahl. Die Berechnung erfolgt automatisch durch die bei Eurotransplant hinterlegten medizinischen Daten.[204]

b) Transportzeit

Ebenfalls unerlässlich für eine erfolgreiche Transplantation ist der schnelle Transport des Organs zum Empfänger. Das liegt darin begründet, dass eine

197 *Krüger*, Die Organvermittlungstätigkeit Eurotransplants im Sinne des § 12 TPG, S. 41; kritisch zu den Bewertungskriterien: *Lang*, MedR 2005, S. 275ff.

198 Eurotransplant Manual Chapter 4, 4.2, abrufbar unter: http://www.eurotransplant.org/cms/mediaobject.php?file=Chapter4_thekidney10.pdf, (zuletzt abgerufen am 03.08.2014).

199 zum Begriff des HLA-Systems vergleiche auch: Kap. Eins, IV, A.

200 *Ahlert*, in: Lilie/Rosenau/Hakeri (Hrsg.), Die Organtransplantation – Rechtsfragen bei knappen medizinischen Ressourcen, S. 146.

201 *Krüger*, Die Organvermittlungstätigkeit Eurotransplants im Sinne des § 12 TPG, S. 40.

202 vgl. *Lang*, MedR 2005, S. 276.

203 zur Gewebeverträglichkeitsprüfung siehe auch: *Conrads*, MedR 1996, S. 302ff.

204 vgl. *Krüger*, Die Organvermittlungstätigkeit Eurotransplants im Sinne des § 12 TPG, S. 42; siehe auch: ET-manual 4.2.1.4, abrufbar unter: https://www.eurotransplant.org/cms/mediaobject.php?file=Chapter4_thekidney12.pdf, (zuletzt abgerufen am 07.08.2014); zur HLA Kompatibilität im Detail siehe auch Kap. Eins, IV, A.

Konservierung eines Organs nicht unbegrenzt möglich ist. Die Zeit, während der das Organ explantiert und konserviert ist, bezeichnet man auch als sog. *kalte Ischämiezeit (altgriech. Isch =halt / zurückhalten und häma = Blut).*[205] Angestrebt ist die Transplantation bspw. einer Niere binnen 12-24 Stunden nach Organentnahme.[206] Ausschlaggebend ist daher grundsätzlich, bei welchem der potentiellen Empfänger das Organ den geringsten Weg zu den einzelnen Transplantationszentren zurücklegen muss.[207] Erreicht werden können dabei maximal 200 Punkte.[208]

c) Wartezeit

Die Wartezeit beschreibt die Dauer, die ein potentieller Organempfänger bereits auf eine Niere wartet. Die Wartezeit beginnt dabei mit dem Tag, an dem die erste Dialyse abgeschlossen wurde. Die Punkteberechnung erfolgt dabei folgendermaßen: Punkte pro Jahr: 33 (d.h. pro Tag Wartezeit: 0.091).[209] Maximal erreicht werden können hier 200 Punkte.[210]

d) Mismatch-Wahrscheinlichkeit

Die Mismatch-Wahrscheinlichkeit ermittelt, wie hoch die Wahrscheinlichkeit ist, dass ein Empfänger aus 1000 Nieren eine Niere erhält, bei der er die höchst mögliche HLA-Kompatibilität erzielt.[211] Die Berechnung der Mismatch-Wahrscheinlichkeit trägt dadurch den Umstand Rechnung, dass die HLA-Merkmale bei Menschen unterschiedlich verteilt sind und eine erhöhte Übereinstimmung

---

205 vgl. *Bader*, Organmangel und Organverteilung, S. 232 m.w.N. Als Ischämie bezeichnet man die pathologisch verminderte oder aufgehobene Durchblutung eines Gewebes infolge mangelnder arterieller Zufuhr von Blut.

206 Richtlinien der Bundesärztekammer für die Wartelistenführung und die Organvermittlung zur Nierentransplantation, Punkt III. 4.5. Abrufbar unter: http://www.bundesaerztekammer.de/downloads/Niere_0912013.pdf, (zuletzt abgerufen am 04.07.2014).

207 vgl. *Krüger*, Die Organvermittlungstätigkeit Eurotransplants im Sinne des § 12 TPG, S. 43; *Bader*, Organmangel und Organverteilung S. 398.

208 vgl. Richtlinie der BÄK für die Organvermittlung zur Niere, III, 4. 5. Abrufbar unter: http://www.bundesaerztekammer.de/downloads/Niere_0912013.pdf, (zuletzt abgerufen am 10.07.2014).

209 vgl. Richtlinie der BÄK für die Organvermittlung zur Niere, III, 4. 4.

210 vgl. *Ahlert*, in Lilie/Rosenau/Hakeri (Hrsg.), Die Organtransplantation – Rechtsfragen bei knappen medizinischen Ressourcen, S. 146.

211 vgl. Richtlinie der BÄK für die Organvermittlung zur Niere, III, 4. 3.

der HLA-Merkmale zu einer geringeren Abstoßung führt.[212] Ziel ist es damit, auch Personen zu berücksichtigen, die eine geringe Gewebeübereinstimmung besitzen.[213] Je unwahrscheinlicher ein solcher Treffer ist, desto dringender ist die Allokation. Maximal erreichbar sind hier 100 Punkte.[214]

e) Nationale Import-und Exportbilanz

Die nationale Import- und Exportbilanz berücksichtigt schließlich die Differenz zwischen den in einem Land selbst postmortal generierten Nieren und denjenigen Nieren, die von einem anderen Eurotransplant-Land eingeführt werden mussten.[215] Dadurch soll eine Verteilungsgerechtigkeit innerhalb des Eurotransplant-Verbundes gewährleistet werden.[216] Die Berechnung erfolgt dabei nach folgender Gleichung: „National Balance Points = (highest import balance – recipient country balance) x 10". Maßgebend für die Berechnung sind dabei die letzten 365 Tage.[217] Die maximal zu erreichende Punktzahl beträgt 200.[218]

f) Sonderregelungen

Daneben gibt es für Patienten mit einer besonderen medizinischen Indikation eine spezielle Berücksichtigung bei der Verteilung.[219] Zu solchen Patienten zählen sog. *hochimmunisierte Patienten*, also solche, die gegen Spenderorgane spezielle Antikörper gebildet haben. Eine solche Immunisierung kann beispielsweise

---

212 zu der HLA-Kompatibilität siehe: Kap. Eins, IV, A.

213 vgl. Richtlinie der BÄK für die Organvermittlung zur Niere, III, 4. 3; siehe auch: http://www.dso.de/organspende-und-transplantation/warteliste-und-vermittlung/niere.html, (zuletzt abgerufen am 26.11.2014).

214 vgl. Richtlinie der BÄK für die Organvermittlung zur Niere, III, 4. 3.

215 vgl. *Junghanns*, Verteilungsgerechtigkeit in der Transplantationsmedizin, S. 17; *Krüger*, Die Organvermittlungstätigkeit Eurotransplants im Sinne des § 12 TPG, S. 44.

216 vgl. *Bader*, Organmangel und Organverteilung S. 230f.

217 Eurotransplant Manual Chapter 4, 4.2.2.6, abrufbar unter: http://www.eurotransplant.org/cms/mediaobject.php?file=Chapter4_thekidney10.pdf, (zuletzt abgerufen am 04.07.2014).

218 *Ahlert*, in Lilie/Rosenau/Hakeri (Hrsg.), Die Organtransplantation – Rechtsfragen bei knappen medizinischen Ressourcen, S. 146.

219 Dazu zählen neben den oben erläuterten zudem: (1.) Transplantationen bei Kindern, (2.) kombinierte Organtransplantationen, (3.) Sonderregelungen für über 65 Jährige Patienten, vgl. Richtlinie der BÄK für die Organvermittlung zur Niere Punkt III. 4.6 ff.; *Lang*, MedR 2005, S. 276f.

aufgrund bereits erfolgter Transplantationen eingetreten sein.[220] Auch sog. *High Urgency* (*engl. = Hochdringlichkeits-*) Patienten, also Patienten, bei denen ohne zeitnahe Transplantation eine hohe Wahrscheinlichkeit dafür besteht, dass sie sonst versterben, fallen darunter. Damit wird dem Umstand Rechnung getragen, dass solche Patienten ansonsten kaum eine realistische Aussicht auf ein Spenderorgan hätten. Die Klassifizierung als HU-Patient setzt eine besondere Begründung voraus und wird zudem von Eurotransplant überprüft.[221] Als Begründung zählt beispielsweise der mangelnde Zugang zu einer Dialysebehandlung oder aber die fehlende körperliche Eignung, eine solche zu bewältigen.[222] Aufgelistete Hochdringlichkeitspatienten erhalten eine Bonuspunktzahl von 500,[223] womit diese faktisch bevorzugt berücksichtigt werden.

Die beispielhafte Darstellung einer Zuteilung am Beispiel einer Niere im Standardverfahren zeigt meines Erachtens hinreichend, dass der jeweils anzuwendende Verteilungsschlüssel mit seinen objektiven Anknüpfungspunkten es grundsätzlich gestattet festzustellen, wer durch das manipulative Tätigwerden einen Listenplatz verloren hat.[224] Dass es sich dabei nicht nur um eine bloße Behauptung handelt, belegt zudem das Urteil des LG Göttingen. Dem Gericht war es demnach in jedem der elf angeklagten Fälle möglich, die übergangenen Patienten nachträglich festzustellen.[225] Nun ließe sich weiterhin einwenden, dass die bloße Listenplatzveränderung noch nichts Konkretes über ein mögliches Opfer aussagt. Insoweit müsste das Organ dem entsprechenden Patienten nämlich nicht nur tatsächlich zugeteilt werden, sondern von den Ärzten des eigentlich

---

220 vgl. Krukemeyer/Lison-*Rahmel*, Transplantationsmedizin – ein Leitfaden für den Praktiker, S. 75.

221 vgl. Richtlinien für die Wartelistenführung und die Organvermittlung zur Nierentransplantation, III. 4.7 abrufbar unter: http://www.bundesaerztekammer.de/downloads/Niere_0912013.pdf, (zuletzt abgerufen am 04.07.2014).

222 vgl. *Krüger*, Die Organvermittlungstätigkeit Eurotransplants im Sinne des § 12 TPG, S. 47.

223 vgl. Richtlinie der BÄK für die Organvermittlung zur Niere, III, 4. 7; Eurotransplant Manual Chapter 4, 4.2.2.8, abrufbar unter: http://www.eurotransplant.org/cms/mediaobject.php?file=Chapter4_thekidney10.pdf, (zuletzt abgerufen am 03.08.2014).

224 zustimmend auch: *Rissing- van Saan*, NStZ 2014, S. 239; so verstanden hinsichtlich des Standardverfahrens auch: *Schroth*, NStZ 2013, S. 441; ders. ablehnend dagegen in: NStZ 2014, S. 487. *Böse* tendiert dagegen zu einer Opfer-Wahl-Feststellung, vgl. *Böse*, zjs – 1/2014, S. 118.

225 vgl. Pressebericht zum Urteil des LG Göttingen, Urt. v. 06.05.2015, Az. 6 Ks 4/13 abrufbar unter: http://blog.beck.de/2015/05/07/manipulationen-bei-organtransplantation-kein-totschlagsversuch, (zuletzt abgerufen am 18.12.2015).

berechtigten Patienten auch angenommen werden. Kritiker wenden daher ein, dass eine solche Feststellung, dass andere Ärzte das Organ auch tatsächlich angenommen hätten, im Nachhinein aber nicht mehr möglich sei.[226] Dass eine Feststellung dadurch gänzlich ausgeschlossen sein soll, vermag m.E. nicht zu überzeugen.[227] Die Kapitulation der Kritiker vor der Feststellbarkeit des Erfolges basiert hier offenbar auf der Komplexität des Vergabesystems und der Vielzahl der daran beteiligten Institutionen und Personen. Richtig mag sein, dass die Feststellung nicht ohne (erheblichen) Ermittlungsaufwand möglich sein wird. Aber daraus den Schluss zu ziehen, es sei gänzlich unmöglich, erscheint überzogen. Das wird klar, wenn man sich den Fall vereinfacht darstellt und davon ausgeht, dass es in einem Transplantationszentrum genau ein Organ und zwei Patienten gibt, an die das Organ ggf. zugeteilt werden soll. Verändert der Täter nun die interne Vergabe, sodass Patient A infolgedessen übergangen wird und stattdessen Patient B das Organ bekommt, dann würde wohl niemand behaupten, der Erfolg sei nicht feststellbar. Hier ließe sich sehr wohl nachvollziehen, ob das Organ auch dem anderen Patienten transplantiert worden wäre. Im realen Geschehen ist ein solcher Nachweis zwar teilweise schwierig, aber nicht zwingend ausgeschlossen. So ist der Zustand des Organs hinlänglich bekannt. Auch ist nicht ausgeschlossen, dass Ärzte von übergangenen Patienten dazu Auskunft geben, ob das potentielle Organ und der Patient hinreichend kompatibel gewesen wären. Eine solche Auskunft erscheint möglich, weil sämtliche Informationen sowohl zum Patienten als auch zum Organ als Tatsachenbasis zur Verfügung stehen.

Den tatsächlichen Umständen ist es allerdings geschuldet, dass eben nicht nur das Standardverfahren bei der Organallokation zur Anwendung kommt, sondern insbesondere auch das beschleunigte Verfahren. Wie bereits festgestellt, wurden im Jahr 2012 allein 40,5 % aller Organe über dieses Verfahren vergeben.[228] Damit ergeben sich aber für die Feststellung der potentiellen Opfer erhebliche Komplikationen. Das liegt maßgeblich darin begründet, dass im beschleunigten Verfahren die Allokation nicht durch einen programmierten Algorithmus anhand festgelegter Kriterien ermittelt wird, sondern die Befugnis über die Zuteilung der Organe den einzelnen Transplantationszentren zugewiesen

226 vgl. *Schroth*, NStZ 2014, S. 486f.; kritisch auch: *Verrel*, MedR 2014, S. 465.

227 zustimmend auch: *Rissing- van Saan*, NStZ 2014, S. 239.

228 Das beschleunigte Verfahren ist angezeigt wenn: *(1.)* aufgrund von logistischen oder organisatorischen Gründen ein Organverlust droht, *(2.)* eine Kreislaufinstabilität des Spenders eintritt, oder *(3.)* aus spender- oder aus organbedingten Gründen drei Zentren das Angebot eines Herzens, von Lungen, eines Pankreas oder einer Leber oder fünf Zentren das Angebot einer Niere abgelehnt haben, siehe Kap. Eins, XI, B, 2.

wird.[229] Wenn aber sowohl die Entscheidung, ob das beschleunigte Verfahren Anwendung findet, als auch die Entscheidung, ob ein Organ angenommen wird, bei den Transplantationszentren bzw. bei dem jeweils leitenden Arzt liegt[230], dann könnte eine nachträgliche Kontrolle nicht ausnahmslos sichergestellt sein. Auf welcher Grundlage der Arzt nämlich seine Entscheidung getroffen hat, und ob diese den Anforderungen an ein beschleunigtes Verfahren genügt, könnte nicht in jedem Fall gelingen.[231] Aber auch hier ist zu beachten, dass selbst die Vergabe im beschleunigten Verfahren nicht im rechtsfreien Raum stattfindet, da Verfahrensregeln wie zum Beispiel Dokumentationspflichten bezüglich relevanten Umstände eingehalten werden müssen. Werden aber alle Schritte des Zuteilungsprozesses, einschließlich der Qualität des Organs, dokumentiert, erscheint auch eine nachträgliche Kontrolle zumindest nicht gänzlich ausgeschlossen.

Damit lässt sich zunächst einmal feststellen, dass zwar bereits die Sachverhaltsermittlung Probleme aufwirft, die einer Strafbarkeit wegen vollendeten Totschlages entgegenstehen könnten. Dennoch kann die Feststellung eines potentiellen Opfers aufgrund der Vielzahl vorhandener Informationen sowohl zum Patienten als auch zum Organ nicht per se ausgeschlossen werden. Für die nachfolgenden Ausführungen soll daher zunächst davon ausgegangen werden, dass eine konkrete Ermittlung des Opfers möglich wäre.

2. Qualifizierung der tatbestandlichen Handlung als ein Tun oder Unterlassen?

Da der Tatbestand des Totschlags auf objektiver Ebene „nur“ die zurechenbare Herbeiführung des Todes verlangt, können rein faktisch alle Handlungen oder aber die Nichtvornahme von solchen als Tathandlungen in Betracht kommen. Aus diesen Erwägungen könnte daher bereits eine scheinbar ungefährliche Handlung, wie die Veränderung von Gesundheitswerten in Patientenakten und deren anschließende Übermittlung an Eurotransplant, tatbestandsmäßig sein, wenn diese das Leben in zurechenbarer Weise verkürzt.[232] Aber kann man in Fallkonstellationen wie der vorliegenden tatsächlich so unproblematisch von einer Handlung und damit von einem aktiven Tun ausgehen? Eine wesentliche

229 siehe Kap. Eins, XI, B, 2.

230 vgl. dazu: *Krüger*, Die Organvermittlungstätigkeit Eurotransplants im Sinne des § 12 TPG, S. 88f.

231 so *Schroth*, NStZ 2013, S. 441.

232 vgl. S/S-*Eser/Sternberg-Lieben*, § 212, Rn. 3; NK-StGB-*Neumann*, § 212 Rn. 2ff.; auch *Bülte*, StV 2013, S. 753.

Weichenstellung für die weitergehende Begutachtung ist daher die Frage, ob es sich bei der Manipulation der Patientenakten tatsächlich um ein Tun und nicht um ein Unterlassen handelt. Die Beantwortung der Frage ist erforderlich, weil im Falle eines unechten Unterlassungsdeliktes gem. § 13 Abs. 1 StGB als zusätzliche Voraussetzung die Verletzung einer Garantenpflicht gefordert wird.[233] Die Abgrenzung lässt sich zum einen dadurch durchführen, indem überprüft wird, ob ein Geschehen durch den Einsatz von Energie in Gang gesetzt wurde. Ist dies der Fall, liegt ein aktives Tun vor. Hat man dagegen aber „den Dingen ihren Lauf gelassen", so geht man von einem Unterlassen aus.[234] Diese einfache Form der Abgrenzung stößt aber auf Anwendungsschwierigkeiten, wenn dem zu beurteilenden Sachverhalt eine Handlung zugrunde liegt, die ihrer Natur nach mehrdeutig ist, weil mehrere Anknüpfungspunkte zur Sanktionierung Anlass geben.[235] Um auch mehrdeutige Sachverhaltskonstellationen sachgerecht beurteilen zu können, verwendet die Rechtsprechung daher eine normative Betrachtung. Demnach ist der „Schwerpunkt des Täterverhaltens" für die Beurteilung maßgeblich.[236]

In Kenntnis dieser Abgrenzung erscheinen nun folgende Argumentationen möglich. Erstens könnte man die Meinung vertreten, dass die Manipulation von Patientenakten durch den handelnden Arzt denknotwendig nur durch den Einsatz von Energie möglich war und somit ein aktives Tun und damit wiederum eine unmittelbare Täterschaft des Arztes vorliegen muss.[237] Erst als weitere Folge kam es dann dazu, dass Eurotransplant es „unterlassen" hat, das in Frage stehende Organ an den übergangen Patienten zu vermitteln. Man kann aber auch im Sinne einer *„mittelbaren Unterlassungstäterschaft"*[238] dahingehend argumentieren, dass der handelnde Arzt Eurotransplant bzw. die dort beschäftigen Personen mit dem Ziel getäuscht hat, Eurotransplant daran zu hindern, das verfügbare

233 *Wessels/Beulke/Satzger*, Strafrecht AT, S. 291, Rn. 700; zur Abgrenzung „echtes Unterlassungsdelikt" und „unechtes Unterlassungsdelikt" siehe auch: S. 289f.

234 *Wessels/Beulke/Satzger*, Strafrecht AT, S. 291, Rn. 699.

235 vgl. *Wessels/Beulke/Satzger*, Strafrecht AT, S. 291, Rn. 700.

236 vgl. BGH-NStZ (1999), S. 607; BGH-NStZ (2007), S. 153; *Wessels/Beulke/Satzger*, Strafrecht AT, S. 291, Rn. 700, m.w.N.

237 so die h.M. bspw. *Armin Kaufmann*, Dogmatik der Unterlassungsdelikte, S. 190, auch 195ff.; a.A. wohl *Kahlo*, der selbst bei dem Einsatz von Energie hier kein aktives Tun annehmen würde, da dieser Energieeinsatz nicht gegen die späteren Opfer selbst gerichtet war; vgl. *Kahlo*, NJW 1990, S. 1522.

238 so *Zimmermann*, NJW 1952, S. 1321f.; ausführlich zu dieser Konstellation siehe auch: *Armin Kaufmann*, Dogmatik der Unterlassungsdelikte, S. 190, auch 195ff.; kritisch auch *Roxin*, Strafrecht AT II, § 31, Rn. 175.

Organ dem zu übergehenden Patienten zuzuteilen, um es dann dem eigenen Patienten zu transplantieren. Der handelnde Arzt könnte in diesem Fall durch die aktive Verhinderung der Rettung bei Eurotransplant (bzw. deren Mitarbeiter) ein *Unterlassen* herbeigeführt haben, infolgedessen Eurotransplant das Organ nicht an den eigentlich Berechtigten zugeteilt hat.[239] Erkennt man diese Möglichkeit an, so wäre der Arzt mittelbarer Täter, der die Tat durch Eurotransplant begangen hätte.[240]

Gegen die Annahme eines Unterlassens durch Eurotransplant und damit gegen eine mittelbare Täterschaft sprechen allerdings nicht unerhebliche Einwände. So ist bereits die Notwendigkeit einer solchen Konstruktion fraglich. Denn wenn Vertreter einer solchen Konstruktion selbst im Kern davon ausgehen, dass ein Täter durch die Falschübermittlung von Gesundheitsdaten zunächst bei Eurotransplant getäuscht haben muss, dann ist damit nichts anderen beschrieben als ein aktives Tun des Täters. Das Unterlassen wäre dann nur Folge eines aktiven Tätigwerdens. Zu diesem Ergebnis gelangte man auch bei einer wertenden Betrachtung. Fragt man, worin genau der Schwerpunkt der Vorwerfbarkeit liegt, so wird man konstatieren, dass es das Tätigwerden durch den Täter selbst ist. Durch sein Tätigwerden hat er in regelwidriger Weise in den Allokationsvorgang eingegriffen. Erst als Folge kam es zu der unberechtigten Zuteilung an eigene Patienten. Die Folge einer unzulässigen Zuteilung ist damit nachgelagert. Ohne Manipulation wäre es schließlich auch nicht zu einer regelwidrigen Zuteilung gekommen. Schwerpunkt und damit auch Anknüpfungspunkt zu der Abgrenzung ist damit das manipulative Tätigwerden. Denn erst durch sein *aktives* Eingreifen in den (Rettungs)-Verlauf wird das Rechtsgut Leben gefährdet, was schlussendlich im Tode mündet. Eine mittelbare Täterschaft durch Unterlassen erscheint aber auch deshalb nicht vorzugswürdig, da die Erfüllung des objektiven Tatbestandes nur dann vorläge, wenn auch eine Garantenstellung bei dem handelnden Arzt bejaht werden könnte.[241] Eine derartige Privilegierung zugunsten des Täters erscheint kaum plausibel, wenn auch ein aktives Tun begründbar ist. Denn klar dürfte doch sein: Wer eine Rettung verhindert, die ein anderer bezweckt, schafft *durch das aktive Eingreifen* den Erfolg, den der Abwendende versucht zu verhindern.[242] Schließlich sei auch erwähnt, dass meines Erachtens in derartigen

239 so *Schroth*, NStZ 2013, S. 443; *Schroth*, NStZ 2014, S. 488.

240 zur mittelbaren Täterschaft: *Wessels/Beulke/Satzger*, Strafrecht AT, S. 210, Rn. 535ff. Zu dieser Konstellation siehe: S/S – *Heine*, § 25 Rn. 56ff.; *Roxin*, Täterschaft und Teilnahme, S. 471f; *Haas*, Kausalität und Rechtsverletzung, S. 268f, m.w.N.

241 so auch: *Roxin*, Täterschaft und Teilnahme, S. 472.

242 vgl. *Armin Kaufmann*, Dogmatik der Unterlassungsdelikte, S. 190.

Fallkonstellationen überhaupt kein Fall eines Unterlassens zu erblicken ist. Dazu müsste dem „Werkzeug" nämlich grundsätzlich eine Handlungsperspektive eröffnet sein, um den Erfolg abzuwenden. Der Vorwurf, der mit einem Unterlassen einhergeht, besteht immerhin darin, etwas nicht getan zu haben, obwohl man es hätte tun können.[243] Oder anders formuliert: Wie soll der vermeintlich Unterlassende überhaupt tätig werden ohne eine konkrete Handlungsoption? Im hier zu beurteilenden Fall der Aktenmanipulationen muss man davon ausgehen, dass Eurotransplant überhaupt keinen Spielraum mehr für andere Handlungsalternativen hatte. Das resultiert daraus, dass aufgrund der Manipulation die neue Liste für die Organvergabe verbindlich gewesen ist; danach also der durch die Manipulation auf Listenplatz 1 vorgeschobene Patient das Organ erhält. Eine andere Entscheidung durch Eurotransplant war somit ausgeschlossen, nachdem der Algorithmus die Listenplatzreihenfolge festgelegt hat. Die Vergabe an Personen, die nicht auf Platz 1 der Liste standen, wäre daher nur möglich, wenn Eurotransplant Kenntnis davon gehabt hätte, dass der sich auf Platz 1 befindliche Patient zu Unrecht dort verortet wurde.[244] Wenn aber keine Möglichkeit zum Tätigwerden bestand, sei es aus tatsächlichen oder rechtlichen Gründen – wie hier aufgrund von vorgeschriebenen Zuteilungsregeln –, dann macht es wenig Sinn, von einem Unterlassen zu sprechen.[245] Es ist daher richtigerweise davon auszugehen, dass ein aktives Tun und damit ein Begehungsdelikt vorliegt.[246]

Vereinzelt wird auch der Einwand erhoben, dass in derartigen Fallgestaltungen keine ausreichend konkretisierte Rettungswahrscheinlichkeit vorliegt, weshalb es bei der Handlung am Eingriffscharakter fehle.[247] Schließlich sei es von einer Vielzahl von Faktoren abhängig, ob der übergangene Patient überlebt, insbesondere ob ein Organ zur Verfügung steht, dieses richtig passt und auch qualitativ den Anforderungen entspricht. Daher wird eingewendet, dass nur ein bereits zugeteiltes Organ, das sodann wieder entzogen wird, als tatbestandsmäßige Handlung in Betracht kommt.[248] Eine derartige Argumentation erscheint mir aber nicht überzeugend. Betrachtet man das Allokationsverfahren, dann konnte man feststellen, dass für jedes Organ eine neue und individuelle Liste

243 vgl. HK-GS-*Tag*, § 13, Rn. 6.

244 Es sei davon ausgegangen, dass die Vergabe im Standardverfahren erfolgt und damit die Besonderheiten des beschleunigten Verfahrens hier nicht zum Tragen kommen.

245 vgl. *Ranft*, JuS 1963, S. 344, m.w.N.; vgl. auch *Armin Kaufmann*, Dogmatik der Unterlassungsdelikte, S. 190, der aber nur ein gewaltsames Hindern diskutiert.

246 zustimmend auch: *Verrel*, MedR 2014, S. 465, *Kudlich*, NJW 2013, S. 918.

247 vgl. *Bülte*, StV 2013, S. 757f.

248 vgl. *Bülte*, StV 2013, S. 758.

erstellt wird.[249] In dieser Liste wurden aber bereits die spezifische Passgenauigkeit sowie die Qualität des Spenderorgans überprüft. Anderenfalls wäre es zu der konkreten Liste auch gar nicht gekommen. Damit lässt sich dann aber mit der erforderlichen Sicherheit sagen, dass ohne Manipulation der übergangene Spender als Zuteilungsberechtigter das Organ erhalten hätte. Hier zu behaupten, eine Rettungschance sei noch nicht konkret genug, verkennt dies.

3. *Kausalität*

Dem Gesichtspunkt der Kausalität wird im Nachfolgenden besondere Aufmerksamkeit geschenkt werden. Dazu wird auch ein Überblick über die gängigen Kausalitätstheorien und deren Kritikpunkte gegeben werden.

a) Allgemeines zur Bedeutung der Kausalität

Geht man also weiterhin davon aus, dass anknüpfend an das oben Gesagte eine Sachverhaltsaufklärung im konkreten Fall möglich ist, so müsste die Manipulation der Patientenakten auch kausal für den Tod der übergangenen Patienten gewesen sein. Das Erfordernis der Kausalität basiert auf der menschlichen Erkenntnis, dass Ereignisse nicht ohne Grund geschehen. Oft gehen diesen Ereignissen andere Ereignisse voraus. Geschieht dies in einer Vielzahl von ähnlich gelagerten Fällen, zieht der Mensch die Konsequenz, dass diese Ereignisse auf bekannte oder unbekannte Art miteinander verbunden sein müssen. Erst das Wissen von Ursache und Wirkung – und damit die Sicherheit von Vorhersehbarkeit – gestattet dem Menschen, methodisch und zielbewusst zu agieren.[250] Das Kausalitätserfordernis ist dabei die *erste Stufe*, um festzustellen, ob ein Verhalten dem Täter zuzurechnen ist. Bildlich gesprochen legt die Kausalität mithin den äußeren Rahmen dessen fest, was strafrechtlich zurechenbar ist.[251] Sie hilft damit aufzuzeigen, wann eine Person mit einer Straftat in einen Zusammenhang gebracht werden darf und dadurch die Strafverfolgung auslöst.[252] Die Notwendigkeit der Feststellung einer solchen Beziehung beruht auf der Erkenntnis, dass der eingetretene Erfolg eben nicht nur durch die Täterhandlung, sondern vielleicht auch durch einen anderen Geschehensablauf erklärt werden könnte.[253]

---

249 siehe Kap. Zwei, II, A, 1.

250 vgl. *Erb*, JuS 1994, S. 449; ähnlich auch *Kindhäuser*, GA 1982, S. 489f.

251 vgl. *Otto*, NJW 1980, S. 418.

252 vgl. *Hassemer*, FS-Bemmann, S. 175; *Haas*, Kausalität und Rechtsverletzung, S. 139 m.w.N.; *Walder*, SchwZStR 93 (1977), S. 113; Vgl. *Brammsen*, Jura 1991, S. 535.

253 vgl. *Erb*, JuS 1994, S. 449.

Es muss also zunächst einmal eine Beziehung zwischen der Handlung des Arztes und dem Tod der Patienten festgestellt werden.[254]

b) Kausalitätstheorien

aa) Äquivalenztheorie

(1.) Voraussetzungen

Dies geschieht dabei klassischerweise durch die von Maximilian v. Buri begründete Äquivalenztheorie oder Bedingungstheorie[255], wonach „als Ursache jede Bedingung eines Erfolges anzusehen sei, die *nicht hinweggedacht* werden kann, ohne das der konkrete Erfolg[256] entfiele",[257] oder positiv ausgedrückt, „dass eine Handlung nur dann als Ursache für einen Erfolg anerkannt wird, wenn sie eine notwendige Bedingung dafür ist, dass der Erfolg eintreten konnte".[258] Voraussetzung ist zudem, dass Ursache und Erfolg aufgrund eines gesetzmäßigen Zusammenhanges miteinander verbunden sind,[259] wobei auch

---

254 vgl. *Gropp*, Strafrecht AT, S. 147, Rn. 10.

255 *Maiwald*, Kausalität und Strafrecht, S. 7; HK-GS/*Heinrich*, vor § 13, Rn. 10; *Roxin*, Strafrecht AT I, S. 353, Rn. 8; ausführlich dazu auch: *Haas*, Kausalität und Rechtsverletzung, S. 144ff.; krit. zur Bedeutung der Äquivalenzformel: *Otto*, NJW 1980, S. 417ff. Otto bescheinigt den Anhängern der Äquivalenztheorie, dass diese die Äquivalenzformel bei Begehungsdelikten nur noch in den Fällen anwenden, in denen die Kausalzurechnung an sich schon unproblematisch sei. In allen anderen Fällen, in denen die Feststellung Schwierigkeiten bereitet, wird die reine Äquivalenztheorie modifiziert. *Otto* plädiert daher für die Einführung der Risikoerhöhungslehre; kritisch auch: *Puppe*, Jura 1997, S. 408ff., mit zahlreichen Fallbeispielen; *Roxin*, Strafrecht AT 1, S. 354f; *Puppe*, FS-Günter Spendel, S. 455f.; auch *Roxin* kommt zu dem Schluss, dass die Einfachheit der Formel durch zahlreiche Korrektive aufgehoben wird, *Roxin*, FS-Honig, S. 138; *Vogel*, Norm und Pflicht, S. 147.

256 Der „konkrete Erfolg" ist nach h.M. notwendig, um etwaige Ersatzursachen, die ebenfalls den tatbestandlichen Erfolg herbeigeführt hätten, auszuschließen, vgl. LK-*Walter*, vor. § 13, Rn. 76; krit. dazu: *Hilgendorf*, GA 1995, S. 519ff. (524).

257 vgl. *Koriath*, Grundlagen strafrechtlicher Zurechnung, S. 466f; HK-GS/*Heinrich*, vor § 13, Rn. 19 *Kindhäuser*, Strafrecht AT, S. 79, Rn. 9; *Toepel*, Kausalität und Pflichtwidrigkeitszusammenhang beim fahrlässigen Erfolgsdelikt, S. 52; *Frister*, Strafrecht AT, Kap. 9, Rn. 5; *Roxin*, Strafrecht AT I, S. 351, Rn. 6; vgl. auch *Puppe*, JZ 1994, S. 1148; *Schmidhäuser*, Strafrecht AT (1984), S. 95; *Kühl*, Strafrecht AT, S. 25, Rn. 9; *Frisch*, FS-Gössel, S. 51.

258 *Puppe*, Strafrecht AT, S. 27, Rn. 1; vgl. auch: HK-GS/*Heinrich*, vor § 13, Rn. 10.

259 vgl. HK-GS/*Heinrich*, vor § 13, Rn. 9. Von dem strengen Erfordernis des gesetzmäßigen Zusammenhanges wird vor allem in Fällen der psychischen Kausalität eine Ausnahme dahingehend gemacht, dass anstelle eines gesetzmäßigen

alle Erfolgsbedingungen gleichwertig nebeneinander stehen.[260] Schließlich ist allein auf den tatsächlichen Geschehensablauf und den sich daraus resultierenden konkreten Erfolg abzustellen. Hypothetische Kausalverläufe bzw. Reserveursachen, die den Erfolg ebenfalls herbeigeführt hätten, sind hier grundsätzlich nicht zu berücksichtigen.[261] Die Begründung dafür findet sich in der Feststellung, dass eine Handlung, die einen konkreten Erfolg auslöst, nicht dadurch hinfällig werden kann, dass sie später sowieso eintritt.[262] Die Konsequenz wäre ja sonst, dass der Täter sich (zu Recht) immer mit der Behauptung entlasten könnte, der Erfolg wäre auch durch die Reserveursache eingetreten. Beschließen also T**1** und T**2**, den O zu töten, indem jeder am Ende eines Ausganges auf den O wartet, und nimmt O den Ausgang, an dem T**1** steht, so könnte sich T**1** sonst damit entlasten, dass der gleiche Erfolg ja auch eingetreten wäre, wenn O den anderen Ausgang bei T**2** genommen hätte. Letztlich wären weder T**1** noch T**2** kausal verantwortlich. Ein solches Ergebnis kann nicht überzeugen.[263]

Würde man aber ohne Ausnahme so starr verfahren, wie eben beschrieben, dann stieße man in Fällen wie unseren, an die Grenze des Erklärbaren. Fragte man nämlich, ob ohne die Manipulation der Erfolg nicht eingetreten wäre, der Patient mithin noch leben würde, so ließe sich die Frage nicht beantworten. Das ist damit zu begründen, dass man in „gewöhnlichen" Konstellationen ausschließlich negative Bedingungen in der Kausalerklärung findet.[264] Erschießt der Täter (T) also beispielsweise das Opfer (O), dann gehen wir selbstverständlich und wohl auch richtigerweise davon aus, dass *ohne* den Schuss aus der Pistole O auch von *keiner* Kugel getroffen worden wäre. Ohne den Kugeltreffer, wären *keine* tödliche Verletzungen aufgetreten, woran O letztlich auch *nicht* verstorben wäre. Eine solche, auf negative Bedingungen gestützte Erklärung, wäre aber in unserem Fall nicht möglich. Es wäre nämlich insoweit unrichtig, den Satz

---

Zusammenhanges ein sog. *Motivationszusammenhang* ausreichen soll. Die Kausalität lässt sich somit bereits dann bejahen, wenn „ein Ereignis als Motiv für die Handlung einer Person als hinreichend notwendig nachgewiesen ist", *Otto*, Jura 1992, S. 95; *Roxin*, Strafrecht AT I, § 11, Rn. 31f.

260 vgl. HK-GS/*Heinrich*, vor § 13, Rn. 11; *Wessels/Beulke/Satzger*, Strafrecht AT, S. 61, Rn. 156; *Kindhäuser*, LPG-StGB, vor. § 13 Rn. 68.

261 vgl. *Frisch*, FS-Gössel, S. 54f.; *Krey/Esser*, Deutsches Strafrecht AT, S. 123, Rn. 308; *Puppe*, GA 1994, S. 299f., m.w.N.

262 vgl. *Wessels/Beulke/Satzger*, Strafrecht AT, S. 63, Rn. 161; *Kindhäuser*, LPG-StGB, vor. § 13 Rn. 81;

263 vgl. bspw. HK-GS/*Heinrich*, vor § 13, Rn. 34f.; *Roxin*, Strafrecht AT I, S. 354, Rn. 13.

264 vgl. *Haas*, Kausalität und Rechtsverletzung, S. 140.

aufzustellen, dass ohne Manipulation *keine* Listenplatzveränderung stattgefunden hätte und deshalb auch der Tod des übergangen Patienten *nicht* eingetreten wäre. Um ohne Manipulation auf den fehlenden Erfolgseintritt (Tod) zu schließen, ist darüber hinaus auf positive und damit hypothetische Bedingungen abzustellen.[265] Der Satz müsste daher vielmehr folgendermaßen lauten: Ohne die Manipulation der Akten wäre *keine* Listenplatzveränderung eingetreten, der behandelnde Arzt hätte das dann zur Verfügung stehende Organ auch tatsächlich angenommen (positive Bedingung), die Operation wäre komplikationslos verlaufen (positive Bedingung) und das Organ wäre tatsächlich auch angenommen worden (positive Bedingung), woraufhin der tatbestandliche Erfolg (Tod) dann ausgeblieben wäre. Da eine solche Kausalerklärung aber wegen der hypothetischen Elemente unzulässig wäre, ließe sich eine Kausalität nicht begründen.[266]

Damit weisen die Fälle der Aktenmanipulation aber starke Ähnlichkeiten mit den Fällen des „Abbruchs rettender Kausalverläufe“ auf.[267] Das Besondere am Abbruch rettender Kausalverläufe ist, dass hier das Rechtsgut bereits einer (tödlichen) Gefahr ausgesetzt ist, aber eine zur Rettung erforderliche Maßnahme bereits getroffen wurde, um die Gefahr abzuwenden. Diese zur Abwendung der Gefahr getroffene Maßnahme wurde aber nunmehr durch den Täter verhindert, so dass es doch zur Realisierung der von Anfang an bestehenden Gefahr gekommen ist. Der eigentlich zur Rettung geeignete Verlauf stellt damit nur noch ein hypothetisches Element dar.[268] Zur Beurteilung der Frage, ob die Patienten überlebt hätten, ist hier zwingend und auch zulässigerweise auf einen hypothetischen Geschehensablauf zurückzugreifen, da anderenfalls die Frage, ob der Erfolg ausgeblieben wäre, gar nicht beantwortet werden kann.[269]

Zum Teil werden Zweifel dahingehend laut, dass es in den so gelagerten Fällen grundsätzlich an der Kausalität fehle.[270] Solche Zweifel erscheinen mir

---

265 vgl. *Haas*, Kausalität und Rechtsverletzung, S. 140.

266 vgl. dazu *Haas*, Kausalität und Rechtsverletzung, S. 140.

267 so auch: *Kudlich*, NJW 2013, S. 918f.; *Rissing- van Saan*, NStZ 2014, S. 243f.; *Verrel*, MedR 2014, S. 465; andere Ansicht wohl: *Schroth*, NStZ 2013, Fn. 73; *Schroth*, NStZ 2014 S. 488. Zu diesem Problem vgl. auch: HK-GS/*Heinrich*, vor § 13, Rn. 32.

268 vgl. *Jakobs*, Strafrecht AT, § 7, Rn. 22, (S. 193). Der aber die Notwendigkeit einer hypothetischen Betrachtung zurückweist und es als „naturalistisches Missverständnis“ bezeichnet.

269 vgl. dazu: HK-GS/*Heinrich*, vor § 13, Rn. 32; *Roxin*, Strafrecht AT I, § 11, Rn. 33f.; NK-StGB-*Puppe*, vor. § 13, Rn. 111f.; andere Ansicht wohl: *Schmidhäuser*, Strafrecht AT (1984), S. 101, Rn. 74.

270 so *Schmidhäuser*, Strafrecht AT (1984), S. 101; ausführlich dazu: *Haas*, Kausalität und Rechtsverletzung, S. 139ff.

unzutreffend. Der Ursprung dieses Einwandes kann, wie Jakobs bereits zutreffend festgestellt[271] hat, nur daraus resultieren, dass man der Ansicht sei, Kausalität habe etwas mit dem Einsatz von Energie bzw. Kraft zu tun und sei nicht als bloße Bedingung aufzufassen. Hält man sich einmal vor Augen, dass der jeweilige Täter den bisherigen Kausalverlauf, in dem die Rettung stattgefunden hätte, dahingehend verändert, dass nunmehr diese Rettungsmöglichkeit nicht mehr besteht, so kann daran kein Zweifel bestehen, dass diese Veränderung eine Bedingung für den Erfolgseintritt darstellt.[272]

Hier zeigt sich dann bereits die nächste Überschneidung. Insoweit sah sich nämlich auch der übergangene Patient bereits einer das Leben gefährdenden Situation ausgesetzt, die aber durch Priorisierung als ursprünglich Erster auf der Liste im Begriff war, beseitigt zu werden. Erst durch das regelwidrige Eingreifen des angeklagten Arztes flammte diese Ursprungsgefahr wieder auf und realisierte sich schließlich im tatbestandlichen Erfolg. Ohne Frage besteht aber eine Besonderheit nun darin, dass entgegen der sonst üblichen Fälle zum Abbruch rettender Kausalverläufe, der Täter die wahrscheinliche Rettung nicht gänzlich verhindert, sondern diese letztlich „nur" zeitlich nach hinten verschoben hat.[273] Diese Besonderheit vermag aber nichts daran zu ändern, die für den Abbruch rettender Kausalverläufe entwickelten Grundsätze auch auf die hier in Frage stehenden Fälle zu übertragen. Denn für die Frage der Zurechnung kann es keinen Unterschied machen, ob die Handlung den rettenden Erfolg ganz verhindert oder nur zeitlich hinausschiebt, wenn der tatbestandliche Erfolg letztlich doch eintritt. Würde man dies anderes beurteilen wollen, so müsste man sich auch die Frage stellen, ob die Täter- oder aber die objektive ex-ante Sicht maßgeblich wäre hinsichtlich dessen, ob die Rettung bereits gänzlich verhindert oder aber nur zeitlich verzögert wurde. Dies erscheint aber unnötig, wenn doch feststeht, dass bereits die Verzögerung – wie hier angenommen – entscheidend war. Da zwischen dem Fall der Aktenmanipulation und der Fallgruppe des Abbruchs rettender Kausalverläufe somit eine strukturelle Identität besteht, kann zur Beurteilung der Frage, ob die Patienten überlebt hätten, auf einen hypothetischen Geschehensablauf zurückgegriffen werden.

Berücksichtigen wir nun hypothetische Kausalketten, so ergibt sich nunmehr Folgendes: Entscheidend ist nicht, danach zu fragen, wie der Krankheitsverlauf

---

271 vgl. *Jakobs*, Strafrecht AT, §7, Rn. 22, (S. 193).

272 so schon: *Engisch*, Die Kausalität als Merkmal der strafrechtlichen Tatbestände, S. 27f.; auch *Jakobs*, Strafrecht AT, §7, Rn. 22, (S. 193); *Roxin*, Strafrecht AT I, S. 365, Rn. 33f.

273 vgl. Oğlakcıoğlu, HRRS 2012, S. 382, Fn. 16.

ohne medizinische Behandlung verlaufen wäre, sondern, da als Kausalkette die medizinische Behandlung in Form einer Organallokation bereits begonnen hat, konkret zu fragen, ob die Patienten noch gelebt hätten, wenn der Arzt nicht manipuliert hätte; eine ordnungsgemäße Allokation also zu einer Lebensverlängerung bei dem übergangenen Patienten geführt hätte.[274] Dabei müsste dann aber auch mit *an Sicherheit grenzender Wahrscheinlichkeit* feststehen, dass ohne die Manipulation der Tod vermeidbar gewesen wäre.[275] Bloße verdächtige Umstände, die den Eintritt eines Schadens als möglich erscheinen lassen, werden diesen Anforderungen allerdings nicht gerecht. Diese hier vorzunehmende hypothetische Betrachtung eines rechtmäßigen Alternativverhaltens darf dabei auch nicht mit dem obigen Verbot verwechselt werden, dass Reserveursachen grundsätzlich nicht berücksichtigt werden dürfen. Dieses gilt selbstverständlich weiterhin. Vielmehr geht es bei der besonderen Konstellation des Abbruchs rettender Kausalverläufe, wie Roxin feststellt, nicht darum einen Kausalverlauf zu ersetzen, sondern ihn zu ergänzen.[276]

Stellt man sich also nun die Frage, ob der Tod der übergangenen Patienten vermeidbar gewesen wäre, wenn der handelnde Arzt die Patientenakten nicht zugunsten seiner eigenen Patienten abgeändert hätte, – oder anderes ausgedrückt – das Handeln des Arztes notwendiger Bestandteil des eingetretenen Erfolges war, so muss man gestehen, dass die Beantwortung der Frage praktisch kaum möglich sein wird. Mit Sicherheit steht nämlich nur fest, dass ohne die Manipulation der *X-COMB* Algorithmus den bevorzugten Patienten nicht auf die Empfängerliste gesetzt hätte bzw. nur mit einer erheblich niedrigeren Punktzahl und damit nicht im oberen Bereich der Liste. Somit ist nur die Listenplatzzuteilung kausal nachweisbar. Nicht unwahrscheinlich, aber auch nicht sicher dürfte sein, dass der übergangene Patient auf Platz 2 mit einer gewissen prozentualen Wahrscheinlichkeit, die kleiner ist als 100,[277] länger gelebt hätte. Eine weitergehende Aussage ist aber nicht möglich. Dazu bedürfte es nämlich eines allgemeinen Kausalgesetzes, welches Aufschluss darüber gibt, ob die Veränderung eines Listenplatzes für andere benachteiligte Empfänger zwangsläufig

---

274 Gefragt wird folglich nach dem „rechtmäßigen Alternativverhalten" des manipulierenden Arztes; vgl. dazu etwa *Fincke*, Arzneimittelprüfung strafbare Versuchsmethoden, S. 33, m.w.N.

275 vgl. HK-GS/*Heinrich*, vor § 13, Rn. 33; *Frister*, Strafrecht AT, Kap. 9 Rn. 29, 40; *Walder*, SchwZStR 93 (1977), S. 157.

276 vgl. *Roxin*, Strafrecht AT 1, S. 365f.

277 Denn andernfalls stünde der Zusammenhang zwischen Ursache und Wirkung faktisch fest.

zum Tode führt.[278] Nur ein solch allgemeingültiges Kausalgesetz kann zu der Beantwortung der Frage führen, ob eine Manipulation auch zwangläufig zum Tode anderer Patienten führt.[279] Da ein solcher gesicherter Erfahrungssatz aber bisher nicht besteht und die Vorhersage der Abfolge von Ereignissen daher überhaupt nicht möglich oder nur spekulativ ist, führt die Äquivalenztheorie hier zu keiner Antwort. Auch das LG Göttingen scheint in seinem bislang noch nicht veröffentlichten Urteil v. 6.5.2015 dieser Ansicht zu folgen, wenn es (den Presseberichten zufolge) zu dem Ergebnis gelangt, dass nicht sicher feststellbar ist, ob die Manipulation oder aber ein anderer Grund dafür verantwortlich ist, wenn Patienten versterben.[280] Das soll nicht bedeuten, dass hier niemals von Kausalität gesprochen werden könnte. Zweifelsfrei besteht auch in diesem Bereich eine naturgesetzliche Verknüpfung. Nur ist die Beschreibung einer solch kausalen Verknüpfung der menschlichen Erkenntnis eben noch verschlossen. Zwar kann aufgrund der Tatsache, dass die Anzahl verfügbarer Organe erheblich geringer ist als die Anzahl potentieller Empfänger,[281] der Schluss gezogen werden, dass Menschen auf der Liste versterben. Dass dies aber zwingend auf die Manipulation der Warteliste zurückzuführen ist, ist schlicht Vermutung.[282] Ein dahingehendes Kausalgesetz bzw. eine an Sicherheit grenzende Wahrscheinlichkeit, welches diesen Schluss sicher belegen könnte, existiert bisher nicht. Dieses ist aber nach der Bedingungstheorie Voraussetzung, da anderenfalls die Kausalität aufgrund

278 vgl. NK-StGB-*Puppe*, vor § 13 Rn. 82; andere Ansicht Toepel: der in Naturgesetzen lediglich eine argumentative Stütze für die jeweilige Kausalaussage sieht, vgl. *Toepel*, Kausalität und Pflichtwidrigkeitszusammenhang beim fahrlässigen Erfolgsdelikt, S. 52ff.

279 vgl. *Kaufmann*, JZ 1971, S. 574f; *Puppe*, ZStW 95 (1983), S. 293.

280 vgl. LG Göttingen, Urteil v. 06.05.2015, Az.: 6 Ks 4/13, Presseberichterstattung abrufbar unter: http://blog.beck.de/2015/05/07/manipulationen-bei-organtransplantation-kein-totschlagsversuch siehe auch: http://www.welt.de/vermischtes/prominente/article140548290/Freispruch-fuer-Goettinger-Transplantations-Arzt.html, (zuletzt abgerufen am 18.12.2015).

281 siehe oben: Kap. Eins, VI.

282 Puppe hat dazu in einen anderen Fall anschaulich ausgeführt: „Die Behauptung, dass in einem Einzelfall ein bestimmter Sachverhalt die Ursache eines anderen gewesen ist, impliziert also die Aussage, daß ein allgemeines Gesetz von der Form ‚immer wenn..., dann...' gilt, unter das beide Einzeltatsachen (...) subsumierbar sind.", *Puppe*, JZ 1996, 319. Hier gilt: Ein gesichertes Gesetz, wonach die Manipulation „automatisch" zum Tod eines anderen führt existiert aber nicht; vgl. auch *Kaufmann*, JZ 1971, S. 575, der davon ausgeht, dass eine Statistik niemals ein Kausalgesetz ersetzen kann.

bloßer, wenn auch naheliegender Vermutungen begründet werden würde.[283] Dies würde jedoch zu einer reinen Verdachtsstrafbarkeit führen;[284] Fehlentscheidungen wären damit faktisch vorprogrammiert. Hoyer ist daher beizupflichten, wenn er feststellt: „wo die Theorie noch unsicher ist, kann auch die Praxis sich niemals vor Überraschungen gefeit fühlen".[285] Besonders bedenklich erscheinen mir aber auch die sich für den Angeklagten ergebenden Konsequenzen zu sein. Für ihn wäre eine Entlastung nämlich nur noch dadurch möglich, dass er einen mindestens gleichwahrscheinlichen Kausalverlauf präsentieren könnte, der den Erfolg ebenfalls herbeigeführt hätte. Dies aber führt zu einer faktischen Beweislastumkehr im Strafprozess und erscheint mir deshalb wenig überzeugend.[286] Um es mit den Worten von Exner auszudrücken: „Der Täter ist schuldig zu sprechen, wenn seine Unschuld nicht genügend sichergestellt ist."[287] Puppe ist somit zuzustimmen, wenn sie meint: „Aussagen über fiktive Geschehensverläufe (…) sind nur sinnvoll, wenn diese Geschehensverläufe strikt gesetzlich determiniert sind".[288] Anders ist eine sinnvolle Antwort auf die Frage, wie sich die Manipulation tatsächlich ausgewirkt hat, nämlich gar nicht möglich oder erfolgt andernfalls nur aufgrund persönlicher Plausibilität.[289]

(a.) Nachweis durch den Ausschluss alternativer Erklärungen?

Eine weitere Möglichkeit, den Kausalnachweis zu erbringen, könnte darin bestehen, den Standpunkt zu vertreten, dass ein genauer Nachweis zur Begründung der Kausalität nicht erbracht werden muss, wenn nur andere in Betracht kommende Ursachen für den eingetretenen Erfolg auszuschließen sind.[290] Dass dieses Verfahren erhebliche Bedenken aufwirft, braucht wohl kaum erwähnt zu werden. Dennoch wurde dieser Weg im Rahmen der Produkthaftungsfälle

---

283 vgl. auch *Puppe*, JZ 1994, S. 1149f.; auch *Samson*, StV 1991, S. 183f.

284 vgl. NK-StGB-*Puppe*, vor § 13 Rn. 84.

285 *Hoyer*, ZStW 105 (1993), S. 537, der diesen allzutreffenden Satz allerdings im Rahmen der Bestimmung von Wahrscheinlichkeiten schrieb.

286 vgl. *Puppe*, Strafrecht AT, S. 34, Rn. 17; *Puppe*, JZ 1996, S. 319.

287 der dieses Zitat im Zusammenhang mit dem „Novokain-Fall" abgab, vgl. *Roxin*, ZStW 74 (1962), S. 423, m.w.N.

288 *Puppe*, FS-Roxin zum 70. Geburtstag, S. 297 m.w.N.

289 Wie tückisch eine Entscheidung aufgrund einer Plausibilitätsbetrachtung sein kann, siehe: Kap. Zwei, II, A, 3, c), bb), (4.).

290 so geschehen in der sog. „Ledersprayentscheidung": BGHSt 37, 106, dargestellt unter: Kap. Zwei, II, A, 3, c), aa); vgl. dazu auch *Erb*, JuS 1994, S. 452f.

eingeschlagen.[291] Bedenklich ist ein solches Verfahren deshalb, da stillschweigend bereits eingestanden wird, dass die genaue Erklärung der kausalen Beziehung nicht gelingt. Geht man trotz dieses Einwandes diesen Weg, so muss man dennoch beachten, dass auch hier Erklärungen und damit Kausalverläufe denkbar sind, die trotz ordnungsgemäßer Allokation und ohne Manipulation der Akten zum Tode führen können, der Tod mithin auch anders erklärt werden kann.[292] Eine solche Erklärung kann darin gefunden werden, dass bereits jeder Operation selbst ein gewisses Risiko anhaftet. Dieses Risiko ist auch nicht ein fiktives, weit entferntes Risiko, soweit man sich vor Augen führt, dass ein vollständiges Organ an einem lebenden Menschen transplantiert werden soll. Macht man sich zudem bewusst, dass eine Operation, trotz eventuell hoher Erfolgsquoten, dennoch stets das Risiko in sich birgt, auch tödlich enden zu können, so muss bereits ein derartiger Kausalverlauf als nicht vollkommen abwegig bezeichnet werden. Das wird untermauert, wenn man sich beispielsweise den Referenzbereich zur Sterblichkeit in Krankenhäusern im Bereich der Lebertransplantationen veranschaulicht. Demnach ist eine Sterblichkeitsquote in Höhe von 20 % als tolerabel anerkannt.[293]

Solche Risiken müssen dabei nicht nur bei riskanten Operationen auftreten. Kunstfehler des operierenden Arztes können bereits bei alltäglichen Operationen gravierende Folgen haben. Aber auch die nicht lege artis durchgeführte Untersuchung des Patienten auf Verträglichkeit der verwendeten Narkosemittel können während der Operation zum plötzlichen Versterben des Patienten führen. Erschwerend kommt hinzu, dass der Gesundheitszustand des übergangenen Patienten bereits in einer sehr kritischen Phase gewesen sein muss, da der Patient andernfalls überhaupt nicht auf den Listenplatz 1 vorgedrungen wäre.[294] Bezeichnend für dieses Risiko ist die Einlassung des angeklagten Arztes, dass Patienten mit dem höchsten MELD-Score die transplantierten Organe doch regelmäßig „mit ins Grab nehmen".[295] Zu diesem ohnehin besorgniserregenden

---

291 vgl. BGHSt 37, 106, vgl.: Kap. Zwei, II, A, 3, c), aa).

292 so auch: HK-GS/*Heinrich*, vor § 13, Rn. 33; vgl. auch: *Verrel*, MedR 2014, S. 465f.; *Fateh-Moghadam*, MedR 2014, S. 665; *Schroth*, NStZ 2014 S. 488f.; *Böse*, zjs-1/2014, S. 118.

293 vgl. AQUA – Institut für angewandte Qualitätsförderung und Forschung im Gesundheitswesen, Bundesauswertung 2013, S. 7, abrufbar unter: https://www.sqg.de/downloads/Bundesauswertungen/2013/bu_Gesamt_LTX_2013.pdf, (zuletzt abgerufen am 28.11.2014); auch: *Verrel*, MedR 2014, S. 465f.

294 siehe dazu oben: Kap. Zwei, II, A, 1.

295 vgl. *Schneider/Busch*, Neue Kriminalpolitik 2013, S. 369.

Zustand kommt zudem der notwendige Einsatz von Immunsuppressiva, die das Immunsystem weiter schwächen, damit das Organ überhaupt angenommen werden kann.[296] Schließlich kann auch nicht vollständig ausgeschlossen werden, dass trotz immer neuer Immunsuppressiva ein Abstoßungseffekt hinsichtlich des neuen Organs erfolgt.[297] Kein Transplantationsmediziner wird versichern können, dass jedes Organ nach einer Transplantation angenommen werden wird.

Bereits diese, nicht abwegigen Beispiele zeigen, dass auch andere Kausalketten dazu führen können, dass ein Patient trotz Allokation eines Organs nicht zwangsläufig länger leben muss.[298]

(b.) Anwendung des Anscheinsbeweises im Strafrecht?

Würden die Gerichte trotz des bisher Gesagten mit der Äquivalenztheorie zur Bejahung der Kausalität gelangen, dann erhärtet sich der Verdacht, dass dies weniger mit der zweifelsfreien Feststellung der Kausalität im konkreten Fall zu tun hat, als vielmehr damit, dass man sich von einem im Strafrecht unzulässigen Anscheinsbeweis (prima-facie Beweis) hat leiten lassen.[299] Von einem Anscheinsbeweis ist im Zivilrecht dann die Rede, wenn von einem feststehenden bzw. bewiesenen Sachverhalt oder Ereignis auf eine Tatsache geschlossen werden kann, die erfahrungsgemäß eine Folge dieses Ereignisses ist.[300] Der Anscheinsbeweis ist mit anderen Worten also bei „typischen Geschehensabläufen"[301] anwendbar. Wobei der BGH unter „typisch" versteht, dass ein Ereignis mit hoher Wahrscheinlichkeit zu dem Erfolg führt. Erforderlich ist nicht, dass das Ereignis in jedem Fall zu dem Erfolg führt;[302] ausreichend ist vielmehr ein hinreichend gestützter Erfahrungssatz, der für eine Verbindung zwischen Ereignis und Erfolg spricht. Der Verdacht des Anscheinsbeweises nährt sich hier vor allem aus der Tatsache, dass dieser im Zivilrecht seine Daseinsberechtigung gerade darauf

296 so auch: *Schneider/Busch*, Neue Kriminalpolitik 2013, S. 366, Fn. 25, m.w.N.

297 vgl. *Schroth*, NStZ 2014, S. 489.

298 im Ergebnis auch: *Verrel*, MedR 2014, S. 465; *Fateh-Moghadam*, MedR 2014, S. 665.

299 Dieser Vorwurf stellt sich auch in den Fällen der strafrechtlichen Produkthaftung; vgl. dazu *Hassemer*, Produktverantwortung im modernen Strafrecht, S. 47f. Zur Abgrenzung Anscheinsbeweis und Indizienbeweis: *Volk*, GA 1973, S. 169f. m.w.N.; zur Verneinung des Anscheinsbeweises im Strafrecht: BGH NStZ 2004, 36.

300 BGH NJW 2006, S. 2263; BGH NJW 1998, S. 80f.; *Musielak*, Grundkurs ZPO, Rn. 463; Prütting/Gehrlein-*Laumen*, ZPO Kommentar, § 286, Rn. 28.

301 BGH VersR 1991, S. 460; BGH NJW 2006, S. 2263; BGH, NJW 2004, S. 3623.

302 BGH VersR 1991, S. 462; BGH, NJW 2004, S. 3623; BGH NJW 2006, S. 2263; *Volk*, GA 1973, S. 163.

zurückführt, den Nachweis der Kausalität und der Fahrlässigkeit erbringen zu können.[303] Wenn man mithin die Argumentation des OLG Braunschweig[304] auch zur Begründung eines vollendeten Tötungsdeliktes dahingehend übertragen würde, dass bereits durch die Listenveränderung die Sterbewahrscheinlichkeit der übergangenen Patienten erheblich gesteigert wurde, da 98 % aller Patienten mit einem MELD-Score von über 40 binnen der nächsten 3 Monate versterben,[305] dann erscheint es mir doch, als würde nicht an die konkrete Kausalität angeknüpft – die nach dem bisher Gesagten ja auch nicht bejaht werden konnte –, sondern dass Patienten in medizinisch ähnlicher Lage und ohne Spenderorgan ebenfalls zeitnah versterben. Vergleichbare Personen mit einer ähnlich gelagerten medizinischen Indikation haben aber für den konkreten Kausalnachweis im Allgemeinen keine Relevanz. Entscheidend ist, ob der oben ermittelte übergangene Patient kausal durch die Manipulationshandlung des Angeklagten verstorben ist. Wenn sich das OLG aber auf allgemeine Statistiken beruft, die mit der konkreten Subsumtion wenig gemein haben, dann kann man auch den Vorwurf erheben, dass Erfahrungssätze oder sogar die Annahme einer *generellen Kausalität*[306] eine wesentliche Rolle bei der Entscheidungsfindung gespielt haben.

Hieran zeigt sich bereits, warum der Anscheinsbeweis im Strafrecht zu Recht keine Anwendung findet.[307] Er führt letztlich nach hier vertretener Ansicht zu einer Umgehung des „in dubio pro reo"-Grundsatzes.[308] Dabei kommen dem Grunde nach zwei Interpretationsansätze in Betracht. Der Anscheinsbeweis könnte sowohl gegen die materielle Beweislast als auch gegen die formelle Beweislast verstoßen. Unter materieller Beweislast versteht man dabei die Risikotragung bzw. Risikoverteilung, die entsteht, wenn eine beweisbedürftige Tatsache nicht bewiesen werden konnte, es also zu einem sog. „non-liquet" kommt.[309] Die formelle Beweislast regelt dagegen, wer die zu beweisende Tatsache zu beweisen

---

303 vgl. *Louven*, MDR 1970, S. 295; *Volk*, GA 1973, S. 162; *Müller*, Anscheinsbeweis im Strafprozeß, S. 26; *Musielak*, Grundkurs ZPO, Rn. 465.

304 Ergänzung: In dem Originalbeschluss ging das OLG Braunschweig von einem versuchten Totschlag aus, da die Feststellung der übergangenen Personen bisher nicht möglich war aus datenschutzrechtlichen Gründen.

305 vgl. Beschluss OLG Braunschweig vom 20.03.2013, Rn. 41, Az: Ws 49/13.

306 Von einer generellen Kausalität ist dann die Rede, wenn generell ein Naturgesetz besteht, das den hier zu behandelnden Fall mitumfassen würde.

307 vgl. *Löffler*, JA 1987, S. 79, m.w.N.; *Roxin*, Strafverfahrensrecht (25. Aufl.), § 15, Rn. 16; *Volk*, GA 1973, S. 176.

308 andere Ansicht: *Müller*, Anscheinsbeweis im Strafprozeß 114ff.; differenzierend dazu: *Kühne*, Strafprozessrecht, S. 464f, Rn. 757f.

309 vgl. *Müller*, Anscheinsbeweis im Strafprozeß, S. 114.

hat, wobei die formelle Beweislast im Strafverfahren aufgrund des Untersuchungsgrundsatzes ausschließlich dem Richter zugewiesen ist, der die Voraussetzungen einer Verurteilung nachweisen muss.[310]

Bezüglich der materiellen Beweislast kommt ein Verstoß gegen den Zweifelsgrundsatz zumindest dann in Betracht, wenn man – wie hier vertreten – davon ausgeht, dass es sich bei dem Zweifelsgrundsatz nicht um eine bloße Entscheidungsregel[311], sondern bereits um eine Beweiswürdigungsregel handelt.[312] Die Unterscheidung ist deshalb von hoher Relevanz, da, wenn man von einer Entscheidungsregel ausgehen würde, der Zweifelsgrundsatz erst dann Anwendung finden würde, wenn die Beweisaufnahme und damit die freie Beweiswürdigung bereits abgeschlossen wären und dem Richter trotzdem noch Zweifel bleiben.[313] Betrachtet man den Zweifelsgrundsatz richtigerweise als Beweiswürdigungsregel, so schlägt er sich bereits im Rahmen der freien Beweiswürdigung nieder. Jedwede andere Ansicht müsste zugestehen, dass anderenfalls der Zweifelsgrundsatz durch die freie richterliche Beweiswürdigung faktisch nach Belieben konterkariert werden könnte, worauf später noch genauer eingegangen wird.[314] Folgt man der hier vertretenen Ansicht, dann ergibt sich aber, dass Erfahrungssätze allein keine hinreichende Überzeugung begründen können, da die Kausalität eben nicht zweifelsfrei festgestellt wurde und somit auch andere Varianten den Erfolg herbeigeführt haben können. Würde man sich hier tatsächlich mit Erfahrungssätzen begnügen, dann würde das nichts anderes bedeuten, als richterliche Zweifel zu umgehen, so dass der Zweifelsgrundsatz seine Wirkung überhaupt nicht entfalten kann.[315]

Aber auch hinsichtlich der formellen Beweislast ergeben sich Bedenken. Richtig und daher nicht zu beanstanden ist sicherlich die Ansicht, dass es eine Beweisführungslast im Strafprozess nicht gibt und daher eine Beweislastumkehr somit ausgeschlossen ist.[316] Durch die Aufklärungspflicht des Richters ergibt sich schließlich, dass sämtliche be- und entlastenden Tatsachen im Prozess

310 vgl. *Müller*, Anscheinsbeweis im Strafprozeß, S. 114, 117.

311 so die h.M und Rechtsprechung, bspw. *Ranft*, Strafprozessrecht, Rn. 1639 (S. 515f.); BVerfG NJW 1988, 477; Kleinknecht/Müller/Reitberger-*Paulus*, StPO-Kommentar Band 4, § 244, Rn. 291; *Roxin/Schünemann*, Strafverfahrensrecht, § 45, Rn. 56.

312 vgl. auch: *Hoyer*, ZStW 105 (1993), S. 523ff.; dazu ausführlich unter: Kap. Zwei, II, A, 3, c, bb), (6.).

313 vgl. *Ranft*, Strafprozessrecht, S. 516, Rn. 1639.

314 dazu: Kap. Zwei, II, A, 3, c, bb), (6.).

315 vgl. *Volk*, GA 1973, S. 173ff.

316 vgl. bspw. *Müller*, Anscheinsbeweis im Strafprozeß, S. 117.

berücksichtigt werden müssen. Der Anscheinsbeweis mit seiner Stütze auf Erfahrungssätze birgt aber nun gerade die Gefahr einer vorschnellen Festlegung des Richters in sich. Insofern stellt dieser nur eine „vorläufige Überzeugung" dar, welche nicht zugleich zur subjektiven Gewissheit des Richters führt.[317] Er könnte aufgrund des Erfahrungssatzes aber vorschnell dazu tendieren, später im Prozess aufkommende Hinweise, die den Erfahrungssatz wiederlegen, nicht im hinreichenden Maße aufzuklären. Etwas zugespitzt formuliert könnte man auch sagen, dass ein Richter dazu geneigt sein könnte, seine subjektive Gewissheit bereits mit dem Erfahrungssatz gleichzustellen, soweit sich nicht bereits zu diesem Zeitpunkt konkrete Anhaltspunkte aufzeigen, die gegen den Erfahrungssatz sprechen.[318] Zeichnet sich aber im Prozess ab, dass der Richter seine Überzeugung aufgrund allgemeiner Erfahrungssätze bildet, dann würde man dem Angeklagten faktisch auch sein Recht aus § 136 Abs. 1 StPO nehmen, sich *nicht* aktiv am Prozess beteiligen zu müssen. Will der Angeklagte den gegen ihn verwendeten Erfahrungssatz entkräften, so bleibt ihm doch im Ergebnis kaum eine Alternative, als am Prozess gegen ihn mitzuwirken, will er für sich nachteilige Auswirkungen verhindern.[319] Die Befürworter müssten also zugestehen, dass das Strafverfolgungsinteresse mit der Einführung des Anscheinsbeweises droht, die Rechte des Angeklagten einzuschränken.

(c.) Resümee der bisherigen Feststellungen

Die erste Zwischenbilanz lautet somit, dass sich die Kausalität mittels der Äquivalenztheorie nach den bisherigen Ausführungen nicht dogmatisch überzeugend begründen lässt. Legt man die Argumentation des OLG Braunschweig auch für vollendete Delikte zugrunde, dann gelangt man nur über die Anwendung des Anscheinsbeweises unter Zugrundelegung eines allgemeinen Erfahrungssatzes oder gar einer generellen Kausalität zur Bejahung eben dieser. Legt man aber nur allgemeine Erfahrungswerte oder eine im Detail unbekannte Kausalkette zugrunde, dann läuft dies mit den Worten von Hassemer auf eine „Black-Box-Konstruktion" hinaus. Das bedeutet, dass nur die Tatsachen

---

317 vgl. *Volk*, GA 1973, S. 175.

318 Dieser Kritikpunkt ist eng mit der unten dargestellten Irrationalität menschlicher Entscheidungsfindung verbunden. Darauf wird unten noch ausführlich eingegangen. Siehe dazu Kap. Zwei, II, A, 3, c, bb).

319 *Müller* deutet diesen Kritikpunkt zwar an, hält diese Folgen aber offensichtlich für nicht weiter beachtenswert und forciert stattdessen einen „gerechten Ausgleich", ohne aufzuzeigen, wie dieser in concreto die dargestellten Einwände sachgerecht berücksichtigt; vgl. *Müller*, Anscheinsbeweis im Strafprozeß, S. 118.

bekannt sind, die in die „Box“ Eingang finden, und solche, welche die „Box“ schließlich wieder verlassen – also das Ergebnis. Der genaue Wirkmechanismus bleibt dagegen im Dunkeln.[320] Die Kritik an einer solchen Konstruktion – wie sie im Übrigen bei der Lederspray-Entscheidung[321] stattgefunden hat – entzündet sich nun an der Tatsache, dass dadurch in Betracht kommende Alternativerklärungen faktisch überhaupt nicht sicher ausgeschlossen werden können. Damit wird aber die Bedeutung der Kausalität vollständig verkannt, die nicht nur deshalb besteht, um den Täter mit der Tat in Verbindung zu bringen, sondern eben auch, um den Richter vor vermeintlich falschen Verurteilungen zu bewahren.[322] Es wird also offenkundig, dass selbst bei der Annahme einer generellen Kausalität die Rechtsprechung im konkret zu entscheidenden Fall nicht mehr als feste Anhaltspunkte oder eben nur einen Anschein der Verursachung zurechnet. Damit wird aber klar, warum eine solche Lösung kaum haltbar sein kann. Es bestünde sonst stets die (berechtigte) Gefahr, dass dem Angeklagten Umstände angerechnet werden, welche schlussendlich überhaupt nicht in seinem Einflussbereich liegen.[323] Erfahrungssätze oder die generelle Kausalität sind daher niemals gleichzusetzen mit einer sicheren Kenntnis. Sie stellen lediglich eine Vermutung oder eine Theorie dar.[324] Zu welchen Fehlern scheinbar plausible Erklärungen führen können, soll an späterer Stelle ausführlich dargestellt werden.[325] Aus prozessualer Sicht betrachtet, kann man daher auch zu dem Ergebnis gelangen, dass es sich um eine „Risikoverteilung zu Ungunsten des Beschuldigten“[326] handelt.

(2.) Kritik an der Äquivalenztheorie

Die Ausführungen zum Abbruch rettender Kausalverläufe haben bereits anklingen lassen, dass die Äquivalenztheorie zur Ermittlung der Kausalität zum Teil versagt. Daher erscheint es mir angebracht, die Kritik an der Äquivalenztheorie etwas vertieft darzustellen.

---

320 vgl. *Hassemer*, Produktverantwortung im modernen Strafrecht, S. 33, der diesen Vorwurf im Rahmen der Produkthaftungsfälle erhob.

321 BGHSt, 37, 106, ausführlich dargestellt unter: Kap. Zwei, II, A, 3, c), aa).

322 vgl. *Hassemer*, Produktverantwortung im modernen Strafrecht, S. 42.

323 vgl. *Hassemer*, Produktverantwortung im modernen Strafrecht, S. 43.

324 so auch *Hassemer*, Produktverantwortung im modernen Strafrecht, S. 44.

325 siehe dazu: Kap. Zwei, II, A, 3, c), bb).

326 *Hassemer*, Produktverantwortung im modernen Strafrecht, S. 37.

(a.) Der „Erfolg in seiner konkreten Gestalt“

Die Anwendung der Äquivalenztheorie zur Bestimmung der Kausalität in den oben beschriebenen Formen ist nicht ohne Kritik geblieben. Neben ihrer Uferlosigkeit[327] wird der Äquivalenztheorie vorgehalten, dass mit der Anknüpfung an den „Erfolg in seiner konkreten Gestalt“ die Frage nach Kausalität gar nicht hinreichend beantwortet werden könne. Die Äquivalenztheorie ist insoweit außerstande, genaue Anhaltspunkte dafür zu geben, welche Umstände eigentlich genau zur Bestimmung des Erfolges herangezogen werden sollen.[328] Zur Veranschaulichung dient das folgende Beispiel von Puppe:[329]

Das Opfer O wurde durch einen Schlag des Täters T mit einem stumpfen Gegenstand seitlich am Kopf tödlich getroffen. Der seitliche Treffer erfolgte deshalb, weil kurz vor dem tödlichen Treffer der Passant P dem O laut zugerufen hatte, woraufhin das O den Kopf zur Seite drehte. Ohne den Zuruf des P hätte der Schlag den hinteren Teil des Kopfes getroffen, woraufhin das O ebenfalls aufgrund der eingetretenen Kopfverletzungen verstorben wäre.

Versucht man nun festzustellen, ob der Zuruf des P kausal für den Tod des O war, so wird man gestehen müssen, dass dies nur dann der Fall ist, wenn man davon ausgeht, dass der Tod aufgrund von seitlichen Verletzungen ein anderer Tod als der bei einem tödlichen Schlag von hinten ist.[330] Stellt man sich diese Frage dagegen unter Ausblendung des Zurufes des P, so wird man die Kausalität des P mit Sicherheit verneinen, da der Tod trotzdem eingetreten wäre. Das Beispiel veranschaulicht bereits, dass zur Begründung der Kausalität immer solche Umstände in die Fragestellung mit einfließen, von denen man *bereits ausgeht*, dass sie mitursächlich für den Erfolgseintritt waren.[331] Anders ausgedrückt setzt die Äquivalenztheorie das Wissen über den eigentlich zu ermittelnden Kausalzusammenhang also bereits voraus.[332] Puppe ist daher zu dem Schluss gelangt, dass es sich bei dem Erfolg in seiner konkreten Gestalt um einen bloßen Scheinbegriff

---

327 vgl. *Strasser*, Die Zurechnung von Retter-, Flucht- und Verfolgerverhalten im Strafrecht, S. 41; *Wessels/Beulke/Satzger*, Strafrecht AT, S. 61, Rn. 156; *Roxin*, Strafrecht AT I, S. 354, Rn. 11.

328 vgl. *Dencker*, Kausalität und Gesamttat, S. 105.

329 vgl. *Puppe*, ZStW 92 (1980), S. 873.

330 vgl. *Puppe*, ZStW 92 (1980), S. 873f. m.w.N.

331 vgl. *Rolinski*, FS-Miyazawa, S. 487, m.w.N.; auch: *Strasser*, Die Zurechnung von Retter-,Flucht- und Verfolgerverhalten im Strafrecht, S. 41.

332 *Maiwald*, Kausalität und Strafrecht, S. 5, m.w.N.; *Erb*, JuS 1994, S. 450.

handelt und hier letztlich mit einem Zirkelschluss argumentiert wird.[333] Denn letztlich können alle *wahren* Umstände einer Tat zum „Erfolg in seiner konkreten Gestalt gezählt werden, wenn man nur immer weitere Einzelheiten hinzufügt.[334] Solange also keine Handhabe dafür existiert, festzustellen, welche Umstände exakt zum „Erfolg in seiner konkreten Gestalt“ gehören, ist der Nutzen begrenzt.[335]

(b.) Das Erfordernis der „notwendigen Bedingung“

Weiterhin hat sich auch an dem Erfordernis der „notwendigen Bedingung“ Kritik entzündet. Wenn nämlich – wie oben herausgestellt wurde – nicht jede wahre Tatsache eines Geschehensablaufes als Bedingung des Erfolges in Betracht kommen soll, so muss noch die Frage beantwortet werden, wie die relevanten Tatsachen von denjenigen, die für die Erfolgszurechnung irrelevant sind, unterschieden werden können. Nach bisherigem Verständnis gehören zum Erfolg nur solche Handlungen bzw. Tatsachen, die als *notwendige Bedingung* für den Erfolgseintritt angesehen werden. Es wird sich zeigen, dass die Äquivalenztheorie durch die Einengung auf notwendige Bedingungen in speziell gelagerten Fällen zu schlicht falschen Ergebnissen gelangt.

Bevor auf die Kritik im Einzelnen eingegangen wird, soll zum besseren Verständnis ein kurzer Überblick über den generellen Unterschied zwischen einer „notwendigen“ und einer „hinreichenden“ Bedingung gegeben werden.

(aa.) Notwendige Bedingung

Notwendig ist eine Bedingung dabei immer dann, wenn nur die Bedingung X den Erfolg Y eintreten lassen kann. Oder negativ formuliert: ohne die Bedingung X keinen Erfolg Y.[336] Die notwendige Bedingung ermöglicht es damit, von dem Erfolg auf die Bedingung *Rückschluss* zu nehmen.[337] Zur Veranschaulichung dient folgendes Beispiel: Um wegen eines vollendeten vorsätzlichen Begehungsdeliktes bestraft zu werden, muss man vorsätzlich gehandelt haben. Der Vorsatz ist notwendiger Bestandteil, um bestraft zu werden. Ohne Vorsatz erfolgt also keine Verurteilung wegen einer vollendeten vorsätzlichen Tat. Bei

---

333 vgl. *Puppe*, ZStW 92 (1980), S. 873; *Puppe*, GA 1994, S. 302; zustimmend auch: *Dencker*, Kausalität und Gesamttat, S. 105f.; *Puppe*, ZStW 99 (1987), S. 596; NK-StGB-*Puppe*, vor. § 13, Rn. 98.

334 vgl. *Puppe*, GA 1994, S. 303; auch: *Hilgendorf*, GA 1995, S. 524.

335 vgl. *Dencker*, Kausalität und Gesamttat, S. 106.; NK-StGB-*Puppe*, vor. § 13, Rn. 97ff.

336 vgl. *Koriath*, Grundlagen strafrechtlicher Zurechnung, S. 468 m.w.N.; *Puppe*, ZStW 92 (1980), S. 867; *Samson*, FS-Rudolphi, S. 261.

337 vgl. *Puppe*, ZStW 92 (1980), S. 868.

einer Verurteilung wegen Vollendung kann man somit auch den Rückschluss ziehen, dass Vorsatz vorlag. Koriath illustriert dies anhand des folgenden Beispiels. Sauerstoff ist notwendiger Bestandteil, um ein Feuer zu entzünden. Ohne Sauerstoff entsteht keine Flamme.[338] Demgegenüber ist bspw. Regen keine notwendige Bedingung für nasse Gehwege. Ebenso wäre es möglich, dass die Feuerwehr die Gehwege im Rahmen einer Übung nass gemacht hätte.

(bb.) Hinreichende Bedingung

Im Gegensatz zu der notwendigen Bedingung ist von einer hinreichenden Bedingung dann auszugehen, wenn durch die Bedingung mit Sicherheit auf den Eintritt des Erfolges geschlossen werden kann. Die Sicherheit des Eintritts beurteilt sich dabei nach einem Gesetz.[339] Dies bedeutet: Wenn die Bedingung X vorliegt, dann liegt auch der Erfolg Y vor.[340] Die hinreichende Bedingung muss dabei aber nicht die einzige hinreichende Bedingung sein, die den Erfolg Y herbeiführt. Ebenso kann eine andere hinreichende Bedingung den Erfolg herbeiführt haben. Im obigen Beispiel ist der Vorsatz zwar notwendig, nicht aber hinreichend für eine Bestrafung wegen vorsätzlicher Vollendung. Weitere Voraussetzungen für eine Bestrafung sind die Erfüllung des objektiven Tatbestandes, das Vorliegen der Rechtswidrigkeit sowie die Bejahung der Schuld. Nur bei kumulativer Erfüllung dieser Voraussetzungen erfolgt die Verurteilung. Im Fall des Feuers ist der Sauerstoff notwendig, aber nicht hinreichend, da neben Sauerstoff auch noch brennbares Material und eine entsprechende Feuerquelle vorhanden sein muss. Demgegenüber ist im Rahmen des Regenfalles der Regen hinreichend dafür, dass Gehwege nass werden.

Dass eine Handlung, die zugerechnet werden soll, in gewisser Weise auch mit dem tatbestandlichen Erfolg zusammenhängen muss, mag stimmen.[341] Dass die Äquivalenztheorie aber voraussetzt, dass die Bedingung notwendig für den konkreten Erfolg sein müsse, überdehne die Anforderungen aber.[342] Mit der Reduzierung auf notwendige Bedingungen, so die Kritik, werde aber bereits die Ursache dafür gesetzt, dass mit der Formel keine brauchbaren Ergebnisse gefunden werden. Denn mit der Einschränkung auf notwendige Bedingungen werde das Verhältnis zwischen der einzelnen Ursache und dem Erfolg „logisch falsch"

---

338 vgl. *Koriath*, Grundlagen strafrechtlicher Zurechnung, S. 468.

339 vgl. *Puppe*, ZStW 92 (1980), S. 866f., 868.

340 vgl. *Koriath*, Grundlagen strafrechtlicher Zurechnung, S. 468; Samson, FS-Rudolphi, S. 260f.

341 vgl. *Puppe*, ZStW 92 (1980), S. 876.

342 vgl. *Puppe*, ZStW 95 (1983), S. 297.

beschrieben, da sie kaum dazu beiträgt, eine Differenzierung zwischen Ursache und Nichtursache vorzunehmen.[343] Dadurch kann die einzelne Ursache aber kaum identifiziert werden. Ohne korrekte Feststellung der Einzelursache sei wiederum auch nicht zuverlässig zu ermitteln, ob beim Hinwegdenken der Erfolg entfallen würde.[344] Dieses „Zuvielfordern" führt beispielsweise bereits dann zu Problemen, wenn zwei voneinander unabhängige Ursachen existieren, die auch jeweils alleine den Erfolg eintreten lassen würden (sog. Mehrfachkausalität).[345] Die Kausalität müsste in diesen Fällen bei strikter Anwendung verneint werden, da die einzelne Bedingung nicht notwendig zum Erfolg beiträgt.[346] Insofern führt die Ersatzursache bekanntlich zum gleichen Erfolg. Nur durch die uns bekannte Modifizierung der Formel kann die Äquivalenzformel gewahrt bleiben.[347] Die Bejahung ist in derartigen Fällen nur noch dadurch möglich, dass man darauf abstellt, dass die Einzelursachen zwar alternativ, nicht aber kumulativ hinweggedacht werden könnten, ohne dass der Erfolg in seiner konkreten Gestalt entfiele.[348]

bb) Lehre von der gesetzmäßigen Bedingung

Verneint man die conditio-sine-qua-non-Formel, stellt sich die Frage, ob andere Erklärungsmodelle überzeugendere Lösungen bereithalten können.

Eine solche könnte die Lehre von der gesetzmäßigen Bedingung, als Unterfall der Äquivalenztheorie, sein. Die von Engisch im Jahre 1931 begründete Theorie[349] fragt *nicht* nach dem Hinwegdenken der in Frage stehenden Tathandlung, sondern danach, „ob sich an die betreffende Handlung zeitlich nachfolgende Veränderungen in der Außenwelt angeschlossen haben, die mit der Handlung nach den uns bekannten Naturgesetzen notwendig verbunden waren und sich

---

343 vgl. *Puppe*, GA 1994, S. 303; *Puppe*, FS-Roxin zum 70. Geburtstag, S. 290; NK-StGB-*Puppe*, vor. § 13, Rn. 92.

344 vgl. *Puppe*, FS-Roxin zum 70. Geburtstag, S. 293.

345 vgl. *Erb*, JuS 1994, S. 450. *Puppe*, ZStW 92 (1980), S. 868; vgl. auch *Hoyer*, GA 1996, S. 167f.

346 vgl. *Puppe*, ZStW 99 (1987), S. 596.

347 vgl. *Puppe*, Jura 1997, S. 413f.

348 vgl. NK-StGB-*Puppe* vor. § 13, Rn. 93; *Wessels/Beulke/Satzger*, Strafrecht AT, S. 62, Rn. 157; sehr gute Übersicht zur Kausalität in: *Ebert*, Jura 1979, S. 561ff.

349 vgl. *Samson*, FS-Rudolphi, S. 259; *Hilgendorf*, GA 1995, S. 516f.; vgl. auch *Haas*, Kausalität und Rechtsverletzung, S. 154ff.

als tatbestandsmäßiger Erfolg darstellen".[350] Oder kurz: „Ein Verhalten ist dann Ursache eines Erfolges, wenn dieser Erfolg mit dem Verhalten durch eine Reihe von Veränderungen gesetzmäßig verbunden ist".[351] Während also die conditio-sine-qua-non-Formel danach fragt, wie die Handlung *ohne* das in Frage stehende Ereignis verlaufen wäre, knüpft die Lehre von der gesetzmäßigen Bedingung an die in Frage stehende Handlung an und prüft, ob zwischen dieser Handlung und dem eingetretenen Erfolg ein naturgesetzlicher Zusammenhang besteht.[352] Ist das Kausalgesetz bekannt, wird der Kausalzusammenhang dadurch festgestellt, dass der konkrete Sachverhalt unter das (Natur-)Gesetz subsumiert wird. Ist dies erfolgreich, steht die Kausalität nach dieser Theorie fest.[353] Auch die Lehre von der gesetzmäßigen Bedingung setzt folglich eine „Kausalbeziehung deterministischer Art" voraus.[354] Entscheidend ist also auch hier, dass ein Naturgesetz besteht. Voraussetzung ist mithin, dass zunächst die *generelle Kausalität* bejaht werden kann, also die Feststellung, dass generell ein Naturgesetz besteht, das den hier zu behandelnden Fall mit umfasst. Ist ein solches Naturgesetz vorhanden, muss in einem nächsten Schritt die *konkrete Kausalität* ermittelt werden. Dazu subsumiert man den hier vorliegenden Sachverhalt unter das festgestellte Kausalgesetz.[355]

Bemüht man sich nun, festzustellen, ob der Tod der Patienten und die Aktenmanipulation gesetzmäßig verbunden waren, so muss man gestehen, dass sich auch mit dieser Theorie keine weitergehenden Erkenntnisse gewinnen lassen als bei der conditio-sine-qua-non-Formel. Wann eine Bedingung eine gesetzmäßige

---

350 vgl. *Engisch*, Die Kausalität als Merkmal der strafrechtlichen Tatbestände, S. 21; HK-GS/*Heinrich*, vor. § 13, Rn. 44ff., der ihr zudem zugute hält, dass der methodische Ansatz klarer formuliert ist, dadurch dass die Fragestellung präzisiert ist. *Koriath*, Grundlagen strafrechtlicher Zurechnung, S. 485; *Wessels/Beulke/Satzger*, Strafrecht AT, S. 66, Rn. 168a; MK-StGB-*Freund*, vor §§13 ff. Rn. 334; *Hilgendorf*, Jura 1995, S. 515; *Krey/Esser*, Deutsches Strafrecht AT, S. 125, Rn. 320f.

351 *Puppe*, SchwZStr 107 (1990), S. 148, Fn. 9. Im Original heißt es „gesetzmässig". *Kühl*, Strafrecht AT, S. 33, Rn.22; vgl. auch *Strasser*, Die Zurechnung von Retter-, Flucht- und Verfolgerverhalten im Strafrecht, S. 41.

352 vgl. *Koriath*, Grundlagen strafrechtlicher Zurechnung, S. 485;

353 vgl. *Samson*, FS-Rudolphi, S. 259.

354 vgl. *Rolinski*, FS-Miyazawa, S. 489; andere Ansicht: *Hilgendorf*, GA 1995, S. 525, der eine empirische gesicherte Gesetzmäßigkeit genügen lassen will; vgl. auch: *Hilgendorf*, Jura 1995, S. 515ff.

355 vgl. *Otto*, Jura 1992, S. 94; *Otto*, Grundkurs Strafrecht AT, S. 60, Rn. 32.

Bedingung ist, bleibt ebenso unklar wie das zu bestimmende Kausalgesetz.[356] Die einzig zuverlässige Aussage, die sich insofern treffen lässt, ist die, dass durch die Manipulation eine Veränderung der Warteliste verursacht wurde. Die Beantwortung der Frage, ob durch die Manipulation und die Veränderung der Liste auch der Tod kausal verursacht wurde, kann auch diese Formel nicht leisten. Insofern fehlt es eben hier an dem notwendigen und uns nicht bekannten, wenn überhaupt existierenden Naturgesetz, welches besagt, dass die Veränderung eines Listenplatzes für andere Patienten zum Tode führt. Ohne Kenntnis des konkreten Ursachenzusammenhanges kann damit auch die Lehre von der gesetzmäßigen Bedingung die Kausalität nicht überzeugend bestimmen.

cc) Die Inus-Bedingung

Als weitere Variante zur Kausalitätsbestimmung hat im juristischen Schrifttum auch die von Mackie begründete „Inus-Bedingung" Anklang gefunden.[357] Der Name *Inus* stammt dabei aus der Beschreibung Mackies, wann von einer Ursache die Rede ist; „it is an ***insufficient*** but ***non-redundant*** part of an ***unneccessary*** but ***sufficient*** condition."[358] Als bekennende Vertreter dieser Methode sind Puppe und Hoyer[359] zu nennen.

(1.) Voraussetzungen

Die Befürworter der Inus-Bedingung plädieren in Kenntnis der oben aufgezeigten Schwächen für eine Modifizierung der bisherigen Äquivalenztheorie. Der Kern der Modifizierung ist dabei die verlässlichere Feststellung der Beziehung zwischen Einzelursache und Erfolg. Nach den Vorstellungen von Puppe und Hoyer soll der Erfolg nunmehr danach bestimmt werden, dass man zur Festlegung, welche Einzelursache kausal sei, danach fragt, ob die in Frage stehende Einzelursache „ein *notwendiger* Bestandteil einer bestimmten wahren nach

---

356 vgl. *Roxin*, Strafrecht AT I, S. 355, Rn. 15; ausführliche Kritik bei: *Koriath*, Grundlagen strafrechtlicher Zurechnung, S. 485ff.; vgl. auch: *Dencker*, Kausalität und Gesamttat, S. 86, 109; siehe auch zu den ähnlich gelagerten Fällen bei Arzneimitteln: *Fincke*, Arzneimittelprüfung strafbare Versuchsmethoden, S. 32ff.

357 vgl. dazu: *Koriath*, Kausalität, Bedingungstheorie und psychische Kausalität, S. 32ff.; *Vogel*, Norm und Pflicht, S. 148ff.; *Kindhäuser*, GA 1982, S. 485ff., m.w.N.

358 *Mackie*, The Cement ofhe Universe. A Study of Causation, S. 62. Fette Hervorhebungen waren nicht Gegenstand des Zitates. Ausführlich dazu *Samson*, FS-Rudolphi, S. 259ff. (261).

359 vgl. *Hoyer*, Strafrecht Allgemeiner Teil I, S. 34ff., m.w.N und Beispielen.

Naturgesetzen *hinreichenden Mindestbedingung*" ist.[360] Dabei kann die Kausalität bereits bejaht werden, wenn die (menschliche) Handlung einen notwendigen Beitrag zum Gesamtgeschehen dieser hinreichenden Bedingung leistet. Die Fragestellung folgt zunächst aus der Erkenntnis, dass eine (menschliche) Handlung niemals allein, sondern nur die Gesamtursache eine hinreichende Bedingung sein kann.[361] So kann das Brennenlassen einer Kerze am Weihnachtsbaum niemals *alleinige* Bedingung für einen Hausbrand sein. Nötig sind beispielsweise auch noch Sauerstoff, die fehlende Aufsicht über die Kerze sowie feueranfälliges Material.[362] Die (menschliche) Handlung muss aber ein notwendiger Bestandteil des hinreichenden Kausalgesetzes sein.[363] Das Merkmal der Mindestbedingung will weiterhin sicherstellen, dass die hinreichende Bedingung keine unnützen Bestandteile enthält. Damit wird vermieden, dass durch Hinzufügung immer neuer Umstände immer neue hinreichende Bedingungen geschaffen werden.[364] Kein notwendiger Bestandteil einer hinreichenden Mindestbestimmung liegt also dann vor, wenn ohne diesen Einzelbestandteil das Gesetz weiter gilt, der Erfolg also dennoch eintritt.[365] Dazu prüft man, ob der zu begründende Erfolg auch ohne den notwendigen Einzelbestandteil schlüssig bleibt.[366] Wendet man dieses Modell zur Kausalitätsfeststellung an, dann gerät man bei Fällen, in denen zwei Ursachen den Erfolg unabhängig voneinander herbeigeführt hätten, in Erklärungsnot. Denn im Fall der Doppelkausalität wird die Ersatzbedingung selbst Bestandteil einer Mindestbedingung, sodass beide Ursachen isoliert betrachtet nicht mehr als notwendig bezeichnet werden können.[367]

Dies veranschaulicht ein Beispiel nach Erb:[368] „Wenn A und B dem X gleichzeitig, aber unabhängig voneinander zwei Paketbomben ins Haus schicken, dann ist jede dieser Bomben eine Bedingung der Art, die nach den Naturgesetzen

---

360 vgl. *Puppe*, GA 1994, S. 303; *Hoyer*, Strafrecht Allgemeiner Teil I, S. 35.

361 vgl. *Puppe*, SchwZStr 107 (1990), S. 150f.; NK-StGB-*Puppe*, vor. § 13, Rn. 102ff., m.w.N.; *Samson*, FS-Rudolphi, S. 261f.

362 vgl. *Samson*, FS-Rudolphi, S. 261f.

363 vgl. *Puppe*, SchwZStR 107 (1990), S. 151; *Hoyer*, Strafrecht Allgemeiner Teil I, S. 36; *Puppe*, ZStW 92 (1980), S. 875ff.

364 vgl. NK-StGB-*Puppe*, vor. § 13, Rn. 103f; siehe auch: *Puppe*, ZStW 92 (1980), S. 875ff.; kritisch zum Merkmal der Mindestbedingung: *Dencker*, Kausalität und Gesamttat, S. 113.

365 vgl. *Puppe*, ZStW 92 (1980), S. 875ff.

366 vgl. *Puppe*, FS-Roxin zum 70. Geburtstag, S. 293.

367 vgl. *Erb*, JuS 1994, S. 451; *Puppe*, ZStW 92 (1980), S. 876f.; *Strasser*, Die Zurechnung von Retter-,Flucht- und Verfolgerverhalten im Strafrecht, S. 47.

368 vgl. *Erb*, JuS 1994, S. 451.

neben weiteren Umständen (Auslösen des Zünders) notwendiger Bestandteil einer hinreichenden Bedingung dafür ist, den X in die Luft zu sprengen. Folglich müssten *beide* Bomben für den Tod des X kausal sein, auch wenn dieser in Wirklichkeit nur ein Paket öffnen konnte und dabei durch dessen Explosion getötet wurde."

Puppe löst diesen Konflikt, indem sie den Kausalprozess dahingehend versteht, dass es sich dabei um „eine zeitliche und örtliche Aufeinanderfolge von Zuständen *handelt*, von denen der jeweils folgende durch den vorhergehenden nach allgemeinen Gesetzen hinreichend bedingt ist und (...) mit dem zu erklärenden Ereignis endet" (sog. *genetische Erklärung*).[369] Der Erfolg ist mit anderen Worten damit nicht Folge eines konkreten Ereignisses, sondern die Summe aufeinander basierender Zustandsveränderungen. Die wirkliche Ursache unterscheidet sich von der Scheinursache nun dadurch, dass sich bei der Scheinursache nicht alle Glieder der Kausalkette verwirklicht haben und der Erfolg damit ausgeblieben ist. Die einzelnen Zustände in der jeweiligen Kausalkette sind also die Grundlage für die darauffolgenden Zustände, wodurch sich ein logischer Ursachenzusammenhang bilden lässt. Zwischen diesen Zuständen muss eine gesetzliche Bedingung bestehen, sodass der vorherige Zustand notwendige Voraussetzung des darauffolgenden Zustandes ist. Die genaue Feststellung der Kausalität und damit die Unterscheidung zwischen Ursache und Nichtursache erfolgt dann vom Erfolg aus, indem man die einzelnen Zustände bzw. Tatsachen aus der Erklärung *entfernt* und feststellt, ob der Erfolg noch *schlüssig erklärt* werden kann.[370] Im obigen Beispielsfall ergibt sich somit Folgendes: Stellt sich heraus, dass X das Paket des A zuerst geöffnet und dadurch die Explosion ausgelöst hat, so ergeben die einzelnen Zustände (Bauen der Bombe, Absenden zum Haus des X, Öffnen des Paketes und Auslösung der Explosionsvorrichtung) einen zusammenhängenden Geschehensablauf. Hinsichtlich des Pakets von B fehlt hingegen die Voraussetzung des „Öffnens" und damit die zum Tode führende Explosion. Damit lässt sich der Tod des X auch ohne das Paket des B schlüssig erklären. Es steht dadurch also fest, dass es sich bei dem Paket des B um eine Ersatzursache handelt.

(2.) Kritik an der Inus-Bedingung

Auch die Inus-Bedingung bzw. die genetische Erklärung von Puppe kann nicht gänzlich ohne Kritik hingenommen werden. Wo nämlich der signifikante

369 vgl. *Puppe*, GA 1994, S. 304f. Kursive Wörter sind nicht Gegenstand des Zitats.
370 vgl. *Puppe*, GA 1994, S. 305, m.w.N.

Unterschied zur Äquivalenztheorie liegt, bleibt weitestgehend im Dunkeln. Puppe beharrt zwar darauf, dass der wesentliche Unterscheid darin bestehe, dass man eben keinen Umstand hinwegdenkt und fragt, wie das Geschehen hypothetisch weiter verlaufen wäre, sondern dass man das infrage stehende Verhalten aus dem rekonstruierten Kausalgesetz hinwegdenkt und nur noch prüft, ob das Kausalgesetz auch ohne das weggedachte Verhalten noch schlüssig erklärt werden kann.[371] Dass dies aber einen methodischen Unterschied darstellt, überzeugt nicht restlos. Im Gegenteil, denn auch die Lehre von der gesetzmäßigen Bedingung führt exakt diesen Schritt durch.[372] Besteht das Ziel darin zu ermitteln, wie ein Geschehensverlauf ohne ein gewisses Ereignis verlaufen wäre, bleibt keine andere Möglichkeit, als dieses Ereignis aus der Betrachtung auszuklammern. Mit der Ausklammerung ist aber selbst noch kein Erkenntnisgewinn erzielt. Erst durch die vom menschlichen Verstand intuitiv aufgeworfene Frage, wie der Geschehensablauf nunmehr verlaufen wäre, kann die Erkenntnis gewonnen werden, dass der Erfolg dennoch eingetreten wäre (oder eben nicht). Die Beantwortung dieser Frage hängt aber einzig davon ab, ob es gelingt, ein Naturgesetz zu finden, welches die Vermutung untermauert. Es ist demnach nur ein Spiel mit Worten, wenn man fragt, ob ein Erfolg ohne den Umstand X entfallen wäre, oder aber, ob der Umstand X zwingend erforderlich ist, um das Naturgesetz Y und damit den Erfolg herbeizuführen. In beiden Fragestellungen ist eine Beantwortung der Frage nicht ohne das Auffinden eines (alternativen) Naturgesetzes möglich, was wiederum eine hypothetische Betrachtung erforderlich macht. Indem Puppe aus dem generellen Naturgesetz die vermeintlich überflüssigen Elemente entfernt, um zu untersuchen, ob das generelle Kausalgesetz auch dann noch im konkreten Fall anwendbar bleibt, wendet sie schlussendlich die von der Äquivalenztheorie bekannte „Wegdenkmethode" an.[373]

Weiterhin muss auch kritisch hinterfragt werden, ob die Feststellung des Erfolges durch die Inus-Bedingung tatsächlich zum gewünschten Erkenntnisgewinn führen kann. Voraussetzung wäre, dass die Inus-Bedingung tatsächlich eine Handhabe dafür bietet, den Kausalverlauf zu formulieren. Daran darf gezweifelt werden, da es stillschweigend doch voraussetzt, dass man sämtliche Zwischenzustände kennt oder aber ermitteln kann. Dies anzunehmen ist aber weit von dem entfernt, was wissenschaftlich geleistet werden kann. Denn insoweit kann jeder „Zwischenzustand" wiederum in Dutzende neuer Zwischenzustände

---

371 vgl. *Puppe*, NStZ 2004, S. 555, m.w.N.

372 siehe dazu: Kap. Zwei, II, A, 3, b), bb).

373 ausführlich dazu: *Samson*, FS-Rudolphi, S. 265f; im Ergebnis auch: *Koriath*, Kausalität und objektive Zurechnung, S. 110f.

aufgeteilt werden. Dass sämtliche dieser Zwischenzustände bekannt bzw. wissenschaftlich erklärt werden können, wird kaum ein Naturwissenschaftler zugestehen. Damit zeigt sich dann aber auch, dass mit der Inus-Bedingung der Erfolg bzw. der Kausalverlauf nicht (restlos) erklärt werden kann. Denn so könnte man die zur Begründung des Erfolges dargelegten Zwischenzustände solange weiter unterteilen, bis einer dieser Zwischenzustände sich gegebenenfalls durch einen anderen ersetzen lassen würde.[374] Um dieses Dilemma zu umgehen, ist die Inus-Bedingung faktisch darauf angewiesen, den konkreten Sachverhalt zu abstrahieren und solche Zwischenzustände als ausreichend zu erachten, die nach dem persönlichen Dafürhalten eine notwendige Bedingung darstellen. Ist man also bereit, dieses Problem dadurch zu beseitigen, dass man nicht alle (unzähligen) Zwischenzustände berücksichtigt, so müssen sich dann auch die Befürworter der Inus-Bedingung den Vorwurf gefallen lassen, den sie „dem Erfolg in seiner konkreten Gestalt" vorhalten, nämlich, dass sie gerade solche (Zwischen-)Umstände in ihre Erklärung mit aufnehmen, die man „als kausal für den ganzen Erfolg (…) ansehen will"[375].[376]

Probleme bereitet der Ansatz schließlich auch bei der, für alle Theorien komplizierten, psychischen Kausalität, also der Frage, welche Ereignisse für die Willensbildung eines Menschen entscheidend waren.[377] Um dies zu veranschaulichen, dient folgendes Beispiel von Samson:[378]

„Wenn A den T durch Bezahlung zur Tötung des X veranlassen will, dann liegen mit der Aufforderung zur Tötungshandlung und der Bezahlung alle Umstände einer hinreichenden Bedingung vor. Lässt sich T durch die von A gesetzten Umstände zur Tat motivieren, dann stellte das Verhalten des A eine konkret hinreichende Bedingung dar. Fragt man jedoch danach, ob die Anstifterhandlung des A eine generelle hinreichende Bedingung darstellt, dann müsste die Feststellung möglich sein, dass immer, wenn A in dieser Weise auf T einwirkt, T sich auch zur Tat entschließt. Unterstellt man den Indeterminismus in dem Bereich der Entschlussfassung des T, dann lässt sich diese Entschlussfassung nicht treffen."

---

374 vgl. *Strasser*, Die Zurechnung von Retter-,Flucht- und Verfolgerverhalten im Strafrecht, S. 49; *Erb*, JuS 1994, S. 451.

375 *Puppe*, ZStW 92 (1980), S. 873.

376 vgl. *Erb*, JuS 1994, S. 451; auch *Strasser*, Die Zurechnung von Retter-, Flucht- und Verfolgerverhalten im Strafrecht, S. 49.

377 vgl. *Wessels/Beulke/Satzger*, Strafrecht AT, S. 62, Rn. 156.

378 vgl. *Samson*, FS-Rudolphi, S. 263.

Aber auch unter Außerachtlassung der Kritik lässt sich die Kausalität im hier zu beurteilenden Fall nicht begründen. Denn dazu werden Tatsachen benötigt, bei deren Bestehen auf den Erfolg geschlossen werden können muss und die Tatsachen und der Erfolg mittels Naturgesetzen verbunden sind.[379] Bei genauerer Betrachtung zeigt sich aber, dass die Manipulation keine solche Tatsache sein kann. Damit kann sie aber auch kein notwendiger Bestandteil einer hinreichenden Mindestbedingung sein. Neben der Manipulation ist nämlich mindestens ebenso entscheidend, ob die Operation komplikationslos verläuft, der Patient also stabil bleibt und den Ärzten keine Fehler unterlaufen und das Organ weiterhin auch angenommen wird. Tritt eine der letztgenannten Bedingungen neben der eigentlichen Manipulation ein, so würde bereits diese für sich genommen den Erfolg herbeiführen, womit die Manipulation gerade kein notwendiger Bestandteil dieser Mindestbedingung mehr wäre. Dass aber bereits durch die Aktenmanipulation allein ein derartiger Geschehensablauf in Gang gesetzt wurde, der aus naturgesetzlicher Sicht zwingend im Tod der übergangenen Patienten enden muss, ist spekulativ und naturgesetzlich nicht erwiesen.[380] Insoweit bestehen also die gleichen Ungewissheiten über den zukünftigen Verlauf wie bei der Anwendung der Äquivalenztheorie. Diese Ungewissheiten beruhen darauf, dass man sich in der Humanwissenschaft in einem sog. *nicht vollständig determinierten Bereich* befindet, also einem Bereich, in dem eine prinzipielle Ungewissheit herrscht hinsichtlich der Folge einer Handlung.[381] Um die Begriffe deterministischer und indeterministischer Bereich zu veranschaulichen, dient folgendes Beispiel von Mackie:[382]

„*K* ist ein deterministischer Automat. Wenn man eine Münze einwirft erscheint gewöhnlich eine Tafel Schokolade. Eventuelle Störungen können stets durch Defekte im Mechanismus genau erklärt werden. *L* ist ein indeterministischer Automat. Es erscheint zwar keine Schokolade wenn man nicht eine Münze einwirft. Manchmal jedoch erscheint trotz Münzeinwurf keine Schokolade und man kann das Ausbleiben der Schokolade nicht durch einen Defekt im

379 vgl. *Puppe*, FS-Roxin zum 70. Geburtstag, S. 293.

380 siehe Kap. Zwei, II, A, 3, b), aa), (1).

381 Tiemeyer beschreibt Determination als „notwendige reale Festlegung eines Ereignisses durch vorausgehende Gegebenheiten.", *Tiemeyer*, ZStW 105 (1993), S. 492.

382 Original: *Mackie*, The Cement of he Universe. A Study of Causation, S. 40f.; siehe auch: *Toepel*, Kausalität und Pflichtwidrigkeitszusammenhang beim fahrlässigen Erfolgsdelikt, S. 91f.; siehe auch *Stegmüller*, Probleme und Resultate der Wissenschaftstheorie und Analytischen Philosophie Band I, S. 587f.

Mechanismus erklären. *M* denke man sich ebenfalls als indeterministischen Automaten, doch genau in umgekehrter Form wie *L*. Manchmal erscheint eine Tafel Schokolade erst aufgrund eines Münzeinwurfes, manchmal aber erscheint die Schokolade auch ohne Münzeinwurf und man kann das plötzliche Erscheinen der Schokolade nicht mit einem Defekt im Mechanismus erklären.

Der Automat *K* repräsentiert einen deterministischen Bereich. Der Münzeinwurf ist sowohl notwendig wie auch hinreichend für das Erlangen der Schokolade.

Bei dem Automaten *L* ist der Münzeinwurf zwar notwendig, aber nicht hinreichende Bedingung für das Erscheinen der Schokolade.

Beim Automaten M hingehen ist der Münzeinwurf hinreichende aber nicht notwendige Bedingung für das Erscheinen der Schokolade."

Will man für jeden der drei Automaten feststellen, ob der Einwurf der Münze kausal für das Erhalten der Schokoladentafel war, so wird man dies beim Automaten *K* zweifellos annehmen. Ohne Münzeinwurf ist das Erhalten von Schokolade ausgeschlossen. Aber auch im zweiten Fall kann von einer Kausalität ausgegangen werden. Wenn man eine Schokoladentafel erhält, dann nur deshalb, weil zuvor eine Münze in den Automaten *L* eingeworfen wurde. Ohne Münze erhält man keine Schokolade. Im Fall des Automaten *M* ist die Lage hingegen eine andere. Das Erscheinen der Schokolade ist nicht vom Einwurf der Münze abhängig. Die Schokolade kann ebenso aufgrund des indeterministischen Geschehens vom Automaten freigegeben werden. Eine Möglichkeit der Feststellung, worauf konkret die Freigabe der Schokolade zurückzuführen ist, ist schlicht nicht möglich. Man kann in diesem Fall also nicht die Behauptung aufstellen, zwischen Einwurf der Münze und Erscheinen der Schokolade bestünde ein kausaler Zusammenhang.[383] Auch in der Medizin hat sich die Erkenntnis durchgesetzt, dass die Entstehung oder Heilung einer Krankheit nicht immer im vollen Umfang „kausalgesetzlich determiniert" sein muss.[384] Die Heilung einer Krankheit kann nämlich nicht nur auf eine medizinische Behandlung zurückzuführen sein. Ebenso kann die persönliche Einstellung des Patienten den Verlauf einer Krankheit beeinflussen. Äußere Faktoren wie Stress, die Neigung, Sport zu treiben, oder ein gesunder Ernährungsplan können ebenfalls als Belege dafür genannt werden, dass über eine Krankheit nicht ausschließlich im Krankenhaus im Rahmen der Therapie entschieden wird.[385] In Bereichen, die nicht vollständig

---

383 vgl. *Toepel*, Kausalität und Pflichtwidrigkeitszusammenhang beim fahrlässigen Erfolgsdelikt, S. 91f.

384 vgl. *Puppe*, FS-Roxin zum 70. Geburtstag, S. 303; so wohl auch *Stratenwerth*, FS-Gallas, S. 233.

385 vgl. *Puppe*, Strafrecht AT, S. 35, Rn. 20.

deterministisch geprägt sind, ist der Nachweis der Kausalität zwar damit nicht gänzlich ausgeschlossen, aber gleichwohl schwierig.

dd) Adäquanztheorie

Einen anderen Ansatz zur Feststellung der Kausalität bietet die von v. Kries begründete und von Traeger weiterentwickelte Adäquanztheorie.[386] Bei der Beurteilung der Frage, ob eine Handlung kausal ist, fragt die Adäquanztheorie nicht nach dem Vorliegen einer notwendigen Bedingung[387], sondern danach, ob die in Frage stehende Handlung oder das Unterlassen die objektive Möglichkeit des (konkreten) Erfolgseintrittes in nicht unerheblicher Weise erhöht hat.[388] Nach ihr ist Ursache im Rechtsinn nur die tatbestandsadäquate Bedingung.[389] Um zu bestimmen, ob eine Bedingung adäquat ist, trifft die Adäquanztheorie eine Wahrscheinlichkeitsaussage in Form einer Prognose aufgrund der bekannten Bedingungen.[390] Daher wird die Kausalität nach der Adäquanztheorie beispielsweise dann verneint, wenn bereits die allgemeine Lebenserfahrung dafür spricht, dass mit dem Erfolg aufgrund der in Frage stehenden Handlung nicht gerechnet zu werden brauchte.[391] Die Beurteilung erfolgt dabei objektiv ex-post, wobei ein etwaiges Spezialwissen des Täters mit berücksichtigt wird.[392]

Ausgehend von dieser Art der Kausalitätsbestimmung ergibt sich für unseren Fall Folgendes: Die Manipulation der Patientenakten in Kombination mit der sich anschließenden Veränderung der Empfängerliste hat dazu geführt, dass der Patient, der eigentlich das zur Verfügung stehende Organ zugeteilt bekommen sollte, nun leer ausging. Seine Chancen, in naher Zukunft wieder ein passendes Organ zu bekommen, sind damit zumindest kurzfristig deutlich gesunken. Umgekehrt erhöht sich damit aber auch das Risiko, zeitnah zu versterben. Dies folgt wiederum aus dem Umstand, dass sich die übergangenen Patienten aufgrund ihrer schlechten körperlichen Konstitutionen auf den oberen Listenplätzen befanden.[393] Diese Folge ist dabei auch nicht atypisch, da es im Rahmen der Organallokation aufgrund der Knappheit der zur Verfügung stehenden Organe

---

386 vgl. *Schünemann*, GA 1999, S. 209.
387 vgl. *Hübner*, Die Entwicklung der objektiven Zurechnung, S. 127.
388 vgl. etwa: *Hübner*, Die Entwicklung der objektiven Zurechnung, S. 126; Roxin, Strafrecht AT I, S. 369, Rn. 40; *Wessels/Beulke/Satzger*, Strafrecht AT, S. 66, Rn. 170.
389 HK-GS/*Heinrich*, vor § 13, Rn. 15.
390 vgl. *Hübner*, Die Entwicklung der objektiven Zurechnung, S. 127.
391 *Wessels/Beulke/Satzger*, Strafrecht AT, S. 66, Rn. 170.
392 *Roxin*, Strafrecht AT I, S. 369, Rn. 40.
393 vgl. dazu Kapitel Zwei, II, A, 1.

vielmehr als vorhersehbare Folge bezeichnet werden muss. Die Gefahr, aufgrund der Knappheit der Organe bei dem Allokationsprozess nicht berücksichtigt zu werden, weshalb auch der Tod eine naheliegende Folge darstellt, war dem handelnden Arzt als Spezialist auf dem Gebiet der Transplantationsmedizin auch wohl bekannt. Folgt man der Adäquanztheorie, ließe sich die Kausalität also begründen.

Die vorliegenden Erwägungen machen aber bereits deutlich, dass die Adäquanztheorie mit ihren Voraussetzungen nicht nach der Verursachung eines Erfolges fragt, sondern eine Aussage dahingehend trifft, ob eine Handlung dem Täter überhaupt zugerechnet werden kann. Damit setzt die Adäquanztheorie die Kausalität dem Grunde nach bereits voraus.[394] Die Zurechnung ist aber keine Frage der Kausalität, sondern eine Frage der objektiven Zurechnung.[395] Damit vermischt die Theorie aber die anerkannte Trennung von Kausalität und objektiver Zurechnung. Ohne sich bereits hier zu sehr mit der Thematik der objektiven Zurechnung auseinanderzusetzen, kann nichtsdestotrotz festgehalten werden, dass die Adäquanztheorie auch aus einem weiteren Grund nicht vollständig überzeugt. Ist man nämlich der Meinung, dass die Adäquanztheorie alleine ausreiche, um einen Zusammenhang zwischen Handlung und Erfolg zu erklären, so kommt die Adäquanztheorie in folgenden Konstellationen in Erklärungsschwierigkeiten.

Beispiel:[396] A ist auf dem Nachhauseweg von der Arbeit. An einer Kreuzung kommt es zu einem von B verschuldeten Verkehrsunfall, bei dem sich der A schwer verletzt. In dem Krankenhaus gelingt zwar die Rettung des A durch medizinische Intensivmaßnahmen, dennoch verstirbt der A aufgrund einer bakteriellen Infektion mit resistenten Keimen.

Die Adäquanztheorie kann hier – wie auch die Äquivalenztheorie – die Kausalität mühelos bejahen, da der Unfall selbstverständlich ursächlich für den späteren Krankenhausaufenthalt und mithin des späteren Todes war. Da die Adäquanztheorie aber auch die objektive Zurechnung ersetzen soll, kommt die Adäquanztheorie in diesen Fällen zu einer unsachgemäßen Haftung des B, da es aus heutiger Sicht nicht außerhalb der Lebenswahrscheinlichkeit liegt, sich in einem Krankenhaus mit einem resistenten Keim zu infizieren. Demnach wäre der Tod des A dem B auch zuzurechnen. Dies ist deshalb ein fragwürdiges Ergebnis,

---

394 vgl. *Otto*, Jura 1992, S. 93.

395 vgl. *Hübner*, Die Entwicklung der objektiven Zurechnung, S. 131; *Wessels/Beulke/Satzger*, Strafrecht AT, S. 67, Rn. 171; auch *Roxin*, Strafrecht AT I, S. 369, Rn. 41; *Roxin*, FS-Honig, S. 136.

396 vgl. *Schünemann*, GA 1999, S. 213.

da zwar die Verursachung des Unfalls eine „tatbestandsmäßige Bedingung" des Todes ist, nicht aber die Infektion. Bei dieser handelt es sich *nicht* um ein „inadäquates" Geschehen, sondern vielmehr um die Verwirklichung des allgemeinen Lebensrisikos. Diese Wertungskorrektur kann die Adäquanztheorie jedoch nicht vornehmen, wenn sie nur auf die objektive Möglichkeit des Erfolgseintrittes abstellt. Damit führt sie zu einer Ausweitung der Haftung auch auf solche Ereignisse, die außerhalb dessen liegen, was der Täter beeinflussen konnte.[397] Die Adäquanztheorie allein kann also die Frage, wann ein Zusammenhang zwischen einer Handlung und einem Erfolg besteht, nicht in allen Fällen beantworten.

ee) Irreale bzw. kontrafaktische Konditionalsätze

Eine weitere Möglichkeit, kausale Beziehungen zu bestimmen, besteht schließlich in der Verwendung irrealer oder auch kontrafaktischer Konditionalsätze.[398] Solche Sätze zeichnen sich dadurch aus, dass sie nicht an das wirkliche Geschehen selbst anknüpfen, sondern durch die Nutzung des grammatikalischen Konjunktives eine „Wenn-Dann"-Beziehung herstellen. Um dies zu illustrieren, dient folgendes Beispiel: *Wäre* das Flugzeug richtig gewartet worden, so *wäre* es später nicht abgestürzt. *Hätte* ich besser aufgepasst, *wäre* mir mein Laptop nicht ins Wasser gefallen. Tatsächlich aber ist das Flugzeug abgestürzt oder der Laptop kaputt gegangen. Die Untauglichkeit einer solchen Methode besteht aber darin, dass sie nicht imstande ist, die Ursachen anzugeben, die erklären sollen, warum der Satz wahr oder falsch ist.[399] Bezogen auf unseren Fall würde man folgenden Satz aufstellen: *Hätte* der Arzt nicht manipuliert, so *wäre* der übergangene Patient noch am Leben. Woher kenne ich aber die einzelnen Bedingungen, um die Aussage als richtig anzuerkennen? Bereits hier wird klar, dass die eigentlich zu bestimmende Kausalität weiter ungeklärt bleibt. Dadurch, dass solche Sätze den Konjunktiv nutzen, zeigen sie bereits, dass sie rein spekulativ sind.Würde man ihnen tatsächlich einen Wahrheitsgehalt zuschreiben wollen, so stünde die Kausalität ja mithin bereits fest.[400] Die Unkenntnis des eigentlichen Kausalgesetzes führt dann aber auch zu einem Zirkelschluss. Glaube ich an die oben aufgestellte

---

397 vgl. *Schünemann*, GA 1999, S. 213f. mit weiteren Beispielen; zu dieser Fallgruppe auch lesenswert: *Otto*, NJW 1980, S. 422.

398 ausführlich dazu: *Stegmüller*, Probleme und Resultate der Wissenschaftstheorie und Analytischen Philosophie Band I, S. 329ff.

399 vgl. *Stegmüller*, Probleme und Resultate der Wissenschaftstheorie und Analytischen Philosophie Band I, S. 329f.

400 vgl. *Stegmüller*, Probleme und Resultate der Wissenschaftstheorie und Analytischen Philosophie Band I, S. 330.

Behauptung „*Hätte* der Arzt nicht manipuliert, so *wäre* der übergangene Patient noch am Leben", so müsste ich im Umkehrschluss ebenfalls sicher sein, dass die Behauptung „*Hätte* der Arzt nicht manipuliert, *wäre* der übergangenen Patient dennoch gestorben" nicht zutreffend sein kann (er somit noch leben würde). In Kenntnis der Falschheit der Bedingung (der Arzt hätte nicht manipuliert) und der Unkenntnis des zugrundeliegenden Naturgesetzes müsste ich nunmehr aber beide Sachverhalte für theoretisch möglich halten.[401]

c) Die Konsequenz der Rechtsprechung

Die Konsequenz aus dem Gesagten ist gewiss ernüchternd. Keine der hergebrachten Theorien ist in der Lage, im nicht vollständig determinierten Bereich eine kausale Beziehung überzeugend zu begründen. Dies erscheint aber in Anbetracht der Tatsache, dass Fälle der vorliegenden Art möglicherweise tödliche Folgen für die Beteiligten haben können, als unbefriedigend. Schließlich ist das Strafrecht doch ein Garant für den präventiven Schutz von Rechtsgütern, zu denen gerade das Leben als Höchstes aller Güter zählt.[402] Praktische Folge wäre, dass der Nachweis der Kausalität immer dann auf unüberwindbare Hindernisse stößt, wenn sich naturwissenschaftliche Zweifel nie vollständig ausräumen lassen. Als Konsequenz müsste man bei stringenter Einhaltung dieser Feststellung also entweder die Forschung vorantreiben, um die fehlenden gesetzlichen Zusammenhänge zu entdecken und zu verstehen, oder aber eine vollendete Tatbegehung ablehnen und eine Versuchsstrafbarkeit prüfen.

Aber auch eine solche lässt sich nicht ohne weitere Erörterungen begründen. Dafür wäre nämlich ein Tatentschluss bezogen auf alle objektiven Tatbestandmerkmale und mithin auch der Kausalität erforderlich.[403] Der Arzt müsste also den Erfolg zumindest für möglich halten und billigend in Kauf nehmen. Ist ein Möglichhalten aber nicht nur dann vorstellbar, wenn der Täter sich über den Kausalverlauf irrt, also fälschlicherweise davon ausgeht, seine Handlung werde kausal zum Erfolg beitragen? Weiß der Täter dagegen, dass er sich in einem Bereich befindet, der außerhalb des kontrollierbaren Bereichs liegt, so erscheint bereits der Vorsatz diskussionsbedürftig.[404] Insoweit sei daran erinnert, dass die

---

401 vgl. *Stegmüller*, Probleme und Resultate der Wissenschaftstheorie und Analytischen Philosophie Band I, S. 333.

402 vgl. bspw. *Hoyer*, GA 1996, S. 178.

403 vgl. *Wessels/Beulke/Satzger*, Strafrecht AT, S. 238, Rn. 598.

404 vgl. bspw. *Puppe*, FS-Roxin zum 70. Geburtstag, S. 304f.; NK-StGB-*Puppe*, vor. § 13, Rn. 136; a.A. dagegen *Fincke*, Arzneimittelprüfung strafbare Versuchsmethoden, S. 82ff.

Versuchsstrafbarkeit dem Grunde nach inhaltlich nicht weiter als die Vollendung reichen kann.[405] Diese Diskussion soll an dieser Stelle aber nicht fortgesetzt werden. Es dürfte aber klar geworden sein, dass auch eine Versuchsstrafbarkeit nicht problemlos zu begründen ist.

So sehr die Ablehnung der Kausalität rechtsdogmatisch richtig zu sein scheint, so sehr muss man sich auch die praktischen Auswirkungen dieser Aussage vor Augen führen. Die Aufgabe des Strafrechts ist es, Rechtsgüter zu schützen und damit ein geordnetes Zusammenleben zu gewährleisten.[406] Dazu bedient sich das Strafrecht Verbotsnormen, die das Ziel durch ihre generalpräventive Wirkung erreichen sollen.[407] Es stellt sich also die Frage, wie das Strafrecht seine Funktion, den Schutz von Rechtsgütern,[408] erfüllen kann, wenn es wohlmöglich von der Lebenswirklichkeit überholt wurde, indem die moderne Gesellschaft Sachverhaltskonstellationen bereithält, bei denen das Strafrecht droht, diesen Schutz in Teilen preisgeben zu müssen. Zu denken sei beispielsweise an die unzähligen Arzneimittel, Geschmacksverstärker, Reinigungsmittel, Kosmetika etc. All diese Produkte enthalten eine Vielzahl unterschiedlichster chemischer und biologischer Beimischungen, Verbindungen etc., die zu gesundheitlichen Gefahren führen können. Als lebensnahes Beispiel von potentiell gesundheitsschädigenden Kosmetika sei hier die Creme der Schauspielerin Uschi Glas genannt, bei deren Anwendung Juckreiz, Schuppen und Pusteln entstanden.[409] Aber auch Immissionen in Luft und Wasser sowie Strahlungen haben das Potential, bei unzureichender Untersuchung gesundheitsgefährdend zu sein. Als Beispiel für gesundheitsgefährdende Strahlung können die von der Bundeswehr und der NVA verwendeten Radaranlagen genannt werden, die durch eine zu hohe Konzentration an Röntgenstrahlung bei den Technikern und Soldaten zu Krankheiten wie Krebs oder schweren Herz-Rhythmus Störungen geführt haben.[410] Auch in der

---

405 so auch *Kudlich*, NJW 2013, S. 919; a.A *Walder*, SchwZStR 93 (1977), S. 143, der es für ausreichend erachtet, dass der Täter den Kausalzusammenhang nur im „Großen und Ganzen" zu erfassen braucht, da es sich um ein zukünftiges Geschehen handele, dessen genauen Verlauf man nicht exakt vorhersehen kann. Ausführlich zur Versuchsstrafbarkeit unter: Kap. Zwei, II, B.

406 vgl. *Rolinski*, FS-Miyazawa, S. 483.

407 vgl. *Schünemann*, GA 1999, S. 214.

408 vgl. *Wessels/Beulke/Satzger*, Strafrecht AT, S. 3, Rn. 6.

409 vgl. http://www.spiegel.de/panorama/testurteil-mangelhaft-creme-von-uschi-glas-verursacht-pickel-a-292359.html, (zuletzt abgerufen am 011.08.2014).

410 vgl. http://www.rp-online.de/politik/141-krebstote-unter-ehemaligen-militaer-radartechnikern-aid-1.2251715, (zuletzt abgerufen am 11.08.2014).

Medizin hat sich – wie oben bereits erwähnt – die Erkenntnis durchgesetzt, dass die Entstehung oder Heilung von Krankheiten nicht immer in vollem Umfang „kausalgesetzlich determiniert" ist.[411] Eine strafrechtliche Sanktionierung wäre bei derart komplexen Sachverhalten kaum noch effektiv möglich, wenn nicht das dahinterstehende Kausalgesetz jeweils konkret beschrieben werden könnte.

aa) Die freie Beweiswürdigung[412]

Es erscheint aber widersinnig, zur Begründung der Strafbarkeit etwas zu fordern, was medizin- bzw. naturwissenschaftlich nicht oder kaum geleistet werden kann. Damit würde bei konsequenter Fortführung dieses Gedankens den Gerichten die Fähigkeit genommen, auch (medizinisch) kontroverse Fälle zu entscheiden.[413] Um dieses Dilemma zu umgehen, vertritt die Rechtsprechung zwar grundsätzlich die Auffassung, dass zur Bestimmung der Kausalität auf Naturgesetze zurückgegriffen werden muss.[414] Ist dies jedoch nicht möglich, weil dahingehende naturgesetzliche Zusammenhänge fehlen bzw. unbekannt sind, gesteht der BGH den Gerichten zu, die Kausalität im Rahmen der freien Beweiswürdigung gem. § 261 StPO festzustellen.[415]

> *„Für die Verurteilung ist notwendig, aber auch genügend, daß der Sachverhalt für den Tatrichter zweifelsfrei feststeht; diese persönliche Gewißheit ist allein entscheidend. Denn das Wesen der freien Beweiswürdigung besteht nicht nur in der Freiheit von gesetzlichen Beweisregeln, sondern auch in der Freiheit der Entschließung bei der Beantwortung der Schuldfrage gegenüber objektiv an sich möglichen Zweifeln. Der Begriff Überzeugung schließt die Möglichkeit eines anderen, auch gegenteiligen Sachverhalts nicht aus. Innerhalb des Bereichs der vom Tatrichter zu würdigenden Tatsachen ist der menschlichen Erkenntnis bei ihrer Unvollkommenheit ein absolut sicheres Wissen (...) verschlossen."*[416]

Um dennoch ein Mindestmaß an Objektivität zu erhalten, und um den Eindruck zu vermeiden, die Entscheidung des Richters basiere auf seinem persönlichen Gutdünken, formulierte der BGH in der Folgezeit weitere Anforderungen:

> *„Der Richter muß die wissenschaftlichen Erkenntnisse, die Erfahrungssätze des täglichen Lebens und die Gesetze der Logik beachten. (...) Um (eine) Nachprüfung zu ermöglichen,*

---

411 vgl. *Puppe*, FS-Roxin zum 70. Geburtstag, S. 303.

412 guter Überblick über die geschichtliche Entwicklung der freien Beweiswürdigung bei *Hoyer*, ZStW 105 (1993), S. 525ff.

413 so auch: LK-*Walter*, vor. § 13, Rn. 81.

414 vgl. *Puppe*, Jura 1997, S. 410.

415 vgl. BGH NJW 1957, S. 1039; *Hoyer*, ZStW 105 (1993), S. 533.

416 BGH GA 1954, S. 152. Im Original waren einzelne Wörter besonders hervorgehoben. Davon wurde vorliegend abgesehen.

müssen die Urteilsgründe erkennen lassen, daß die Beweiswürdigung auf einer tragfähigen verstandsmäßig einsichtigen Tatsachengrundlage beruht und (…) nicht etwa nur eine Annahme ist (…)."[417] *„Gründe, die zu vernünftige Zweifeln (…) Anlass geben, stehen einer Verurteilung entgegen. Der „vernünftige Zweifel" hat seine Grundlage in rationaler Argumentation (…).*"[418]

Daraus folgt für die Gerichte, dass Kausalgesetze, die noch nicht hinreichend bekannt oder noch umstritten sind, nicht von der Entscheidungsfindung ausgeschlossen werden, sondern auch gerade solche noch nicht entschiedenen Kausalgesetzte zur Begründung herangezogen werden dürfen.[419] Den Gerichten steht also ein Entscheidungsspielraum zu. Eine Folge ist, dass der einzelne Richter sich – trotz etwaiger Ungewissheiten und Skepsis – subjektiv davon überzeugen darf, dass ein Kausalzusammenhang besteht, auch wenn dieser bisher wissenschaftlich noch nicht sicher erschlossen ist.[420] Ebenso steht es dem Tatrichter aber zu, bestehende Zweifel durch den in „dubio pro reo"-Grundsatz zu würdigen.[421] Maßgeblich bei der zu treffenden Entscheidung ist, dass andere in Betracht kommende Begründungsmöglichkeiten hinreichend erörtert wurden und keine „denklogischen Widersprüche" bestehen.[422]

Solche Nachweisprobleme stellten sich beispielsweise im sog. Contergan-Verfahren, in dem es unter anderem auch um die Frage ging, ob die Einnahme von Thalidomid[423] während einer bestimmten Phase der Schwangerschaft zu Missbildungen und Nervenschäden beim Ungeborenen führen kann. Das Gericht legte dar, dass es für die Beurteilung nicht auf die objektive, sondern auf die subjektive Gewissheit des Richters ankomme.[424] Höchstrichterlich bestätigt wurde diese Art der prozessrechtlichen Kausalitätsfeststellung sowohl im Lederspray-Fall als

417 BGH NStZ 1982 S. 478, m.w.N. Wörter in Klammern waren nicht Gegenstand des Zitierten. Kritisch dazu: *Hoyer*, ZStW 105 (1993), S. 532ff.

418 BGH NStZ 1990, 402.

419 zustimmend für die Ansicht des BGH auch *Kuhlen*, NStZ 1990, S. 567; *Kuhlen*, JZ 1994, S. 1145, m.w.N.

420 kritisch dazu: *Kaufmann*, JZ 1971, S. 573ff; *Bruns*, FS-Maurach, S. 478ff.; *Hoyer*, GA 1996, S. 165f.

421 vgl. *Hoyer*, GA 1996, S. 165 m.w.N., der die Thematik der Kausalität anhand der Produkthaftungsfälle erörtert.

422 vgl. *Hoyer*, GA 1996, S. 165.

423 Bei „Thalidomid" handelt es sich um ein Schlaf- bzw. Beruhigungsmittel, dass von der Firma Grünenthal hergestellt wurde.

424 vgl. *Bruns*, FS-Maurach, S. 479; *Kaufmann*, JZ 1971, S. 572f.; *Hoyer*, ZStW 105 (1993), S. 525.

auch im Holzschutzmittel-Fall.[425] Im Lederspray-Fall[426] ging es um die Nachweisproblematik, ob ein Lederspray bei Anwendung zu Lungenödemen führt, wobei nicht nachweisbar war, welche Substanz in dem Spray exakt das Lungenödem verursacht hat. Der Bundesgerichtshof entschied (BGHSt 37, 106ff.), dass der genaue Nachweis im konkreten Fall auch nicht erbracht werden muss, wenn *andere* Ursachen für den Erfolg *auszuschließen* sind.[427] Im Holzschutzmittelfall war dagegen bekannt, dass im konkreten Holzschutzmittel giftige Inhaltsstoffe – in niedriger Dosis – vorhanden waren. Allerdings bestand keine ausreichende Erkenntnis darüber, welche Mindestdosis und welcher Einwirkungszeitraum überhaupt erforderlich war, um tatsächlich Gesundheitsschädigungen bei den Anwendern hervorzurufen.[428] Dennoch entschied der BGH auch in diesem Fall, dass der genaue Nachweis wiederum nicht erforderlich sei. Vielmehr stehe es dem Richter frei, sich auch dann subjektiv zu überzeugen, wenn keine Einigkeit unter den Fachwissenschaftlern bestehe, wie genau die giftigen Inhaltsstoffe eine Gesundheitsschädigung verursachen konnten.[429]

Auf dieser Grundlage verwundert es dann auch nicht, dass das OLG Braunschweig die Kausalität im Organverteilungs-Skandal apodiktisch mit der Erwägung begründet hat, dass allein die Manipulation der Warteliste bereits eine geeignete Ursache sei, um die Kausalität positiv festzustellen. Bereits dadurch – so das OLG Braunschweig – werde die lebensrettende Operation *verzögert*. Durch die Verzögerung *drohe* dann auch der Tod der übergangenen Patienten. Dies beruht maßgeblich darauf, dass die übergangenen Patienten auf den oberen Listenplätzen in der Regel bereits einen MELD-Score[430] von 40 erreicht haben. Bei Erreichen dieses Höchstwertes betrage die Überlebenswahrscheinlichkeit, bezogen auf die nächsten drei Monate nur noch 2 %. Damit – so die Argumentation des Gerichts – vergrößere jede Verzögerung die Wahrscheinlichkeit, zu Tode zu kommen. Dieser Umstand war dem angeklagten Arzt als Experten auf diesem Gebiet auch wohl bekannt.[431]

---

425 vgl. BGH NJW 1995, S. 2930ff.; *Puppe*, JZ 1994, 1148.

426 vgl. BGHSt, 37, 106 = BGH NStZ 1990, 587ff.; ausführlich zum Lederspray-Fall: *Puppe*, Jura 1997, S. 409ff.

427 vgl. *Brammsen*, Jura 1991, S. 534f.; im Ergebnis zustimmend: HK-GS/*Heinrich*, vor § 13, Rn. 57; *Kuhlen*, JZ 1994, S. 1145. Kritisch dazu: *Puppe*, Jura 1997, S. 408ff.

428 vgl. *Puppe*, JZ 1994, 1148.

429 vgl. BGH NJW 1995, S. 2932; kritisch dazu: HK-GS/*Heinrich*, vor § 13, Rn. 58.

430 MELD-Score siehe: Kap. Eins, IX, F.

431 vgl. Beschluss OLG Braunschweig vom 20.03.2013, Rn. 41, Az: Ws 49/13.

bb) Kritik an der Argumentation mit der freien Beweiswürdigung

Die Möglichkeit der Kausalitätsfeststellung über die freie Beweiswürdigung nach § 261 StPO mag sicherlich ein Weg sein, um Kausalitätsprobleme im Sinne der Rechtsprechung zu lösen und dadurch gerade im Einzelfall eine gerechte Entscheidung zu erreichen.[432] Damit ist aber zugleich ein Kritikpunkt dieser Methode angesprochen. Durch die Verlagerung auf die freie Beweiswürdigung ist die Kausalität kein materiell-rechtlicher Gesichtspunkt mehr, sondern wird zu einem prozessrechtlichen Problem. Damit entbindet die Rechtsprechung die Kausalität aber faktisch auch von der Anforderung an eine gesetzmäßige Bedingung.[433] Vor allem aber ist durch das Erfordernis der subjektiven Gewissheit nichts Konkretes über das festzustellende Kausalgesetz gesagt. Zur sicheren Feststellung eines kausalen Zusammenhanges ist vielmehr erforderlich, dass der zu entscheidende Sachverhalt unter dem Kausalgesetz subsumiert und dann beim Vorliegen der Voraussetzungen bejaht wird.[434] Wie aber soll eine solche Subsumtion möglich sein, wenn das dahinterstehende Gesetz (teilweise) unbekannt ist? Vor allem aber birgt diese Methode die Gefahr intransparenter richterlicher Entscheidungen in sich. Dem zur Entscheidung berufenen Richter stünde es faktisch offen, mehrere gleichgelagerte Sachverhaltskonstellationen nur aufgrund seiner inneren Überzeugung unterschiedlich zu bewerten und abzuurteilen. Das ist unter rechtsstaatlichen Gesichtspunkten sicherlich problematisch,[435] da richterliche Entscheidungen rational und kontrollierbar sein sollen.[436] Ob es rational, also vernünftig ist, die Feststellung der Kausalität ohne Kenntnis der dahinterstehenden Kausalgesetze allein der persönlichen Überzeugung des Richters zu überlassen, und ob dies der Rechtssicherheit, insbesondere der Vorhersehbarkeit von Entscheidungen, wirklich dient, darf freilich hinterfragt werden.

Letztlich muss man sich darüber Klarheit verschaffen, dass es sich bei Urteilen um Machtausübung des Staates durch die Rechtsprechung handelt. Die Rechtsprechung greift mit ihren Urteilen wie kaum eine andere staatliche Institution

---

432 kritisch zur freien Beweiswürdigung gerade in Hinblick auf den „in dubio pro reo"-Grundsatz: *Hoyer*, ZStW 105 (1993), S. 523ff.

433 *Brammsen*, Jura 1991, S. 535, 538. *Puppe* hält der Kausalitätsfeststellung im Rahmen der freien Beweiswürdigung auch entgegen, dass diese dort nicht bewiesen werden könne. Die Beweismittel der StPO können diesen Nachweis überhaupt nicht führen, vgl. *Puppe*, JZ 1996, 320; andere Ansicht dagegen: *Kuhlen*, NStZ 1990, S. 567.

434 vgl. *Kaufmann*, JZ 1971, S. 574; *Bruns*, FS-Maurach, S. 479f.

435 kritisch auch: *Hoyer*, GA 1996, S. 166, vgl. dazu auch: *Maiwald*, Kausalität und Strafrecht, S. 108f.

436 vgl. *Zippelius*, Allgemeine Staatslehre, S. 239.

in das Leben der Menschen ein. Insbesondere die Strafrichter nehmen durch ihr Wirken zur Aufrechterhaltung der staatlichen Ordnung und im Sinne der Gerechtigkeit erhebliche Machtbefugnisse für sich in Anspruch. Diese Macht setzt aber immer die Akzeptanz der Bevölkerung voraus. Und aus der Notwendigkeit der Akzeptanz folgt wiederum die Erforderlichkeit der Nachvollziehbarkeit richterlicher Entscheidungen.[437]

Ohne sich mit den Mechanismen der menschlichen Entscheidungsfindung im Detail auseinandersetzen zu wollen, erscheint es mir doch sinnvoll, diese kurz darzustellen. Bei der Bewältigung komplexer Probleme folgt die menschliche Entscheidungsfindung keineswegs nur rationalen Gesichtspunkten; vielmehr sind auch hier Emotionen maßgeblich an der Entscheidungsfindung beteiligt. Zwar kann man Emotionen durchaus mittels sog. „emotionaler Konditionierung“ aufgrund von Erfahrungen beeinflussen, letztendlich bleiben sie jedoch an jeder Entscheidung beteiligt. Anders dürfte es sich auch kaum erklären lassen, warum Menschen sich auch nach Vergleichen mit Alternativen beispielsweise für das Auto X entscheiden oder den Urlaub Y buchen, obwohl der finanziellen Rahmen bereits ausgeschöpft ist. Bereits derartige banale Alltagsbeispiele zeigen, dass aus guten Überlegungen nicht zwingend rationale Entscheidungen hervorgehen.[438] Nun kann man natürlich meinen, ein Autokauf sei nicht mit der Entscheidung eines Spruchkörpers zu vergleichen, für den ein signifikant erhöhter Sorgfaltsmaßstab zu gelten habe, bietet der Richter doch eine besondere Integrität, da er im Bewusstsein um die Bedeutung der von ihm übernommen Tätigkeit handelt.[439] Das ändert aber letztlich nichts an der Tatsache, dass ausgerechnet das limbische System, welches für die Gefühle verantwortlich ist, den Teil unseres Gehirns beeinflusst, der schlussendlich das Handeln steuert, und nicht der Teil des Gehirns, in dem das rationale Denken verankert ist.[440] Soweit man also dem Irrglauben erliegt, man entscheide ohne jegliche Emotion, so sei darauf verwiesen, dass seit Freud bekannt ist, dass nicht sogleich jedes Gefühl die „Bewusstseinsschwelle“ überschreitet, um uns dadurch zu beeinflussen.[441] Letztendlich muss alles, was wir tun, emotional annehmbar sein und sich damit in die bisherige Gefühlswelt einpflegen. Der menschliche Verstand hat dagegen

---

437 vgl. *Sommer*, Effektive Strafverteidigung, S. 186, Rn. 85f.

438 vgl. Roth, in: Kopf oder Bauch? Zur Biologie der Entscheidung, S. 18ff; ders. http://www.zfu.ch/service/fartikel/fartikel_03_jub.htm, (zuletzt abgerufen am 28.07.2014); vgl. auch Sommer, Effektive Strafverteidigung, S. 162ff., Rn. 20ff.

439 vgl. *Sommer*, Effektive Strafverteidigung, S. 188, Rn. 90.

440 vgl. *Roth*, in: Kopf oder Bauch? Zur Biologie der Entscheidung, S. 18ff.

441 vgl. *Sommer*, Effektive Strafverteidigung, S. 164, Rn. 24, m.w.N.

die Aufgabe, Handlungsalternativen darzulegen, um dadurch (starke) Gefühle hervorzurufen. Denn nur Emotionen sind in der Lage eine Verhaltensänderung zu bewirken. Damit ist aber zugleich aufgezeigt, dass es die vielbeschworene „rationale Entscheidung" überhaupt nicht gibt.[442]

Nun wird zugegebenermaßen natürlich nicht jede Entscheidung irrational, nur weil Emotionen im Spiel sind. Die Konsequenz wäre ja, dass kein Mensch je eine „rationale", also vernünftige Entscheidung getroffen hätte. Dies kann wohl kaum überzeugen. Dennoch bestehen hinsichtlich der psychologischen Konstitution eines Richters Besonderheiten, die sich bei seinen Entscheidungen auswirken können. „Richten" heißt „Entscheiden". Entscheiden bedeutet Machtausübung. Macht beeinflusst aber das Gehirn. Die Fähigkeit des Menschen zur Empathie wird verringert. Andererseits steigt die Fähigkeit, eigene Ziele aufgrund der innehabenden Machtposition gegen etwaige Widerstände durchsetzen zu können. Dies gilt selbst dann, wenn im Rahmen dieser Entscheidung keine ausreichenden Kompetenzen mehr vorhanden sein sollten.[443] Sommer ist daher beizupflichten, wenn er meint: „Macht beseitigt Selbstzweifel".[444]

Den Beweis derartiger Auswirkungen auf das Gehirn hat bereits das bekannte „Stanford-Prison-Experiment" eindrucksvoll belegt. Im Rahmen dieses Experiments wurde eine Gefängnissituation nachgebildet. Im Vorfeld des Experiments wurden die Teilnehmer im Zufallsverfahren entweder der Gruppe der Aufseher oder aber der Gruppe der Gefangenen zugewiesen. Während die Gruppe der Gefangenen ihre Rolle in „Aufstand und Unterwürfigkeit suchten", veränderte sich das Verhalten der Aufseher dramatisch. Sie entwickelten diktatorische Züge mit einhergehenden „Demütigungsszenen gegenüber den Gefangenen". Aufgrund sadistischer Züge der Aufseher musste das Experiment schließlich vorzeitig abgebrochen werden.[445]

Wiederum lässt sich der Einwand erheben, dass ein Gerichtsverfahren nicht mit einem Gefängnisexperiment zu vergleichen sei. Immerhin stellt sich das gerichtliche Verfahren als ein formalisiertes Verfahren dar, welches durch Regeln und Strukturen auf einem geordneten Weg zu einer gerechten Urteilsfindung gelangen soll.[446] So dürfen beispielsweise für die Gewinnung einer Überzeugung

---

442 vgl. *Roth*, in: Kopf oder Bauch? Zur Biologie der Entscheidung, S. 21; vgl. auch *Sommer*, Effektive Strafverteidigung, S. 162ff., Rn. 20ff.

443 Schon *Abraham Lincoln* wusste: „Willst du den Charakter eines Menschen erkennen, so gib ihm Macht".

444 vgl. *Sommer*, Effektive Strafverteidigung, S. 187, Rn. 87.

445 vgl. *Sommer*, Effektive Strafverteidigung, S. 187, Rn. 88, m.w.N.

446 vgl. *Sommer*, Effektive Strafverteidigung, S. 176f, Rn. 60f.

nur die Aspekte ausschlaggebend sein, die auch Gegenstand der Gerichtsverhandlung waren.[447] Damit soll verhindert werden, dass auch sachfremde Erwägungen Einzug in das Urteil erhalten.Man könnte also dem Einwand erliegen, dass durch die Formalisierung des Verfahrens irrationale Entscheidungen minimiert werden. Diese scheinbare Rationalisierung von Entscheidungen verschließt aber den Blick dafür, dass es sich bei dem Gerichtsverfahren als solchem nur um die Gestaltung handelt, wie Informationen sachgerecht gewonnen und im Prozess verwertet werden können. Was das Gerichtsverfahren nicht zu leisten vermag, ist dagegen die Festlegung von Regeln, wie der Richter sich schlussendlich zu entscheiden hat. Zwar kommt dabei den gewonnenen Beweisen eine kaum zu unterschätzende Bedeutung zu. Ob ein Richter aber eine Aussage am Ende des Tages für glaubhaft hält oder aber einen Zeugen für unglaubwürdig erachtet, liegt in weiten Teilen im Ermessen des Richters. Damit kann ein Gerichtsverfahren Methoden für einen strukturierten Ablauf vorgeben. Es kann allerdings nicht die Art und Weise beeinflussen, wie eine menschliche Entscheidung im Gehirn zustande kommt.[448] Das wiederum hängt von einer Vielzahl von Faktoren ab. Einen nicht zu unterschätzenden Einfluss wird dabei wohl der tägliche Kontakt mit der medialen Berichterstattung haben. Schließlich formt dieser durch Debatten, Skandale und Diskussionen einen wohl nicht unerheblichen Teil unserer gesellschaftlichen Wertevorstellung. Aber auch gesellschaftliche Erwartungen können unter Umständen unterbewusst Bestandteil dessen sein, woran sich die Entscheidung bemisst. Ist der Richter bei Fällen, die das mediale Interesse wecken, nicht selten selbst Teil der Berichterstattung. Mit dem Fokus der Öffentlichkeit wird man als ein Teil der Gesellschaft bemüht sein, der Erwartungshaltung gerecht zu werden. Geht es nach dem Beispiel von Sommer um die etwaige Freilassung eines mehrfach vorbestraften Sexualstraftäters, der bereits kurz nach der Entlassung bereits wieder rückfällig wird, so lässt sich die mediale Berichterstattung wohl bereits erahnen. Dass eine öffentlich geführte Debatte um die Qualität der eigenen Leistung an medial unerfahrene Menschen nicht spurlos vorbeigehen dürfte, braucht wohl kaum erwähnt zu werden.[449] Insoweit unterliegt also auch ein Richter der gleichen Gefahr, irrationale Entscheidungen zu treffen, wie jeder andere Mensch.[450]

---

447 vgl. BGH NStZ 1988, S. 212; *Pfeiffer*, StPO-Strafprozessordnung, § 261, Rn. 3; BeckOK-StPO-*Eschelbach*, § 261, Rn. 20; SSW-StPO-*Schluckbier*, § 261, Rn. 3.

448 vgl. *Sommer*, Effektive Strafverteidigung, S. 176f., Rn. 60f sowie S. 163, Rn. 22.

449 vgl. *Sommer*, Effektive Strafverteidigung, S. 189f, Rn. 93ff.

450 vgl. *Sommer*, Effektive Strafverteidigung, S. 163, Rn. 22.

Nachfolgend sollen zur Illustration und zur Untermauerung des soeben Gesagten einige bekannte irrationale Verhaltensweisen bzw. einige psychologische Phänomene dargestellt werden.

(1.) Heuristiken

Bei der Heuristik (*altgriechisch: heurisko = auffinden*) handelt es sich um eine Methode, die es ermöglicht, mit begrenztem Wissen zu einer bestmöglichen Lösung zu gelangen. Sie stellt also eine Art „Faustregel" dar. Ziel ist es, mit den Tatsachen und Informationen, die einfach zugänglich und damit beschaffbar sind, unter Vermeidung eines zu großen Arbeitsaufwandes zu einem befriedigenden Ergebnis zu gelangen.[451] Das fehlende Wissen resultiert dabei entweder aufgrund tatsächlicher Unkenntnis oder aber aufgrund mangelnder Motivation, sämtliche Ressourcen einzusetzen.[452] Heuristiken unterstützen vordergründig die Einordnung von Werturteilen, Personen oder aber Wahrscheinlichkeiten.[453] Folgendes Beispiel dient zur Veranschaulichung:

Geht es beispielsweise um einen Autokauf, so kann der potentielle Käufer sämtliche in Frage kommenden Modelle besichtigen und zur Probe fahren. Am Ende wird er mit sehr hoher Wahrscheinlichkeit das passende Auto gefunden haben. Ist ihm dieses Procedere zu mühsam, so kann er sich alternativ auch an der Empfehlung einer Autofachzeitschrift orientieren. Sicherlich ist dies ein geeignetes Vorgehen, um schnell das passende Auto zu finden. Allerdings besteht die Möglichkeit, dass sich Bewertungskriterien der Fachzeitschrift und persönliche Kriterien unterscheiden. Das Ergebnis wäre, dass der Käufer nicht das für sich passende Fahrzeug gekauft hätte.

So sehr die Anwendung von Heuristiken im obigen Beispiel noch einleuchtet, so sehr führt sie bei folgenden Konstellationen zu trügerischen Ergebnissen. Dazu folgendes Experiment von Kahneman und Tversky:

Psychologen legten „den Teilnehmern Kurzbeschreibungen von Personen vor, die entweder mit dem Stereotyp des Juristen oder mit dem des Ingenieurs vereinbar waren: Jack ist 45 Jahre alt. Er ist verheiratet und hat vier Kinder. Er ist im allgemeinen konservativ, sorgfältig und ehrgeizig. Er interessiert sich nicht für Politik oder soziale Fragen und verwendet den größten Teil seiner Freizeit auf eines seiner vielen Hobbys, wie z.B. Tischlern, Segeln und mathematische

---

451 vgl. Frey/Irle (Hrsg.)- *Strack/Deutsch*, Theorien der Sozialpsychologie Band. 3, S. 353; *Sommer*, Effektive Strafverteidigung, S. 169f., Rn. 38.

452 vgl. Frey/Irle (Hrsg.)- *Strack/Deutsch*, Theorien der Sozialpsychologie Band. 3, S. 353.

453 vgl. Frey/Irle (Hrsg.)- *Strack/Deutsch*, Theorien der Sozialpsychologie Band. 3, S. 354.

Denksportaufgaben. Zusätzlich wurde die Basisrate von Mitgliedern beider Gruppen variiert, indem mitgeteilt wurde, die Personenbeschreibungen seien das Ergebnis psychologischer Interviews, denen sich 30 Juristen und 70 Ingenieure unterzogen hätten. Aufgabe der Probanden war es, die Wahrscheinlichkeiten abzuschätzen, mit der es sich bei der beschriebenen Person um einen Ingenieur (bzw. einen Juristen) handelt. Ergebnis: die unterschiedlichen Ausgangswahrscheinlichkeiten hatten so gut wie *keinen* Einfluss auf das Urteil der Versuchspersonen; allein die äußere Beschreibung der Zielperson gab den Ausschlag für die Zuordnung."[454]

Wie lässt sich die Entscheidung der Versuchspersonen erklären? Sie haben bei ihrer Entscheidung, ob es sich um einen Ingenieur oder einen Jurist handelt von der sog. „*Repräsentativitätsheuristik*" Gebrauch gemacht. Die Repräsentativitätsheuristik besagt: Je eindeutiger eine Person (Jack) oder eine Sache einer Kategorie bzw. einer Gattung (Jurist/Ingenieur) entspricht, desto eher erliegen Menschen dem Anschein, dass die Person (Jack) der Kategorie (Jurist/Ingenieur) angehört. Folge ist, dass bei der Entscheidung, in welche Gattung die Person einzuordnen ist, Menschen dazu geneigt sind, diese Person (Jack) der bekannten Gattung bzw. Kategorie (Jurist/Ingenieur) zuzuordnen.[455] Unbestritten ist, dass diese Art der Entscheidungsfindung in einem Großteil der Fälle zu richtigen Ergebnissen führen wird. Damit ist aber auch bereits die Gefahr angesprochen. Denn umgekehrt wird deutlich, dass die Gefahr besteht, dass der Entscheider unbewusst andere Einflüsse und atypische Konstellationen nicht mehr hinreichend berücksichtigt. In extremen Fällen – wie den obigen – werden zudem alle Kenntnisse der Wahrscheinlichkeitslehre unbewusst über Bord geworfen, allein aufgrund der persönlichen Klassifizierung.[456] Von einer rationalen Entscheidung kann dann kaum noch die Rede sein.

(2.) Rückschaufehler (engl. hindsight bias)

Ein weiterer in der Psychologie bekannter Irrtum ist der sog. „*Rückschaufehler*". Dabei beurteilen Menschen die Wahrscheinlichkeit, dass ein bestimmter Erfolg eintritt, in großen Teilen aufgrund der persönlichen Rückschau auf die Ereignisse. Der Umstand des *eingetreten* Erfolgs wirkt sich bei der für uns zu beantwortenden Frage der Vorhersehbarkeit genau dieses Erfolges unterbewusst

454 vgl. Frey/Irle (Hrsg.)- *Strack/Deutsch*, Theorien der Sozialpsychologie Band. 3, S. 360.

455 vgl. Frey/Irle (Hrsg.)- *Strack/Deutsch*, Theorien der Sozialpsychologie Band. 3, S. 359; auch *Sommer*, Effektive Strafverteidigung, S. 169, Rn. 40.

456 vgl. Frey/Irle (Hrsg.)- *Strack/Deutsch*, Theorien der Sozialpsychologie Band. 3, S. 360.

bereits aus. Erklären lässt sich das damit, dass unser Verstand die offensichtlichste Möglichkeit bevorzugt, um einen Erfolg zu erklären.[457] Sommer hat dazu folgendes Beispiel ausgeführt: „Eine harmlose Schnittverletzung hat zum Tod des Opfers geführt, weil seine Blutgerinnung gestört war (sog. Hämophilie). Aufgrund seiner Kenntnis dieses Ausganges wird der Richter stets zu der Überzeugung neigen, dass die Bluterkrankheit und die damit verbundene Gefährlichkeit der Situation – zumindest noch vor Eintritt des Todes (…) – für einen objektiven Dritten und den angeklagten Täter auch erkennbar waren“.[458] So lässt es sich wohl auch erklären, warum man in unserem Fall so schnell dazu neigt, die Manipulation als Todesursache zu identifizieren. Im Rückblick ist es schlicht eine sehr offensichtliche Variante mit der negativen Folge, dass andere Möglichkeiten wie das Versterben bei einer Operation faktisch nicht mehr ernsthaft als Risiko betrachtet werden.

(3.) Der Ankereffekt

Der sog. „Ankereffekt“ (auch Ankerheuristik genannt) beschreibt ein Phänomen, bei dem sich Menschen zur Urteilsfindung maßgeblich von solchen Informationen leiten lassen, die sie zeitlich kurz vor dem zu treffenden Urteil in Erfahrung gebracht haben. Das Besondere daran ist, dass diese Information in keinem Zusammenhang mit dem zu treffenden Urteil stehen muss, um dieses dennoch zu verändern.[459] Untersuchungen zum Entscheidungsverhalten von Richtern belegen, dass die Frage von Schuld oder Unschuld und die Frage der konkreten Strafhöhe erheblich vom Ankereffekt manipuliert werden kann. In einem dazu durchgeführten Experiment stellten Psychologen Richtern eine Akte zur Verfügung, in der sämtliche zur Entscheidung nötigen Informationen enthalten waren. Vor dem selbst zu fällenden Urteil wurden die Richter dazu aufgefordert zu bewerten, ob die von einem Laien für angemessen gehaltene Strafe von entweder 12 oder 34 Monaten zu hoch oder zu gering sei. Bei dem danach selbst zu fällenden Urteil verurteilten diejenigen Richter, bei denen der Laie 34 Monate für schuldangemessen hielt, den Täter im Schnitt zu 35 Monaten. Die Richter, bei denen der Laie zuvor 12 Monate als schuldangemessen angab, verurteilten den Täter dagegen im Schnitt nur zu 28 Monaten.[460]

---

457 vgl. *Sommer*, Effektive Strafverteidigung, S. 171, Rn. 46, m.w.N.

458 vgl. *Sommer*, Effektive Strafverteidigung, S. 171, Rn. 47.

459 vgl. *Sommer*, Effektive Strafverteidigung, S. 170, Rn. 43f; vgl. Frey/Irle (Hrsg.)- *Strack/Deutsch*, Theorien der Sozialpsychologie Band. 3, S. 363f.

460 vgl. Frey/Irle (Hrsg.)-*Strack/Deutsch*, Theorien der Sozialpsychologie Band. 3, S. 366.

(4.) Plausibilitätsfehler

Auch die viel beschworene *Plausibilitätskontrolle* eines Geschehens birgt ein nicht zu unterschätzendes Risiko in sich, zu falschen Ergebnissen zu gelangen. Die Plausibilität ist dabei ein wichtiger Faktor, um zu einem (persönlichen) Urteil zu kommen, da i.d.R. nur plausible, also stimmige/schlüssige Tatsachen und Geschehnisse einen Menschen überzeugen werden. Bildet sich für den Richter aufgrund der gewonnenen Informationen ein plausibler Ablauf der Geschehnisse, wird er geneigt sein, diesen Hergang und damit ggf. die Täterschaft des Angeklagten zu bejahen. Problematisch an diesem unbewussten Vorgang ist aber, dass die Plausibilität und damit die Bejahung der einzelnen Glieder der Kausalkette *wiederum* eine Frage der persönlichen Überzeugungen und Erfahrungen des Richters sind. Damit spielen aber die oben erwähnten emotionalen Gesichtspunkte ebenfalls eine tragende Rolle.[461] Nun stünde es dem Angeklagten natürlich frei einen ebenso plausiblen Sachverhalt zu präsentieren, um damit den Richter von der eigenen Sicht der Dinge zu überzeugen. Diese Vorgehensweise würde aber unweigerlich dazu führen, dass der Angeklagte sich kaum noch auf sein gesetzlich gewährtes Schweigerecht aus § 136 Abs. 1 StPO berufen könnte. Bedenkt man, dass die Anklage der Staatsanwaltschaft nämlich nur zugelassen wurde, weil ein hinreichender Tatverdacht bestand – also plausibel war –, so bestünde die Aufgabe des Richters darin, nach Unschlüssigkeiten in der Darstellung der Anklage zu suchen. Dieses steht aber im Widerspruch mit der Bereitschaft des Menschen, plausible Erklärungen als richtig anzuerkennen. Auch hier besteht mithin die Gefahr der vorzeitigen Festlegung auf einen in Wirklichkeit nicht gegebenen Geschehensablauf. Auch dann sind Fehlurteile nur noch eine Frage der Zeit. Als Beispiel dafür kann das Urteil des Landgerichts München I angeführt werden. Das LG hatte unter anderem darüber zu entscheiden, welcher von zwei Angeklagten (ein Mann und eine Frau) eine Dose mit Falschgeld aus dem ersten Versteck in einem Räucherkamin auf dem Dachboden geholt und die Dose sodann auf dem Dachboden unter den losen Bodenbrettern erneut versteckt hat. Beide Angeklagten kamen als Täter in Frage. Das LG München kam zu folgender Schlussfolgerung:[462]

> *„Es besteht kein Anhalt dafür, daß es die Ehefrau gewesen sein könnte. Vielmehr handelt es sich bei der Sache um typisches Männerwerk, so daß für die Kammer kein Zweifel besteht, daß es der Angeklagte war.“*

---

461 vgl. *Sommer*, Effektive Strafverteidigung, S. 172, Rn. 48f.

462 vgl. LG München, StV 1982, S. 59f.

Es dürfte kaum zu leugnen sein, dass ein Abstellen auf den männlichen Angeklagten weniger mit einem kritisch-rationalen Vorgehen zu tun hat, als vielmehr damit, einen für sich plausiblen Geschehensablauf zu rechtfertigen.

(5.) Die Lehre von der kognitiven Dissonanz

Wie sehr das Unterbewusstsein unsere vermeintlich rationalen Entscheidungen zu manipulieren vermag, zeigt auch das Experiment von Schünemann:[463] Das Experiment sollte darlegen, dass bereits der Ablauf eines Strafverfahrens die richterliche Unabhängigkeit gefährdet. Durch die Kumulierung von Befugnissen, namentlich der Eröffnung und der Durchführung des Verfahrens, bestehe der Verdacht, dass der Richter bereits durch die Aktenkenntnis erheblich vorgeprägt ist. Problematisch daran ist, dass die Akte zum Zeitpunkt der Eröffnung oft nur belastende Informationen enthalten dürfte, da die Akte maßgeblich von der Staatsanwaltschaft und der Polizei zusammengestellt wurde. Schünemanns Hypothese bestand nun darin, dass Richter nur aufgrund der einseitigen Aktenkenntnis bereits ein gefestigtes Tatbild hatten.[464]

Zum Ablauf des Experiments: „Versuchspersonen waren 37 Richter. Ihre Aufgabe bestand darin, das Urteil in einem authentischen Straffall zu finden, in dem die Schuldfrage bisher ungeklärt geblieben war. Schünemann teilte die Versuchspersonen in zwei Gruppen ein. Gruppe A bekam eine Akte, die vor allem belastendes Material enthielt. Gruppe B bekam eine Akte mit sowohl be-, als auch entlastendem Material. Anschließend erhielten alle Versuchspersonen schriftliche Informationen, die während der Hauptverhandlung gesammelt worden waren. So wurde gewährleistet, dass sich die Richter aus beiden Gruppen abschließend auf dem gleichen Informationsniveau befanden. Trotzdem erklärten 82 % der Richter aus Gruppe A, aber nur 47 % der Richter aus Gruppe B den Angeklagten für schuldig.“[465]

In einem weiteren Experiment untersuchte Schünemann das Verhalten von 35 Richtern.[466] Anders als im obigen Experiment bestand die Aufgabe zwar

463 ausführlich dazu auch: *Schünemann*, Deutsche Forschung zur Kriminalitätsentstehung und Kriminalitätskontrolle Band 6/2, S. 1109ff.

464 vgl. *Schünemann*, StV 2000, S. 160.

465 vgl. *Sommer*, Effektive Strafverteidigung, S. 174f, Rn. 54f. m.w.N.; vgl. auch *Schünemann*, StV 2000, S. 160ff., in dem es in einem ähnlichen Experiment unter anderem darum ging festzustellen, ob Richter *mit* Aktenkenntnis vor der Hauptverhandlung gegenüber Richtern *ohne* Aktenkenntnis häufiger zu Verurteilungen gelangen. Auch hier war das Ergebnis eindeutig.

466 Daneben wurden auch noch 23 Staatsanwälte getestet.

wiederum darin, einen Originalfall zu entscheiden, bei dem sowohl Verurteilung als auch Freispruch möglich gewesen waren. Hier bestand die Besonderheit aber darin, dass 17 Richter die Ermittlungsakte kannten. Die anderen 18 Richter kannten die Ermittlungsakte dagegen nicht, hatten allerdings das Hauptverhandlungsprotokoll, dass inhaltlich *alle* Informationen des Verfahrens enthielt. Der einzige Unterschied war die unterschiedliche Reihenfolge in der Darstellung der Informationen in dem Hauptverhandlungsprotokoll. Auch hier bestätigte sich die Hypothese. Alle 17 Richter mit Aktenkenntnis haben den Angeklagten verurteilt. Dagegen waren es bei den 18 Richtern ohne Kenntnis nur 8 Verurteilungen und 10 Freisprüche.[467]

Die Antwort auf die Frage, wie sich derartige Vorprägungen psychologisch erklären lassen, gibt die *„Lehre von der kognitiven Dissonanz"*. Begründet wurde diese Lehre von dem amerikanischen Psychologen Leon Festiger. Sie besagt, „dass ein Mensch stets danach strebt, eine Harmonie zwischen seinen ‚Kognitionen' herzustellen."[468] „Kognitionen können (dabei) die Einstellungen eines Menschen sein, seine Wertvorstellungen, sein Wissen, etc."[469] Solche Dissonanzen entstehen dabei beispielsweise durch das Erlangen neuer Informationen, wodurch eine bisherige Schlussfolgerung aufgrund der vorherigen Informationen nicht mehr zwingend gegeben sein muss.[470] Entscheidend ist dabei vor allem, dass bei der Entscheidungsfindung nicht alle Informationen gleichermaßen Einzug finden. Vielmehr werden primär die Informationen zur Begründung eines Urteils genutzt, die dem Entscheidungsträger zeitlich vorrangig zugingen.[471] Tritt eine Unstimmigkeit in diesem Verhältnis auf (die sog. kognitive Dissonanz), so ist der Mensch dazu geneigt, diese zu beseitigen. Das Bedürfnis nach Harmonie führt soweit, dass es zum sog. *„Trägheitseffekt"* (*Perseveranzeffekt*) kommt. Der Trägheitseffekt führt dazu, dass Tatsachen, welche die eigene Sicht der Dinge stützen, regelmäßig als relevanter eingestuft werden als diejenigen Umstände, die sich nicht mit dem eigenen Standpunkt decken. Diese letzteren werden regelmäßig unterbewertet. Das hat in einem weiteren Schritt zur Folge, dass nach dem *„Prinzip der selektiven Informationssuche"* methodisch gerade nach solchen

---

467 vgl. *Schünemann*, StV 2000, S. 160f.

468 *Claassen*, Neutralisierungstechniken und kognitive Dissonanz, S. 63 ff. (66), m.w.N.; siehe auch *Schünemann*, Deutsche Forschung zur Kriminalitätsentstehung und Kriminalitätskontrolle Band 6/2, S. 1117f.

469 *Claassen*, Neutralisierungstechniken und kognitive Dissonanz, S. 66, m.w.N.; Wörter in Klammern sind nicht Gegenstand des Zitats.

470 vgl. *Claassen*, Neutralisierungstechniken und kognitive Dissonanz, S. 69.

471 vgl. *Sommer*, Effektive Strafverteidigung, S. 173, Rn. 52.

Tatsachen gefragt wird, die den eigenen Standpunkt stützen oder aber Informationen gesammelt werden, die der Entkräftung anderer Meinungen und Ansichten dienlich sind.[472] Nur wenn die neuen Tatsachen besonders „stark" sind, wird der Entscheider dazu neigen, seinen bisherigen Standpunkt zu verändern. In diesem Beispiel bedeutet dies, den Angeklagten freizusprechen.[473]

(6.) Einschränkung des „in dubio pro reo"-Grundsatzes

Der Vollständigkeit halber soll auch noch kurz ein Blick auf das Verhältnis zwischen dem Zweifelsgrundsatz und der freien Beweiswürdigung aus § 261 StPO geworfen werden. Das Anknüpfen an die subjektive Überzeugung des Richters im Rahmen der freien Beweiswürdigung führt nach hier vertretener Auffassung[474] auch zu einem Spannungsverhältnis mit dem aus Art. 6 Abs. 2 MRK und Art. 103 Abs. 2 GG verfassungsrechtlich hergeleiteten Zweifelsgrundsatz.[475] Dies erscheint im ersten Moment merkwürdig, da es sich bei dem Zweifelsgrundsatz bekanntermaßen um einen strafprozessrechtlichen Grundsatz handelt, der nur dann zur Geltung gelangen soll, wenn der Richter aufgrund der durchgeführten Beweisaufnahme über eine entscheidungsrelevante Tatsache *keine* Gewissheit erlangen konnte, es also ungewiss bleibt, welcher konkrete Sachverhalt bei der Beurteilung zugrunde gelegt werden soll.[476] Wie der Richter dagegen die vorgelagerte Frage beantwortet, also *ob* eine entscheidungserhebliche Tatsache bereits gewiss ist oder eben noch nicht, obliegt dagegen allein seiner freien richterlichen Beweiswürdigung gem. § 261 StPO.[477] Um es mit den Worten des Bundesverfassungsgerichts auszudrücken:

---

472 vgl. *Schünemann*, StV 2000, S. 160.

473 vgl. *Schünemann*, Deutsche Forschung zur Kriminalitätsentstehung und Kriminalitätskontrolle Band 6/2, S. 1118.

474 andere Ansicht die h.M.: BGH GA 1954, 152; BVerfG, NJW 1988, 477; SSW-StPO-*Schluckbier*, § 261, Rn. 49; KK-*Ott*, § 261, Rn. 56; kritisch in Bezug auf die Holzschutzmittelentscheidung auch: HK-GS/*Heinrich*, vor § 13, Rn. 59.

475 guter Überblick über den Zweifelsgrundsatz bei: *Löffler*, JA (1987), S. 77ff.

476 Der BGH stellt daher auch fest: „Der Grundsatz ‚Im Zweifel für den Angeklagten' ist keine Beweis-, sondern eine Entscheidungsregel, die das Gericht erst dann zu befolgen hat, wenn es nach abgeschlossener Beweiswürdigung nicht die volle Überzeugung vom Vorliegen einer für den Schuld- oder Rechtsfolgenausspruch unmittelbar entscheidungserheblichen Tatsache zu gewinnen vermag"; vgl. bspw. BGH-NStZ 2001, S. 609, m.w.N.

477 vgl. *Hoyer*, ZStW 105 (1993), S. 523f.

> *Der Zweifelsgrundsatz „weißt den Richter an, wie er zu verfahren hat, wenn er sich über eine entscheidungserhebliche Tatsache keine Gewißheit verschaffen kann; er sagt nichts über die Maßstäbe, nach denen der Richter eine Tatsache für gewiß halten darf. Der Satz (...) ist daher nicht schon verletzt, wenn der Richter hätte zweifeln müssen, sondern nur, wenn er verurteilt, obwohl er zweifelte.*“[478]

Folgt man diesem Leitsatz erscheint eine Kollision zunächst tatsächlich abwegig. Es erscheint mir aber so, dass es sehr wohl zu einem Konflikt kommen kann. Dazu muss man sich lediglich die oben erwähnten Contergan und Lederspray-Entscheidungen nochmals in Erinnerung rufen. In beiden Entscheidungen ging es um die Zweifel, ob und wie die Produkte den Gesundheitsschaden genau verursacht haben. In beiden Entscheidungen wurde die Ursächlichkeit des Produkts für den Schaden durch die subjektive Überzeugung des Richters schlussendlich bejaht. Die subjektive Überzeugung bezüglich des Kausalzusammenhanges war in beiden Fällen das sprichwörtliche „Zünglein an der Waage“, von der Freispruch oder Verurteilung abhingen. Wie aber gelangt man zu einer (prozessualen) subjektiven Überzeugung bezüglich des (materiell-rechtlichen) Kausalzusammenhanges, wenn doch selbst die einschlägige Fachwissenschaft sich in dieser Frage uneinig war? Oder anders gefragt: Wie kann man eine zu beweisende Tatsache als bewiesen erachten, wenn zahlreiche Wissenschaftler völlig andere und nicht zwingend weniger plausible Erklärungen vortragen? Entweder man spricht sich Kompetenzen zu, die es gestatten, die Frage beantworten zu können, oder aber man favorisiert eine für sich plausible Erklärung der Geschehnisse und erklärt sie zur subjektiven Gewissheit. Die erstgenannte Erklärung dürfte tatsächlich nur ein theoretisches Gedankenspiel sein, da kein Richter sich Kompetenzen anmaßen wird, die über denen eines Fachwissenschaftlers liegen. Damit verbleibt Erklärungsvariante Nummer zwei. Favorisiert der Richter also eine für sich schlüssige Erklärung und erklärt sie zur Gewissheit, obwohl aufgrund der anderen Modelle letztlich kein Erklärungsmodell gänzlich zu überzeugen vermag, so steht letztendlich eigentlich nur fest, dass der genaue Ursachenzusammenhang gerade nicht erwiesen werden kann. Welche Entscheidung kann ein Richter hier überhaupt sinnvollerweise noch treffen? Die Frage, *wie* also zu entscheiden ist, wenn auf materiell-rechtlicher Ebene Zweifel bezüglich einzelner Voraussetzungen bestehen, unterscheidet sich damit letztlich nicht von der Frage, wie zu verfahren ist, wenn bei einer Gesamtbetrachtung noch Zweifel bestehen. Warum Zweifel auf materieller Ebene eine andere Behandlung erfahren sollen als solche auf prozessualer

---

478 BVerfG NJW 1988, 477.

Ebene,[479] kann man daher wohl nur versuchen, Juristen verständlich zu machen. Es erscheint mir überzeugender, den Standpunkt zu vertreten, dass auch bei der Frage, ob der Richter eine Tatsache für gewiss halten darf, der Zweifelssatz nicht ausgeschlossen sein sollte. Auch wenn die freie Beweiswürdigung mit dem Ziel angetreten sein mag, ein transparentes und somit auch nachprüfbares Verfahren zu implementieren[480], muss man doch gestehen, dass das Ergebnis dem Ziel nicht gerecht geworden ist. Die Konsequenz eines derartig weiten Spielraumes zeigte sich im Contergan-Verfahren, in dem tatsächlich verbleibende Zweifel dadurch „kaschiert" wurden, dass man sich der Ursächlichkeit der Medikamenteneinnahme und des sich resultierenden Schadenseintritts gewiss zeigte und diese Gewissheit auch im Urteil zum Ausdruck brachte, weshalb anschließend gar kein Zweifel mehr bestand.[481] Der eigentlich anzuwendende Zweifelsgrundsatz wird durch das Institut der freien Beweiswürdigung also faktisch „entschärft".[482] Denn es dürfte kaum vorstellbar sein, dass ein Richter seine eigenen, mit subjektiver Gewissheit getroffenen Feststellungen aus der Beweisaufnahme später, bei der Frage der Rechtsfolgenfestsetzung, nunmehr anders entscheidet und zu dem Ergebnis gelangt, dass doch noch Zweifel bestehen, womit „in dubio pro reo" doch freizusprechen ist. Im Contergan-Fall hätte der Richter daher also bereits bei der Beantwortung der Frage, ob tatsächlich das Medikament Contergan für den Schaden ursächlich geworden ist, zu dem Ergebnis gelangen müssen, dass die Frage mit dem damals zur Verfügung stehenden Wissen nicht zu beantworten und daher für den Angeklagten der positive Schluss zu ziehen ist, dass Contergan nicht ursächlich war. Zwar ist der Grundsatz von Herdegen nicht zu beanstanden, wenn er feststellt, dass wer über Schuld oder Unschuld, Freiheit oder Freiheitsentzug und über wahr oder falsch entscheidet der „Freiheit des Denkens und des Gewissens" bedarf.[483] Dass die Freiheit des Denkens aber derart weit verstanden werden soll, dass damit zweifelhafte (Natur-) Zusammenhänge als unzweifelhaft zugerechnet werden können, erscheint mir doch zu weitgehend. Die geforderte „Freiheit des Denkens und des Gewissens" kann dort keinen Platz mehr haben, wo berechtigte Gesichtspunkte gegen die persönliche Überzeugung

---

479 so aber die Ansicht des BGH; vgl. bspw. BGH, Urt. v. 26.5.1999 - 3 StR 110/99; BGH, Urt. v. 27.6.2001 - 3 StR 136/01; BGH, Urt. v. 6.2.2002 - 2 StR 507/01; BGH, Urt. v. 4.3.2004 - 3 StR 218/03.

480 vgl. *Hassemer*, Produktverantwortung im modernen Strafrecht, S. 30.

481 vgl. *Hoyer*, ZStW 105 (1993), S. 524f; auch *Hassemer*, Produktverantwortung im modernen Strafrecht, S. 44f.

482 vgl. *Hoyer*, ZStW 105 (1993), S. 524.

483 *Herdegen*, NStZ 1987, S. 197.

des Richters sprechen; mögen diese dem Richter auch persönlich noch so abwegig erscheinen. Die Contergan-Entscheidung zeigt in aller Deutlichkeit, dass ein Gerichtsverfahren zwar den Anspruch hat, die Wahrheit zu ermitteln; wird man diesem Anspruch aufgrund von Wissensdefiziten aber nicht gerecht, so gestattet die freie Beweiswürdigung es dem Richter, seine persönliche Überzeugung als Wahrheit auszugeben. Ich vermag Peters demnach zuzustimmen: „Der Grundsatz der freien Beweiswürdigung *ist* für die Wahrheitsfindung gefährlich. Er eröffnet dem Irrationalen, der Beliebigkeit und dem Unkontrollierbaren Tür und Tor".[484] Nimmt man also an, dass eine Verurteilung nur dann erfolgen darf, wenn die Tatbegehung durch den Täter *vollständig* erwiesen ist, so kann es keinen Unterschied machen, wo konkret der Zweifel zu Tage tritt.

(7.) Fazit der bisherigen Feststellungen

Es dürfte hinreichend deutlich geworden sein, dass die freie Beweiswürdigung zur Feststellung der Kausalität nicht herangezogen werden sollte. Auch bei noch so großer Bemühung um.

Professionalität ist die freie Beweiswürdigung keineswegs ein Garant für fehlerfreie Entscheidungen. Zu sehr sind individuelle Meinungen und Erfahrungen und das Streben nach möglichst einfachen Erklärungen an der Entscheidungsfindung beteiligt. Ob mit der „inneren Gewissheit" damit schlussendlich der Wahrheitsfindung gedient oder aber nur der eigene Standpunkt legitimiert wird, bleibt kaum nachprüfbar. Irrationale Entscheidungen sind somit nur eine Frage der Zeit.

Auch Postulate wie, wenn „vernünftige Zweifel"[485] bestehen, von einer Verurteilung abzusehen, können die Bedenken kaum entkräften. Zwar ist die Feststellung, dass bei vernünftigen Zweifeln keine Verurteilung erfolgen soll, im Kern richtig. Dem vernünftigen Zweifel aber dadurch Geltung beizubringen, dass auf eine „rationale Sicht" des Richters abgestellt wird, entleert den Versuch der Objektivierung der freien Beweiswürdigung, wie die obigen Erkenntnisse gezeigt haben. Damit wird die Gefahr von Fehlentscheidungen also nicht gelöst, sondern nur unter einem neuen unbestimmten Rechtsbegriff fortgesetzt und das Problem weiterhin verschleiert.

---

484 *Peters*, Strafprozeß, S. 298, § 37 XI. 1. a). Das Kursive ist nicht Gegenstand es Zitates; siehe auch *Hoyer*, ZStW 105 (1993), S. 524; kritisch auch: *Krümpelmann*, GA 1984, S. 492. Andere Ansicht: HK-GS/*Heinrich*, vor § 13, Rn. 59, der zumindest eine objektive Nachvollziehbarkeit fordert.

485 Vvgl. dazu *Herdegen*, NStZ 1987, S. 196; *Hoyer*, ZStW 105 (1993), S. 534f. m.w.N.; BGH NJW 1990, 2073 (im Originalzitat heißt es „vernünftigen Zweifeln").

Mit einem Verfahren wie dem Strafverfahren, das von Objektivität und der Nachprüfbarkeit von Entscheidungen geprägt sein sollte, sind die oben dargestellten Gefahren kaum vereinbar. Daher erscheint es mir auch nicht überzeugend zu meinen, der Weg über § 261 StPO sei der „ehrlichere Weg", eine Zurechnung zu begründen.[486] Geht es doch letztlich um nicht weniger, als um die Entscheidung von Schuld oder Unschuld. Eine Entscheidung, die das Leben eines Menschen so tiefgreifend verändert, sollte meines Erachtens nicht der „inneren Gewissheit" eines Einzelnen überlassen werden. Ist man geneigt, den bisherigen Ausführungen zu folgen, könnte man dennoch der Illusion erliegen, dass diese Gefahr nur dann auftritt, wenn es sich um einen Einzelrichter handelt. Die Möglichkeit zu irrationalen Entscheidungen also dann abnimmt, wenn mehrere (Berufs)-Richter zur Entscheidung berufen sind. Eine solche Schlussfolgerung leidet allerdings an der psychologischen Erkenntnis, dass Menschen dazu tendieren, den Fähigkeiten eines „Chefs" in einem nicht zu unterschätzenden Ausmaß zu vertrauen. Das führt bisweilen so weit, dass Fehler des „Chefs" unterschätzt, kaum kritisch gewürdigt oder mitweilen einfach abgetan werden.[487] Um dies zu veranschaulichen, dient folgendes Beispiel:

Der Psychologe Milgram führte ein Experiment durch. „Es bestand darin, dass die sich Meldenden die Rolle eines Lehrers mit ungewöhnlichen Lehrmethoden übernehmen sollten. Dem auf dem Stuhl festgeschnallten Schüler sollten verschiedene Stromstöße verpasst werden, falls er bestimmte ihm zuvor auferlegte Aufgaben nicht richtig löst. Selbst als dieser Schüler, der tatsächlich nur ein Schauspieler war, nach den ersten angeblichen Stromstößen um die Beendigung der Tortur bat, waren alle Beteiligten bereit, auf die strenge Anweisung des Experimentierleiters hin weitere und zum Teil sogar noch höhere Stromstöße auszulösen. Die Probanden sahen die von ihnen ausgelösten Schmerzen, glaubten aber der Versicherung des Experimentierleiters, dass diese Behandlung nicht entscheidend gesundheitsschädlich sei."[488] Das Experiment verdeutlicht bereits, wie sehr Menschen dazu tendieren, sich der Autorität anderer zu unterwerfen.

---

486 so *Toepel*, Kausalität und Pflichtwidrigkeitszusammenhang beim fahrlässigen Erfolgsdelikt, S. 157, der das Problem im Rahmen der Kausalität der Pflichtwidrigkeit im Zusammenhang mit der Risikoerhöhungslehre behandelt.

487 vgl. *Sommer*, Effektive Strafverteidigung, S. 198, Rn. 116.

488 *Sommer*, Effektive Strafverteidigung, S. 198, Rn. 117, m.w.N. Eine Abwandlung des Experiments in der Form, dass es statt einen nunmehr zwei Versuchsleiter gab, die sich bezüglich des Vorgehens uneinig waren und daher sich widersprechende Anweisungen gaben, zeigte dagegen, dass die Bereitschaft der Probanden auf null

Wenn die Rechtsprechung die Kausalität über die freie Beweiswürdigung und damit auf die subjektive Überzeugung stützt, dann nimmt sie die Möglichkeit von Fehlurteilen billigend in Kauf. In unserem Fall bedeutet dies folgendes: Wenn ein Gericht zu dem Ergebnis gelangt, dass die Kausalität deshalb feststeht, weil mit 98 % Sicherheit feststehe, dass die Patienten, die einen MELD-Score von 40 haben, die kommenden 3 Monate nicht überleben, so kann es der Wirklichkeit entsprechen, dass es im konkreten Fall an der Listenmanipulation gelegen hat, wenn innerhalb dieser Zeit ein übergangener Patient verstirbt. Die Schlussfolgerung auf die Kausalität kann aber auch einfach nur deshalb erfolgt sein, weil man auf Grund der hohen Sterberate von 98 % und des vermeintlichen Erfolgseintritts die Manipulation in der Rückschau als vermeintlich plausibelste Erklärung in Betracht gezogen hat. Andere Möglichkeiten für den Todeseintritt wurden von den Richtern mithin nicht mehr ernsthaft in Erwägung gezogen oder aber zumindest nicht mit der gebotenen Tiefe hinterfragt.

Der Weg der Rechtsprechung, die Kausalität über die freie Beweiswürdigung zu begründen, verdient aber noch aus einem weiteren Grund Kritik. Ist man bereit, im Sinne eines effektiven Rechtsgüterschutzes althergebrachte Methoden derart aufzuweichen, dass mithin das gewünschte Ergebnis erzielt werden kann, so muss sich die Rechtsprechung auch den Vorwurf gefallen lassen, dass es sowohl Fälle der vorliegenden Art als auch die verwandten Fälle der strafrechtlichen Produkthaftung nur im Sinne eines „symbolischen Strafrechtes“ zu lösen vermag. Dabei geht es sodann weniger darum, für das eigentliche Problem eine Lösung zu finden, als vielmehr um das Bedürfnis, demonstrieren zu können, dass der Staat auf bisher unbekannte Problemkonstellationen effektiv reagieren kann und damit seine Handlungsfähigkeit aufzeigt, um das Vertrauen der Bevölkerung in den eigenen Staat wiederherzustellen oder zu stärken. Da ein solches Vorgehen aber weder der Problemlösung dient und das Ergebnis nur aufgrund rechtsdogmatischer Brüche zustande gekommen ist, kann ein solcher Aktionismus das Ergebnis nicht rechtfertigen.[489] Nimmt man die einzelnen Voraussetzungen der objektiven Zurechnung nach den oben dargestellten Voraussetzungen ernst und erliegt nicht der Hysterie der Medien, dann kann eine Zurechnung nach dem bisher Gesagten nicht erfolgen.

Wenn sich die Kausalität also nicht mit determinierten Kausalgesetzen erklären lässt und auch die freie Beweiswürdigung aufgrund der aufgezeigten

---

sank, wenn es um die Forderung eines Versuchsleiters ging, mit den Stromstößen trotz entgegenstehenden Willens des Schülers fortzufahren.

489 vgl. dazu: *Kuhlen*, JZ 1994, S. 1143; zum symbolischen Strafrecht und seinen verschiedenen Formen siehe auch: *Prittwitz*, Strafrecht und Risiko, S. 255ff. (257).

Kritikpunkte nicht zu überzeugen vermag, so stellt sich die Frage, ob es noch andere (überzeugende) Möglichkeiten gibt, eine kausale Zurechnung zu begründen.

d) Probabilistische Zurechnung als Lösung?

Betrachtet man die Begründung des OLG Braunschweigs zur Feststellung der Kausalität, unter Berücksichtigung der bereits genannten Aspekte zur freien Beweiswürdigung, so wird eines deutlich: Die Anwendung der Äquivalenztheorie führt einerseits dazu, dass die Kausalität nicht festgestellt werden kann.[490] Sie führt andererseits aber auch dazu, dass von dem Vorliegen einer Kausalität ausgegangen wird, nicht weil die Kausalkette dieses Ergebnis zwingend gebietet, sondern weil die Äquivalenztheorie mit der Wegdenkmethode dafür Sorge trägt, dass man alternative Erklärungsvarianten allzu schnell vernachlässigt, nur weil diese abwegig erscheinen. Dies soll anhand eines Beispiels veranschaulicht werden:

Angenommen T benötigt ein neues Fahrrad. Da T sich aber derzeit in einer finanziell desaströsen Lage befindet, entschließt er sich für einen „günstigeren“ Weg. T droht dem O, mit körperlichen Blessuren, wenn er (O) das Fahrrad dem T nicht aushändige. O übergibt ihm daraufhin das Fahrrad.

Hier erscheint der Fall klar. Durch die Drohung mit Gewalt gegen O konnte T das Rad erpressen. Alles ist kausalgesetzlich determiniert. Niemand würde auf den Gedanken kommen, dass die Drohung des T nicht kausal für die Hingabe des Fahrrads war. Zu plausibel und kausalgesetzlich determiniert erscheinen die Geschehnisse. Dabei ist man bereits stillschweigend davon ausgegangen, dass das Verhalten des O auch kausalgesetzlich determiniert wäre, er also nur aufgrund der Drohung die Fahrradschlüssel herausgegeben hat. Aber kann man überhaupt davon ausgehen, dass aus einer Drohung immer der gewünschte Droherfolg resultiert? Man wird in der Regel kaum daran zweifeln, dass der O die Schlüssel ohne die Drohung niemals herausgegeben hätte. Dabei wäre es nicht ausgeschlossen, dass das Rad des O in einem technisch derart defekten Zustand ist, dass O es dem T bereits bei der bloßen Bitte ausgehändigt hätte. Eine weitere Möglichkeit wäre, dass O von seinen Eltern gerade ein neues und besseres Mountainbike bekommen hat, sodass er am „alten“ Rad schlicht kein Interesse mehr hatte. Durch die Wegdenkmethode und die Eigenheit menschlicher Entscheidungsfindung kommen alternative Erklärungsvarianten schlicht zu kurz und werden wohl meist nicht mal in Betracht gezogen, da die Nötigung mit Drohung eben eine schlüssige und auch plausible Erklärung für die räuberische

490 siehe dazu: Kap. Zwei, II, A, 3, b), aa), (1.), (c.).

Erpressung ist. Damit zeigt sich dann aber, dass die Äquivalenztheorie die Kausalität nicht nur dann zu begründen vermag, wenn der Geschehensablauf tatsächlich strikt determiniert ist, sondern bereits dann einen vermeintlichen Kausalverlauf bejaht, wenn der Geschehensverlauf die Möglichkeit des Erfolgseintrittes erst schafft, ohne dass die in Frage stehende Handlung tatsächlich kausalbedingt gewesen sein muss. Damit führt die c.s.q.n.-Formel zu einer Erweiterung der Haftung auch für bloße Wahrscheinlichkeiten.[491]

Wenn man also die Kausalität mit der hohen Sterbewahrscheinlichkeit der Patienten, die durch die Veränderung des Listenplatzes nochmals erhöht wurde, zu begründen versucht, so ergeben sich daraus zwei Schlüsse: Erstens wurden in Betracht kommende Erklärungen offensichtlich nicht im erforderlichen Maße berücksichtigt, was wohl an der hohen Plausibilität der eigenen Erklärung liegen dürfte und der damit vernachlässigten Alternativmöglichkeiten. Bereits Puppe hat die Erkenntnis gewonnen, dass „wir in der Praxis gerade nur das als ‚die' Ursache *angeben* (…), worauf es uns gerade ankommt, also im Strafrecht das Täterverhalten."[492] Zweitens wurde eben wegen der möglichen, oben aufgezeigten Alternativen die Kausalität schlussendlich mit der höheren Wahrscheinlichkeit begründet, also dass Manipulation und Tod kausal miteinander verknüpft waren. Damit scheint es mir, als habe das Gericht letztlich nichts anderes getan, als unter dem *Deckmantel* der freien Beweiswürdigung das fehlende Kausalgesetz durch eine „probabilistische Zurechnung" *(lat. probabilis: wahrscheinlich)* ersetzt.

Eine probabilistische Zurechnung ist dadurch gekennzeichnet, dass sie auf das Erfordernis eines kausalgesetzlichen Zusammenhanges verzichtet und zur Bejahung der objektiven Zurechnung und mithin auch der Kausalität eine Wahrscheinlichkeitsaussage genügen lässt.[493] Durch die in Frage stehende Handlung des Täters muss also die Wahrscheinlichkeit des Erfolgseintrittes erhöht worden sein.

Eine probabilistische Zurechnung kann dabei grundsätzlich auf zwei Arten von Belang sein. Zum einen kann sie zur Begründung der objektiven Zurechnung herangezogen werden. Zum anderen kann sie – wie im vorliegenden Sachverhalt – aber auch bereits zur Begründung der Kausalität eine Relevanz entwickeln.[494] Im letztgenannten Fall erklärt die probabilistische Zurechnung

491 so schon *Puppe*, ZStW 95 (1983), S. 297.

492 *Puppe*, ZStW 95 (1983), S. 300. Kursive Wörter waren nicht Gegenstand des Zitates.

493 vgl. HK-GS/*Heinrich*, vor § 13, Rn. 18; *Roxin*, Strafrecht AT I, S. 367, Rn. 35; *Puppe*, ZStW 95 (1983), S. 296.

494 vgl. *Puppe*, ZStW 95 (1983), S. 289.

damit ausschließlich die objektive Zurechnung.[495] Es stellt sich daher die Frage, ob es der Objektivität von Entscheidungen nicht dienen würde, die Kausalität in derartig gelagerten Fällen durch die Akzeptanz probabilistischer Zurechnung zu fördern.[496] Konsequenz einer solchen Objektivierung wäre, dass die oben beschriebenen Gefahren irrationaler Entscheidungen in Grenzfällen durch objektive Anknüpfungspunkte verringert würden.

aa) Risikoerhöhungslehre

Es dürfte kaum übertrieben sein zu behaupten, dass der Kern jeder probabilistischen Zurechnungstheorie die Risikoerhöhung ist.[497] Wenn nämlich eine Zurechnung zur Begründung der Kausalität dadurch erfolgen soll, dass durch die Handlung der Erfolgseintritt wahrscheinlicher wurde, so ist damit nichts anderes gesagt, als dass durch die in Frage stehende Handlung das *Risiko*[498] eines Schadens für das zu schützende Rechtsgut erhöht wurde. Die Ausgestaltung der Risikosteigerung als Bezugspunkt der Zurechnung, geht auf das Verdienst Roxins zurück.[499] Wobei Roxin die Risikosteigerung als eine über die Kausalität hinausgehende, zusätzliche Voraussetzung für eine strafrechtliche Zurechnung ansah. Die Kausalität in den ursprünglich von Roxin behandelten Fällen, war also zweifelsfrei gegeben. Aufgrund der engen Verwandtschaft soll daher zunächst ein Überblick über die von Roxin begründete Risikoerhöhungslehre gegeben werden.[500]

---

495 vgl. *Puppe*, ZStW 95 (1983), S. 293, die im Weiteren Verlauf vom „Risikoerhöhungsprinzip" spricht.

496 für eine probabilistische Zurechnung bspw.: *Hoyer*, FS-Rudolphi, S. 103ff.; Hoyer, GA 1996, S. 168ff.; *Puppe*, ZStW 95 (1983), S. 305ff. *Heinrich* bezeichnet einen probabilistischen Ansatz immerhin als „durchaus zukunftsweisend", vgl.: HK-GS/*Heinrich*, vor § 13, Rn. 18.

497 so auch NK-StGB-*Puppe*, vor §13, Rn. 135.

498 Der Begriff Risiko stammt angeblich aus der Seehandelsschifffahrt und stammt aus dem italienischen „risco", dessen Wortherkunft wiederum Bezug zum Altgriechischen und Arabischen haben soll und soviel bedeutet wie „Umschiffen einer Klippe", was bekanntlich weder damals noch heute immer sich möglich ist, vgl. *Prittwitz*, Strafrecht und Risiko, S. 33 m.w.N.

499 vgl. HK-GS/*Heinrich*, vor § 13, Rn. 121.

500 vgl. *Roxin*, Strafrecht AT I, § 11, Rn. 88ff. (90); *ders.* ZStW 74 (1962), 411ff.; *ders.* ZStW 78 (1966). 214ff.

Anlass zur Entwicklung der ursprünglichen Risikoerhöhungstheorie war der berühmte, vom BGH zu entscheidende „Radfahrerfall".[501]

Dabei ging es um die Frage, ob ein LKW-Fahrer, der mit einem zu geringen Seitenabstand einen Radfahrer überholte, wegen fahrlässiger Tötung zu verurteilen sei, da während des Überholvorgangs der Radfahrer ausscherte, von dem LKW erfasst und getötet wurde. Das rechtlich Erhebliche an dem Fall war allerdings der Umstand, dass der Radfahrer selbst stark alkoholisiert gewesen war und eine erhebliche Wahrscheinlichkeit dafür bestand, dass der Unfall durch die Alkoholisierung auch bei verkehrsgerechtem Sicherheitsabstand nicht zu vermeiden gewesen wäre.

Roxin ging der Frage nach, welche Qualität bzw. welche Art von Beziehung nun zwischen dem Erfordernis des Pflichtwidrigkeitszusammenhangs einerseits und dem tatbestandlichen Erfolg andererseits im Rahmen der objektiven Zurechnung beim fahrlässigen Erfolgsdelikt bestehen muss. Dadurch sollten nach Roxin diejenigen Sorgfaltspflichtverletzungen, die für den tatbestandlichen Erfolg irrelevant seien, ausgeschaltet werden.[502]

Roxin ging dieser Frage auf den Grund, indem er zunächst feststellt, welches Verhalten grundsätzlich erlaubt und damit nicht strafbewährt wäre. Danach vergleicht er das gefundene Ergebnis mit dem *tatsächlichen* Geschehensablauf und stellt sodann fest, dass der tatsächliche Geschehensablauf das Risiko eines Schadenseintrittes im Vergleich zum erlaubten Risiko erhöht hat. Kann im Geschehensablauf eine solche Risikoerhöhung ausgemacht werden, so ist nach Roxin eine Strafbarkeit wegen fahrlässiger Tötung im obigen Beispiel zu bejahen, anderenfalls hat eine solche auszuscheiden.[503] Der entscheidende Zusammenhang zwischen Pflichtwidrigkeit und Erfolg bestand für Roxin folglich in dem Risiko, welches den erlaubten Teil übersteigt und mithin in dem missbilligenden Risiko.[504] Die Steigerung über das „erlaubte Risiko" hinaus stellt für Roxin also ein

---

501 BGHSt, 11, 1ff.; vgl. auch *Roxin*, ZStW 74 (1962), S. 411, mit weiteren Beispielsfällen zur Veranschaulichung der Problematik.

502 vgl. *Ulsenheimer*, JZ 1969, S. 366; vgl. *Roxin*, ZStW 74 (1962), S. 431.

503 vgl. *Roxin*, ZStW 74 (1962), S. 431f. Während der BGH zu einem Freispruch tendierte mit der Begründung, dass der Tod eben auch bei ordnungsgemäßen Seitenabstand eingetreten wäre, will Roxin dieses Ergebnis (wenn überhaupt) nur dann gelten lassen, wenn das Risiko gleich hoch wäre. Hätte der ordnungsgemäße Seitenabstand demgegenüber das Risiko des Todes zumindest verringert, so wäre in dem zu geringen Seitenabstand eine Risikoerhöhung zu erblicken, und eine strafrechtliche Relevanz wäre zu bejahen, vgl. S. 434.

504 vgl. *Hübner*, Die Entwicklung der objektiven Zurechnung, S. 163f.

sanktionswürdiges Verhalten dar selbst dann, wenn der Erfolg wie im obigen Radfahrerfall mit hoher Wahrscheinlichkeit auch bei sorgfalts*gemäßen* Verhalten eingetreten wäre. Er begründet das im Wesentlichen damit, dass der Gesetzgeber nur diejenigen Gefahren bzw. Risiken zu akzeptieren brauche, die er selbst als tolerabel angesehen und damit zugelassen hat. Überschreitet man aber den Bereich des Gestatteten und schafft zusätzliche Risiken, so stellt dies eben eine Fahrlässigkeit dar, die zu sanktionieren geboten ist. Eine Bestrafung soll aber auch nach dem Willen Roxins dann nicht erfolgen, wenn das sorgfaltsgemäße Verhalten die Wahrscheinlichkeit eines Erfolgseintrittes nicht einmal verringert hätte.[505] Bleibt noch die Frage zu beantworten, wie das erlaubte Risiko überhaupt zu ermitteln ist. Das ist nach Roxin „immer das Produkt einer Abwägung zwischen den Verkehrserfordernissen und den individuellen Schutzbelangen".[506] Die lange Zeit vieldiskutierte Frage unter den Anhängern der Risikoerhöhungslehre, ob die Risikosteigerung ex-ante[507] oder ex-post[508] zu bestimmen sei, sorgte dafür, dass sich auch Roxin der letztgenannten Ansicht angeschlossen hat.[509] Die Risikoerhöhungstheorie wurde im Laufe der Zeit weiterentwickelt und kann heute – wenn auch als Mindermeinung – als Teil der allgemeinen Zurechnungslehre angesehen werden.[510] Eine wesentliche Fortentwicklung erfuhr die Lehre durch die Aufspaltung von Risiko und Risikorealisierung. Während Roxin in der ursprünglichen Fassung bereits in der Schaffung des missbilligten Risikos dessen Realisierung sah[511], gehen die Anhänger heute davon aus, dass eine Realisierung nur dann anzunehmen sei, wenn das missbilligte Risiko auch einen Bezug zum konkreten Erfolg aufweise, bzw. dass zwischen Risikoerhöhung und

---

505 vgl. *Roxin*, ZStW 74 (1962), S. 433f; *Roxin*, FS-Honig, S. 138.

506 vgl. *Roxin*, ZStW 74 (1962), S. 433.

507 So zunächst *Roxin*, der aber selbst bei der ex-ante Betrachtung den wirklichen Sachverhalt zugrunde gelegt hat, vgl. *Roxin*, ZStW 78 (1966), S. 221; auch *Roxin*, FS-Honig, S. 138, Fn. 18. kritisch zu dieser Methode: *Ulsenheimer*, JZ 1969, S. 366f.

508 so *Stratenwerth*, der schon seit jeher Befürworter eine „uneingeschränkten" ex-post Betrachtung ist, vgl. in: FS-Gallas, S. 233, 237.

509 vgl. *Roxin*, Strafrecht AT, §11/94, m.w.N.; differenzierend *Toepel*, Kausalität und Pflichtwidrigkeitszusammenhang beim fahrlässigen Erfolgsdelikt, S. 146ff.

510 vgl. HK-GS/*Heinrich*, vor § 13, Rn. 82, der richtigerweise davon ausgeht, „dass die Kriterien der obj. Zurechnung bei Vorsatz- wie bei Fahrlässigkeitsdelikten gleichermaßen gelten", m.w.N. Auch Fincke erkannte, dass die Risikoerhöhungslehre nicht zwingend auf Fahrlässigkeitsdelikte beschränkt sei, sondern auch bei Vorsatzdelikten prinzipiell Anwendung finden kann, vgl. *Fincke*, Arzneimittelprüfung strafbare Versuchsmethoden, S. 43f.

511 vgl. *Roxin*, ZStW 74 (1962), S. 431,432.

Risikorealisierung ein enger Zusammenhang bestehen muss.[512] Bezogen auf den Radfahrerfall bedeutet dies also, dass der zu geringe Seitenabstand des Lastkraftwagens während des Überholvorganges konkret das Risiko des tödlichen Ausganges erhöht haben muss. Es erscheint nämlich als ein untragbares Ergebnis, dem vermeintlichen Täter die Erfüllung des Tatbestandes vorzuwerfen, wenn doch zugleich auch durch die Einhaltung der Sorgfaltspflicht der Schutz des Opfers untauglich wäre.

bb) Kritik an der Risikoerhöhungslehre

Mir erscheint es sachgerecht, sich auch mit der Kritik an der Risikoerhöhungslehre auseinanderzusetzen, da im Wesentlichen die gleichen Einwendungen[513] existieren, die auch einer (kausalitätsersetzenden) probabilistischen Zurechnung entgegengehalten werden können. Es dürfte ferner auch nicht allzu abwegig sein, bereits die Risikoerhöhungslehre als mögliche kausalitätsersetzende probabilistische Zurechnungslehre zu nennen, da das Anliegen der Lehre, sanktionswürdiges Verhalten zu sanktionieren, auch bei Vorsatzdelikten durchgreifen dürfte.[514] Lassen sich die Einwendungen entkräften, erscheint eine probabilistische, die Kausalität ersetzende Zurechnung grundsätzlich möglich. Hält die Risikoerhöhungslehre dagegen einer kritischen Beurteilung nicht stand, erscheint damit auch eine probabilistische Zurechnung nicht realistisch. Gegen eine Zurechnung kraft Risikoerhöhung werden vor allem zwei Haupteinwände vorgebracht: erstens, dass sie Verletzungsdelikte in Gefährdungsdelikte umwandle, und zweitens, dass sie gegen den Grundsatz „in dubio pro reo" verstoße.

(1.) Verstoß gegen den „in dubio pro reo"-Grundsatz

Befassen wir uns zunächst mit dem Vorwurf, die Risikoerhöhungslehre verstoße gegen den „in dubio pro reo"-Grundsatz und drehe diesen zu Lasten des Täters

---

512 vgl. SK-StGB-*Hoyer*, Anh. zu § 16, Rn. 79; ausführlich dazu: *Stratenwerth*, FS-Gallas, S. 227ff., (229, 235).

513 Zur Wiederholung: Da es bei der Risikoerhöhungslehre darum geht, ob die Kausalität zwischen Pflichtwidrigkeitszusammenhang und Erfolg durch die Feststellung einer bloßen Risikoerhöhung ersetzt werden darf, und die uns beschäftigende Frage ist, ob eine die kausalitätsersetzende probabilistische Zurechnung dogmatisch begründbar ist, gelten die Kritikpunkte der Risikoerhöhungslehre gleichermaßen für eine probabilistische Zurechnung.

514 so schon *Fincke*, Arzneimittelprüfung strafbare Versuchsmethoden, S. 43; auch Ebert sieht die „Logik" der Risikoerhöhungslehre in der Weiterentwicklung einer kausalitätsersetzenden Lehre; vgl. *Ebert*, Jura 1979, S. 573.

um.[515] Die Kritik ist zunächst einmal nachvollziehbar. Führt die Risikoerhöhungslehre doch zu nicht weniger, als dass dem Angeklagten ein Erfolg zugerechnet werden soll, obwohl gar nicht zweifelsfrei feststeht, ob die sorgfaltswidrige Handlung des Angeklagten überhaupt eine Relevanz für den Erfolg gehabt hat.[516] Infolgedessen ergibt sich dann auch die für den Angeklagten nachteilige Umkehrung des Zweifelssatzes, da durch den Eintritt des tatbestandlichen Erfolges die gefahrerhöhende Handlung des Täters faktisch feststeht. Eine Entlastung soll folglich nur noch dann möglich sein, wenn sich nachweisen ließe, dass auch bei dem rechtmäßigen Alternativverhalten der tatbestandliche Erfolg mit an Sicherheit grenzender Wahrscheinlichkeit *ebenfalls* eingetreten wäre. Damit muss der Richter also nicht mehr feststellen, dass gerade die Handlung des Täters für den Erfolgseintritt relevant geworden ist, sondern dass der hypothetische Geschehensablauf *nicht* ebenfalls zur gleichen Rechtsgutsverletzung geführt hätte. Hat der Richter demnach keine sichere Überzeugung dahingehend, dass auch das rechtmäßige Alternativverhalten den Erfolg herbeigeführt hätte, müsste er den Angeklagten verurteilen. Ungewissheiten können demnach nicht mehr den realen Geschehensablauf betreffen, sondern nur noch den hypothetischen.[517] Ulsenheimer hat dieses Ergebnis folgendermaßen beschrieben: „Die Gefahrerhöhung eines fahrlässigen Handelns ist (damit immer) zu bejahen, solange nicht ihr Fehlen erwiesen ist.“[518] Um dies am Radfahrerfall zu veranschaulichen:

Der zu geringe Seitenabstand von 0,75 m hat zum tatbestandlichen Erfolg des Todes beigetragen. Damit war der zu geringe Seitenabstand also risikoerhöhend. Die Frage, die der Richter noch zu beantworten hätte, wäre jetzt, ob der tödliche Unfall auch bei einem ordnungsgemäßen Abstand von 1m eingetreten wäre. Nur wenn sich dies sicher feststellen lassen würde, könnte nach der Risikoerhöhungslehre der Erfolg dem Täter nicht angerechnet werden. Gelangt der Richter im Fall nicht zu dieser sicheren Überzeugung, so müsste er verurteilen. Zweifel bei der Sachverhaltsaufklärung würden somit immer zu Lasten des Angeklagten gehen.

---

515 vgl. *Ulsenheimer*, JZ 1969, S. 367; *Ulsenheimer*, Das Verhältnis zwischen Pflichtwidrigkeit und Erfolg bei den Fahrlässigkeitsdelikten, S. 139; *Samson*, Hypothetische Kausalverläufe, S. 46ff.; gute Zusammenfassung bei: *Prittwitz*, Strafrecht und Risiko, S. 332ff.; vgl. auch *Ebert*, Jura 1979, S. 572. Andere Ansicht: HK-GS/*Heinrich*, vor § 13, Rn. 124; SK-StGB-*Hoyer*, Anh. zu § 16, Rn. 74ff.

516 vgl. *Schünemann*, JA 1975, S. 649 m.w.N.

517 vgl. *Samson*, Hypothetische Kausalverläufe im Strafrecht, S. 47; *Schünemann*, JA 1975, S. 650.

518 vgl. *Ulsenheimer*, JZ 1969, S. 367. Wörter in Klammern sind nicht Gegenstand des Zitates.

(aa.) Roxin

Diesem Einwand wurde auf mehreren Wegen entgegenzutreten versucht. Roxin selbst hielt dieser Kritik entgegen, dass zwischen prozessualen und materiell-rechtlichen Gesichtspunkten unterschieden werden müsse. Der prozessuale „in dubio pro reo"-Grundsatz könne sich demnach nicht bereits bei der Frage des Schutzumfanges beim Fahrlässigkeitsdelikt stellen.[519] Dies resultiert nach Roxins Meinung wesentlich daraus, dass „Gerade der Schutzzweck der Fahrlässigkeitsnorm (es) fordert, daß jede Verringerung der Schutzwirkung über das Maß des gesetzlich erlaubten Risikos hinaus verhindert werde."[520] Dass der „in dubio pro reo"-Grundsatz auf materiell-rechtlicher Ebene derart eingeschränkt sein soll, erscheint fragwürdig. Ließe sich – wie in unserem Fall – beispielsweise *nicht sicher* feststellen, welche Person genau durch die Manipulation verstorben ist, so kann der Angeklagte mangels konkreten Erfolgsnachweises kaum wegen eines vollendeten Deliktes verurteilt werden. Vielmehr bliebe selbstverständlich nur die Möglichkeit einer Versuchsstrafbarkeit. Es wäre ja insofern abwegig, in unserem Fall zu Lasten des Angeklagten davon auszugehen, dass irgendjemand schon verstorben sein wird. Bereits daran zeigt sich doch, dass der „in dubio pro reo"-Grundsatz auch auf der materiell-rechtlichen Ebene eine Bedeutung erlangt.[521]

(bb.) Stratenwerth

Stratenwerth begegnete der Kritik mit einer Konkretisierung der Risikoerhöhungslehre dahingehend, dass er zum einen eine positive Feststellung der Risikoerhöhung im tatbestandlichen Erfolg fordert. Die positive Feststellung zwischen der risikoerhöhenden Handlung und dem eingetretenen Erfolg bedarf demnach eines „wirklichen Zusammenhanges".[522] Dieser Zusammenhang ist nach Stratenwerth nicht bereits mit der Schaffung eines abstrakten Risikos zu bejahen, sondern erst „wenn ihm diejenige Gefahr zur Last fällt, die in dem Verletzungserfolg umgeschlagen ist."[523] Das Erfordernis dieses besonderen Zusammenhanges lässt sich damit begründen, dass nicht bereits die bloße Verletzung einer Sorgfaltsnorm strafbegründend wirken kann. Damit würde faktisch die Schaffung abstrakter Gefahren unter Strafe gestellt. Die geschaffene abstrakte Gefahr

---

519 vgl. *Roxin*, ZStW 78 (1966), S. 218ff.; *Schünemann*, JA 1975, S. 650 m.w.N.

520 *Roxin*, ZStW 78 (1966), S. 219. Wörter in Klammern sind nicht Gegenstand des Zitates.

521 siehe oben: Kap. Zwei, II, A, 3, c), bb), (6.).

522 vgl. *Stratenwerth*, FS-Gallas, S. 229 und 235.

523 *Stratenwerth*, FS-Gallas, S. 228f.

muss sich vielmehr im ganz konkreten Erfolg verdichten. Dieser konkrete Bezug zum Erfolg im Rahmen des Pflichtwidrigkeitszusammenhanges darf dabei aber nicht mit der normalen Kausalität verwechselt werden. Diese steht vielmehr im Rahmen des Fahrlässigkeitsdeliktes bereits fest. Bezogen auf den Radfahrerfall bedeutet dies wiederum, dass der Lkw-Fahrer selbstverständlich kausal verantwortlich für den Unfall war. Ohne den Lkw gäbe es ja schließlich auch keinen Unfall. Es geht hier um den Zusammenhang zwischen Risikoerhöhung durch eine Sorgfaltspflichtverletzung und Erfolg.[524] Daraus ergibt sich, dass der fiktive oder hypothetische Sachverhalt nicht unter den Begriff „klassischer" Kausalität gefasst werden kann, da gerade nach einem fiktiven Geschehen gefragt wird.[525]

Zum anderen will Stratenwerth dem „in dubio pro reo"-Grundsatz dadurch Rechnung tragen, dass er an die Aufklärbarkeit des zugrunde liegenden Sachverhaltes anknüpft.[526] Um die abstrakte Beschreibung etwas zu konkretisieren, dient folgendes Beispiel von Stratenwerth:[527]

Eine Mutter misshandelt ihr Kind derart schwer, dass ohne medizinischen Beistand der Tod des Kindes droht. Die Mutter unterlässt die Hinzuziehung eines Arztes, wodurch das Kind stirbt. Bei einer durchgeführten Obduktion stellt sich heraus, dass das Kind an einen Tumor litt, der Tod unvermeidbar und ärztliche Hilfe also sinnlos gewesen wäre. Stratenwerth bildet nun folgende Szenarien:

Szenario 1: Es bleibt unklar, ob das Kind an einen Tumor erkrankte und der Notruf daher das Leben hätte retten können.
Szenario 2: Es wird diagnostiziert, dass ein Tumor vorlag. Es kann aber nicht sicher festgestellt werden, ob medizinisch rechtzeitige Hilfe das Leben des Kindes hätte verlängern können, möglich wäre es jedoch.

---

524 vgl. NJW 1972, S. 1532; BGH NJW 1958, S. 149 ff.; S/S-*Sternberg-Lieben/Schuster, § 15, Rn. 173.*

525 vgl. auch *Arth. Kaufmann*, FS-Jescheck Bd. 1, S. 278, m.w.N.

526 Kritisch zum Topos der prinzipiellen Unaufklärbarkeit hält Krümpelmann dem Konstrukt der prinzipiellen Unaufklärbarkeit entgegen, dass in vielen Bereichen zwar eine (nachträgliche) Aufklärung oft ausgeschlossen sei, der „Aufklärungszufall" allerdings die fehlenden Zusammenhänge manchmal eben doch zu Tage fördert, womit von einer *prinzipiellen* Unaufklärbarkeit nicht gesprochen werden könnte. Beispielhaft führt Krümpelmann an, dass der Kreislauftod eines Menschen durch das nachträglich Auftauchen eines „schockierenden" EKGs doch noch erklärt werden könnte. Krümpelmann zieht daraus die Schlussfolgerung, dass von prinzipiell nicht die Rede sein kann, und dass bisherige abstrakte Abgrenzungen von prinzipiell und nicht prinzipiell folglich untauglich sind. *Krümpelmann*, GA 1984, S. 495ff. (insb. auch 501).

527 vgl. *Stratenwerth*, FS-Gallas, S. 231, m.w.N.

Stratenwerth differenziert nun folgendermaßen: Während er im ersten Szenario zur Anwendung des „in dubio pro reo"-Grundsatz gelangt, will er im zweiten Szenario die Risikoerhöhungslehre anwenden und die Mutter wegen fahrlässiger Tötung verurteilen. Diese Differenzierung folgt aus der Überlegung, dass sich beim ersten Szenario nicht mehr ermitteln lässt, welcher konkrete Sachverhalt zugrunde gelegt werden kann. Möglich ist nämlich, dass ein Tumor vorlag und medizinischer Beistand zwecklos gewesen wäre. Andererseits ist es aber auch möglich, dass kein Tumor vorlag und medizinischer Beistand hätte helfen können. Stehen mithin zwei *alternative* Sachverhalte zur Disposition und würde in einem von beiden die Mutter nicht verantwortlich gemacht werden können, da ärztliche Hilfe keine Verbesserung der Situation herbeigeführt hätte, so müsse sie aufgrund des Zweifelsatzes freigesprochen werden.[528] Zweifel an der Sachverhaltsaufklärung gehen hier nicht zum Nachteil des Angeklagten. Im zweiten Szenario steht der Sachverhalt dagegen fest. Ungewissheiten ergeben sich nur dadurch, dass faktisch nicht mehr rekonstruierbar ist, ob Hilfe auch tatsächlich erfolgsabwendend gewirkt hätte. Derartige Ungewissheiten liegen jedoch in der Natur der Sache, womit niemals mehr als Wahrscheinlichkeitsaussagen bezüglich etwaiger hypothetischer Verläufe möglich sein werden. Da die Mutter es aber versäumt hat, eine mögliche Rettungsmöglichkeit aufzugreifen und damit das Risiko des Todes erhöht hat, sei auch eine Verurteilung wegen fahrlässiger Tötung geboten.[529]

Bezogen auf den Radfahrerfall kommt Stratenwerth daher auch zu dem Ergebnis, dass eine Risikoerhöhung des Lkw-Fahrers gegeben war.[530] Da feststeht, dass der Seitenabstand nur 0,75 m, anstatt wie vorgeschrieben 1 m betrug und somit der Sachverhalt zweifelsfrei feststehe, ergeben sich Ungewissheiten nur noch im Bereich des hypothetischen Verlaufes. Also bei der Frage, wie der Radfahrer bei einem ordnungsgemäßen Sicherheitsabstand reagiert hätte. Da dies wegen der prinzipiellen Unaufklärbarkeit jedoch niemals zweifelsfrei festgestellt werden könnte, muss es genügen, Wahrscheinlichkeitsangaben ausreichen zu lassen. Und da auch das Sachverständigengutachten *nur* von typischen und nicht notwendigen Verhalten spricht, ist demnach nicht ausgeschlossen, dass bei ordnungsgemäßem Seitenabstand eine „weniger unfallträchtige Reaktion"[531] des Radfahrers erfolgt wäre, womit eine Risikosteigerung vorliege.[532]

528 vgl. *Stratenwerth*, FS-Gallas, S. 231f.; *Schünemann*, JA 1975, S. 650.
529 vgl. *Stratenwerth*, FS-Gallas, S. 231ff.; *Schünemann*, JA 1975, S. 650.
530 vgl. *Stratenwerth*, FS-Gallas, S. 234f.
531 vgl. *Stratenwerth*, FS-Gallas, S. 234.
532 vgl. *Stratenwerth*, FS-Gallas, S. 234f.

Das Erfordernis einer positiven Feststellung zwischen der gefahrerhöhenden Handlung und dem konkreten Erfolgseintritt mag sicherlich eine Fortentwicklung darstellen. Schließlich führt sie dazu, dass nicht jede abstrakte Gefahr zugleich eine zu sanktionierende Risikoerhöhung darstellen soll, sondern der konkrete Bezug zum Erfolg nachgewiesen werden muss. Wie dieser Nachweis aber genau zu erbringen sein soll, darüber schweigt Stratenwerth. Versteht man ihn so, dass sich durch die sorgfaltswidrige Handlung zugleich auch die risikosteigernde Gefahr ergeben hat, welche sich sodann im Erfolg realisiert hat, dann wäre damit nichts anderes ausgedrückt, als dass man nichts weniger als einen Kausalzusammenhang zwischen Pflichtwidrigkeit und Erfolg verlangen würde. Denn wenn die Risikosteigerung ihren Ursprung in der sorgfaltswidrigen Handlung haben muss, aber die sorgfaltswidrige Handlung sich im Erfolg niederschlagen muss, dann ist dies faktisch die Beschreibung eines Kausalgeschehens. Wäre die Leseart eine solche, wäre die Risikoerhöhungslehre obsolet, da dann zugleich der Pflichtwidrigkeitszusammenhang erwiesen wäre. Der Anwendungsbereich der Risikoerhöhungslehre würde sich mithin auf null reduzieren. Eine derartige Lesart kann man den Anhängern der Risikoerhöhungslehre also kaum unterstellen.

Noch weitreichender ist die Auslegung von Fincke, der eine Lesart zu Grunde legt, wonach Stratenwerth nicht einmal einen Kausalnachweis fordere und die „positive Feststellung" gerade nicht mit einem Kausalerfordernis verwechselt werden dürfte.[533] Erforderlich sei zum einen eine Risikosteigerung sowie die Realisierung eben dieser Gefahr im Erfolg, „*ohne Rücksicht darauf* ob die Gefahrenerhöhung zur Realisierung notwendig war, also (...) Teil des determinierten Parallelogramms war oder nicht." Fincke bildet dazu folgendes Beispiel: Angenommen, es werden Arbeiten an einer Starkstromanlage durchgeführt. Zur Sicherheit der Arbeiter müssen alle stromführenden Leitungen ausgeschaltet werden. Weiterhin wird angenommen, ein Arbeiter manipuliert eine der Sicherungen, sodass der Strom weiter fließen kann. Kommt nun der Kollege aufgrund eines Stromschlages ums Leben, obwohl der Stromkreislauf gar nicht der war, an dem der Kollege gearbeitet hat, sondern zufällig ein anderer Stromkreislauf, so meint Fincke, dass Stratenwerth zurechnen würde, obwohl der Tod keine kausale Folge der Handlung des Täters gewesen sei.[534]

Einer solch extensiven Lesart wird aber entgegengehalten werden müssen, dass sich Stratenwerth bei Unterstellung einer derartigen Lesart kaum noch

533 vgl. *Fincke*, Arzneimittelprüfung strafbare Versuchsmethoden, S. 46ff.
534 vgl. *Fincke*, Arzneimittelprüfung strafbare Versuchsmethoden, S. 46ff.

gegen den Vorwurf wehren könnte, dass er bereits abstrakte Gefährdungen als strafbarkeitsbegründend ausreichen lassen würde.

Versteht man sie also dahingehend, dass es eine andere Form des Zusammenhanges sein soll, so bleibt völlig offen, wie dieser konkret ausgestaltet sein soll, und wie dieser Zusammenhang sich im Kern von der Kausalität zwischen Pflichtwidrigkeit und Erfolg abgrenzen soll,[535] ohne zugleich erneut dem Vorwurf zu erliegen, dass jede sorgfaltswidrige Handlung doch die Steigerung eines Risikos in sich birgt.[536] Mir erscheint es, als könne man Stratenwerth daher nur dahingehend interpretieren, dass er einen Kausalzusammenhang verlangt, dies aber nicht explizit ausdrückt. Wenn er nämlich selbst feststellt, dass für „die Zurechnung eines Erfolges (…) diese bloße Möglichkeit (…) nicht genügen“[537] soll, und er weiter mit Ulsenheimer darin übereinstimmt, dass ein Nachweis der Risikoerhöhung im Erfolg notwendig sei[538], dann kann dies nur als Kausalitätserfordernis verstanden werden. Umgekehrt basiert nämlich alles, was nicht kausal determiniert ist, letztendlich auf bloßen Möglichkeiten, die Stratenwerth gerade nicht ausreichen lassen will. Das Erfordernis einer positiven Feststellung zwischen Risikoerhöhung und dem tatbestandlichen Erfolg stellt also im Ergebnis doch keinen Fortschritt dar. Es verschleiert vielmehr den Einwand und bietet eine Scheinlösung, deren genaue Bestimmung jedoch offen bleibt.

Bleibt die Frage zu beantworten, welche Relevanz Stratenwerths Differenzierung zukommt, zwischen der Nichtaufklärbarkeit eines wirklichen Sachverhaltes einerseits und der Nichtaufklärbarkeit eines nur hypothetischen Sachverhaltes andererseits zu unterscheiden. Die von Stratenwerth vorgenommene Aufteilung wirkt grundsätzlich zunächst überzeugend. Schließlich führt sie dazu, dass eben solche Sachverhaltskonstellationen aus der Beurteilung herausfallen, die an dem Problem leiden, den realen Sachverhaltsablauf nicht genau beschreiben zu können, weil mehrere alternative Geschehensabläufe den tatbestandlichen Erfolg erklären können. Da Stratenwerth auch hier mit dem Zweifelsgrundsatz zu Gunsten des Täters arbeitet, droht er in diesem Szenario tatsächlich nicht, gegen den Zweifelsgrundsatz zu verstoßen. Probleme bereitet also nur Stratenwerths zweites Szenario, wenn er also aufgrund prinzipieller Unvorhersehbarkeiten im Bereich der hypothetischen Geschehensabläufe zu einer Verurteilung gelangt. Warum allerdings hier kein Verstoß gegen den Zweifelsgrundsatz vorliegen soll, wird nicht ganz klar. Betrachten wir zur Illustration nochmals den Radfahrerfall:

535 vgl. auch: *Küpper*, Grenzen der normativierenden Strafrechtdogmatik, S. 103.

536 vgl. *Ulsenheimer*, JZ 1969, S. 366.

537 *Stratenwerth*, FS-Gallas, S. 235.

538 vgl. *Stratenwerth*, FS-Gallas, S. 235f.

Wenn also feststeht, dass der Lkw einen zu geringen Seitenabstand hatte, es aber nach Sachverständigenauskunft mit hoher Wahrscheinlichkeit auch bei ordnungsgemäßem Abstand zu dem tragischen Kontakt zwischen Lkw und Fahrradfahrer gekommen wäre, weil es eben typisch für einen betrunkenen Radfahrer mit ca. 1,95 Promille sei, dass er nach links ausschwenke, so will Stratenwerth verurteilen. Dies beruht darauf, dass das Ausschwenken zwar typisch ist, es aber dennoch eine Wahrscheinlichkeit dafür gab, dass dies nicht der Fall gewesen wäre. Denn typisch ist nicht gleichzusetzen mit einem notwendigen Ablauf, womit dann aber auch eine Risikoerhöhung vorliege.[539] Anderes ausgedrückt hat der Lkw-Fahrer dem Radfahrer also durch die sorgfaltswidrige Handlung eine Rettungsmöglichkeit genommen.

Schon die von Stratenwerth bejahte Risikoerhöhung sowohl im Radfahrerfall als auch in seinem zweiten Szenario stößt auf Bedenken. Worin diese gegenüber dem rechtmäßigen Alternativverhalten genau liegen soll, wird nämlich gar nicht hinreichend deutlich. Geht man davon aus, dass eine Risikoerhöhung prinzipiell nur dann möglich sein kann, wenn der Schadenseintritt auch sonst möglich sein muss, so muss die gefahrerhöhende Handlung das Maß der sonst möglichen Gefahr bzw. das Maß des erlaubten Risikos überschreiten.[540] Ob aber eine solche gefahrerhöhende Überschreitung tatsächlich gegeben ist, ist aber gerade problematisch. Wenn nämlich der Sachverständige zu dem Ergebnis gelangt, dass das Fahren im betrunkenen Zustand typischerweise dazu führt, dass Radfahrer ausschwenken, dann steht damit fest, dass das Überholen mit nur 0,75 m anstatt mit 1 m Sicherheitsabstand das Risiko gar nicht erhöht haben muss. Denn das gleiche Risiko, vom Lkw erfasst zu werden, hätte auch bei 1 m Sicherheitsabstand bestanden. An diesem Fall zeigt sich sehr deutlich, dass wenn bereits die schadens*ursächliche* Handlung bzw. das sorgfaltswidrige Verhalten (Überholen mit nur 0,75 m Sicherheitsabstand) nicht zweifelsfrei bejaht werden kann, wie soll dann erst die sich daraus feststellbare konkrete Risikoerhöhung bejaht werden können? Immerhin setzt jede Risikoerhöhung ein solches sorgfaltswidriges Verhalten voraus. Unbestreitbar ist sicherlich die Erkenntnis, dass das Führen eines Kraftfahrzeuges abstrakt gefährlich ist. Unbestreitbar ist zweifellos auch die Feststellung, dass jedes Überholen mit einem zu geringen Sicherheitsabstand eine weitere abstrakte Gefahrensteigerung mit sich bringt. Wie aber oben bereits erörtert, reicht eben diese abstrakte Gefährlichkeit auch nach Stratenwerth

539 vgl. *Stratenwerth*, FS-Gallas, S. 234f.

540 vgl. *Schünemann*, JA 1975, S. 649 m.w.N.

nicht aus, um eine Zurechnung zu bejahen.[541] Der konkrete Niederschlag dieser abstrakten Gefahr in dem konkreten Erfolg lässt sich aber nicht zweifelsfrei feststellen, da dieser positive Nachweis nach dem Verständnis von Stratenwerth letztendlich auf einen Kausalbeweis hinauslaufen würde. Da dieser aber nicht zu erbringen ist, kann folglich auch nicht von einer sich daraus resultierenden Risikoerhöhung gesprochen werden. Vielmehr wird diese schlicht unterstellt. Ist die Risikoerhöhung aber nicht hinreichend nachweisbar, kann auch keine Zurechnung mittels Risikoerhöhungslehre erfolgen. Vielmehr wäre der Angeklagte aufgrund der bestehenden Ungewissheiten nach dem Zweifelssatz freizusprechen, da weder Risikoerhöhung noch Risikorealisierung feststehen.[542]

Folgt man dem bisher Gesagten, so steht immer noch der Einwand Stratenwerths im Raum, dass die Feststellungen des Sachverständigen nur belegen, dass es üblicherweise und damit nicht im konkreten Fall zu dem typischen Ausschwenken des Radfahrers gekommen sein muss. Das Überholen mit dem gebotenen Sicherheitsabstand hätte unter Umständen also eine „weniger unfallträchtige Reaktion"[543] herbeigeführt. Dieser Einwand verwundert ein wenig. Wenn *Stratenwerth* nämlich selbst vorträgt, dass im Bereich hypothetischer Geschehensabläufe nur noch Wahrscheinlichkeitsaussagen möglich sein können, was in vielen Bereichen unbestritten ist und der Sachverständige zu dem Ergebnis gelangt, dass eine hohe Wahrscheinlichkeit dafür bestehe, dass der Kontakt zwischen Lkw und Rad auch bei 1 m stattgefunden hätte, so liegt eine solche Wahrscheinlichkeitsaussage doch gerade vor. Insoweit ist nämlich jede Sachverständigenanalyse eines hypothetischen Ablaufes letztendlich genau eine solche Wahrscheinlichkeitsangabe basierend auf Experimenten, Messungen und Erfahrungen. Stratenwerth müsste demnach die Aussage des Sachverständigen akzeptieren. Wenn Stratenwerth aber jetzt – anstatt auf die festgestellte hohe Wahrscheinlichkeit, dass der Radfahrer auch bei ordnungsgemäßen Seitenabstand verstorben wäre – nunmehr auf die theoretisch noch verbleibenden Möglichkeiten abstellt, dass ein sorgfaltsgemäßer Überholabstand eine „weniger unfallträchtige Reaktion"[544] möglich gemacht hätte, konterkariert er damit seine eigene Voraussetzung und stellt selbst auf eine abstrakte Gefährlichkeit ab. Darüber hinaus bleibt m.E. auch offen, was Stratenwerth exakt meint, wenn er von „Wahrscheinlichkeitsurteilen" spricht. Versteht man ihn richtig, dann versteht er

541 siehe Kap. Zwei, II, A, 3, d, bb), (1.), (bb.).

542 vgl. auch *Toepel*, Kausalität und Pflichtwidrigkeitszusammenhang beim fahrlässigen Erfolgsdelikt, S. 150ff.; auch: *Ulsenheimer*, JZ 1969, S. 367ff.

543 *Stratenwerth*, FS-Gallas, S. 234.

544 *Stratenwerth*, FS-Gallas, S. 234.

darunter gerade nicht einfach eine bloße Wahrscheinlichkeitsaussage. Stratenwerth zufolge muss nämlich, wenn „man überhaupt Wahrscheinlichkeitsurteile mit Gewissheit aussprechen kann, (…) (sich) auch eine Wahrscheinlichkeitsdifferenz, daß heißt eine Risikosteigerung oder -minderung mit *Gewissheit* feststellen lassen."[545] Wann aber ist der Punkt erreicht, an dem man von einer Gewissheit sprechen kann, und was unterscheidet dann noch Gewissheit von sicherem Wissen? Hier zeigt sich dann aber auch, dass sich die Katze sprichwörtlich in den Schwanz beißt. Denn im Kern geht es doch letztlich wieder um nichts anderes, als um die Frage der positiven Feststellung der Risikoerhöhung und die sich daraus ergebende Realisierung im Erfolg, für welche Stratenwerth gerade die sichere Feststellung fordert. Gewissheit meint also die sichere Feststellung, dass die gefahrerhöhende Handlung im Erfolg aufgegangen ist. Wenn diese aber wie im Radfahrerfall nicht möglich ist, dann müsste Stratenwerth theoretisch zum Freispruch gelangen, da wiederum die Risikosteigerung und die Realisierung nicht mit Gewissheit feststehen. Indem er aber dahingehend argumentiert, dass eine weniger unfallträchtige Folge möglich gewesen wäre, missachtet er nicht nur seine eigenen Voraussetzungen, „Wahrscheinlichkeiten" genügen zu lassen, sondern verstößt auch selbst gegen den Zweifelsgrundsatz, wenn er eine Risikoerhöhung bejaht, obwohl diese gerade nicht zweifelsfrei nachweisbar ist.[546] Samson wendet schließlich ein, wie eine sichere Unterscheidung zwischen grundsätzlich aufklärbaren und grundsätzlich nicht aufklärbaren Umständen überhaupt möglich sein soll.[547] Die Aufteilung von Ungewissheiten erscheint mir letzten Endes daher kaum als ein Fortschritt. Statt zu einer dogmatisch überzeugenden Lösung zu gelangen, führt die Differenzierung von Ungewissheiten in aufklärbare und nicht aufklärbare Teile nur dazu, dass der „in dubio pro reo"-Grundsatz eine künstliche und wenig nachzuvollziehende Aufspaltung erfährt. Warum nicht aufklärbare Ungewissheiten für den Richter keine Bedeutung haben sollen, während bei Tatsachenzweifeln vom Zweifelsgrundsatz aber Gebrauch gemacht werden soll, kann kaum mit dem Argument vorgetragen werden, dass nur Wahrscheinlichkeitsaussagen möglich seien. Wenn eine Restwahrscheinlichkeit in einem signifikanten Maß entgegensteht, dann kann ein solcher Zweifel nicht anders als eine Sachverhaltsungewissheit behandelt werden. Eine qualitative Unterscheidung bezüglich der Art der Ungewissheiten ist

545 *Stratenwerth*, FS-Gallas, S. 234. Wörter in Klammern waren nicht Gegenstand des Zitates. Kursive Hervorhebungen sind Einfügungen des Verfassers der Arbeit.

546 kritisch auch: *Toepel*, Kausalität und Pflichtwidrigkeitszusammenhang beim fahrlässigen Erfolgsdelikt, S. 159f.

547 vgl. *Samson*, FS-Welzel, S. 593, Fn. 68; auch *Krümpelmann*, GA 1984, S. 501.

dem Zweifelsgrundsatz nicht zu entnehmen. Zweifelt der Richter, kann es im Ergebnis keinen Unterscheid machen, warum er zweifelt. Allein der Umstand, dass er zweifelt, muss zur Anwendung des „in dubio pro reo"-Grundsatzes führen.[548] Sieht man dies wie Stratenwerth anders, so wird auch der Vorwurf deutlich, es komme zur Umkehrung des Zweifelsgrundsatzes. Samson verdient insoweit Zustimmung, als er feststellt: „Wenn auch der ‚Laplace'sche Weltgeist' abgedankt haben mag (…), so ergibt sich daraus noch nicht die Abdankung des Grundsatzes ‚in dubio pro reo' für prinzipiell nicht aufklärbare Umstände."[549]

Neben den bisher erwähnten Einwänden erscheint mir aber als gewichtigster Kritikpunkt folgender: Stratenwerth kommt im zweiten Szenario zu einer Verurteilung wegen fahrlässiger Tötung durch Unterlassen, weil die Mutter es versäumt hat, den Rettungsarzt zu alarmieren. Im Bereich des Unterlassens muss, folgt man der h.M., der Erfolg mit an Sicherheit grenzender Wahrscheinlichkeit durch die gebotene Handlung vermieden werden müssen. Nur dann kann man ernsthaft davon sprechen, dass die unterlassene Handlung kausal für den Erfolg gewesen sei. Im zweiten Szenario bleibt aber völlig ungeklärt, ob ärztlicher Beistand tatsächlich den tatbestandlichen Erfolg vermieden hätte. Stratenwerth selber gibt ja vor, dass dies nur möglicherweise der Fall gewesen wäre. Damit ist aber bereits die Kausalität an sich ungeklärt. Kommt Stratenwerth hier zu einer Verurteilung, dann bejaht er nicht nur die Risikoerhöhungslehre und verzichtet auf den Pflichtwidrigkeitszusammenhang, sondern ersetzt damit durch die Hintertür auch gleich die Kausalität an sich.[550]

(2.) Umwandlung der Verletzungsdelikte in Gefährdungsdelikte

Erkennt man die bisherigen Ausführungen an, dann ergeben sich für die Risikoerhöhungslehre zwei Alternativen. Entweder sie fordert eine sichere Feststellung, dass sich das Risiko im tatbestandlichen Erfolg realisiert hat; ist dem so, dann muss die Risikoerhöhungslehre aber noch erklären, wie dieser Zusammenhang sich konkret von dem Kausalerfordernis unterscheiden soll. Verzichtet sie dagegen auf diesen besonderen Zusammenhang zwischen Risikoerhöhung und Erfolg, so kann die Risikoerhöhungslehre folgerichtig nur auf die abstrakte Gefährlichkeit der risikoerhöhenden Handlung abstellen. Diese zweite Deutungsvariante öffnet aber Tür und Tor für den zweiten Vorwurf, dass sie

---

548 vgl. *Fincke*, Arzneimittelprüfung strafbare Versuchsmethoden, S. 55f.; ablehnend wohl auch *Krümpelmann*, GA 1984, S. 495ff.

549 *Samson*, FS-Welzel, S. 593, Fn. 68.

550 zustimmend wohl auch: *Hoyer*, FS-Rudolphi, S. 95f.

Verletzungsdelikte in *Gefährdungsdelikte* umwandle, da der Anknüpfungspunkt nicht mehr die im Erfolg umgeschlagene Risikosteigerung ist, sondern nur noch die abstrakte Gefährlichkeit der Handlung.[551] Während Verletzungsdelikte bekanntermaßen dadurch gekennzeichnet sind, dass durch die tatbestandsmäßige Handlung ein realer Verletzungserfolg eintritt, zeichnen sich Gefährdungsdelikte dadurch aus, dass es zur Erfüllung des Tatbestandes bereits ausreicht, wenn das zu schützende Rechtsgut (konkret) gefährdet wird.[552] „Begnügt" die Risikoerhöhungslehre sich aber mit dem abstrakt geschaffenen Risiko, so ignoriert sie den Umstand, dass *Sorgfaltspflichtverletzung* und tatbestandlicher *Erfolg* alleine kein fahrlässiges Delikt begründen. Erforderlich ist vielmehr auch der konkrete Nachweis, dass sich ein sorgfaltswidriges Verhalten im tatbestandlichen Erfolg verwirklicht.[553] Gerade diese Verbindung wird durch das Erfordernis des *Pflichtwidrigkeitszusammenhanges* geschaffen. Anders lässt sich die Frage, ob ausgerechnet die dem Angeklagten vorgeworfene Sorgfaltswidrigkeit eine notwendige Bedingung für den eingetretenen Erfolg war, sonst auch kaum beantworten. Ersetzt man nun den Pflichtwidrigkeitszusammenhang durch die Risikoerhöhung, dann könnte dem Erfolg kaum noch Tatbestandsqualität zugesprochen werden. Vielmehr käme ihm bloß noch die Bedeutung zu, eine Bedingung der Strafbarkeit zu sein.[554]

Stratenwerth ist dieser Argumentation vehement entgegengetreten. Durch ein Abstellen auf die „uneingeschränkte ex-post Betrachtung" ergebe sich der erforderliche (konkrete) Zusammenhang. Dadurch werde gerade vermieden, dass eine nur abstrakte Beurteilung erfolgt. Die ex-post Betrachtung berücksichtigt zudem alle Umstände des konkreten Falles, womit alle belastenden und entlastenden Gesichtspunkte in die Beurteilung mit einfließen. Stratenwerth kommt daher auch zu folgendem Schluss: „Stellt man (…) darauf ab, daß der Täter eben diejenige Gefahr (…) erhöht hat, die tatsächlich in den Erfolg umgeschlagen ist, so kann kein hypothetischer Kausalverlauf etwas daran ändern."[555] Hier wiederholt sich die oben geübte Kritik erneut. Denn ob die die Gefahr erhöhende Handlung tatsächlich im Erfolg „umgeschlagen" ist, lässt sich nicht mit

---

551 vgl. *Samson*, Hypothetische Kausalverläufe im Strafrecht, S. 153ff. (155,), m.w.N.; andere Ansicht dagegen: HK-GS/*Heinrich*, vor § 13, Rn. 125; SK-StGB-*Hoyer*, Anh. zu § 16, Rn. 79ff.

552 vgl. *Wessels/Beulke/Satzger*, Strafrecht AT, S. 11, Rn. 26f.; zur Abgrenzung konkretes und abstraktes Gefährdungsdelikt siehe auch: S/S-*Heine*, Vorbem. § 306 Rn. 2ff.

553 vgl. *Ulsenheimer*, JZ 1969, S. 367.

554 vgl. *Prittwitz*, Strafrecht und Risiko, S. 332, m.w.N.

555 *Stratenwerth*, FS-Gallas, S. 237; vgl. auch: SK-StGB-*Hoyer*, Anh. zu §16 Rn. 79.

Sicherheit feststellen. Daher führt zwar die ex-post Betrachtung im ersten Szenario zu dem richtigen Ergebnis, wenn erst bei der Obduktion der zum Tode führende Tumor diagnostiziert werden würde. Im zweiten Szenario verhilft die ex-post Betrachtung dagegen auch zu keinem weiteren Erkenntnisgewinn, weil schlicht ungewiss bleibt, ob sich ausgerechnet das Risiko verwirklicht hat, das durch die unterlassene Hinzuziehung eines Arztes entstanden ist. Da Stratenwerth zudem bei hypothetischen Verläufen mit Wahrscheinlichkeiten operieren will, müsste er die Feststellung des Sachverständigen anerkennen und nicht auf die theoretisch noch verbleibende „Restmöglichkeit" abstellen. Es zeigt sich also, dass Stratenwerth durch sein subtiles Vorgehen lediglich den Anschein einer dogmatisch überzeugenden Lösung bereithält. Auch ihm gelingt es nicht, die Risikoerhöhungslehre dogmatisch abzusichern.

(3.) Der normative Ansatz nach Schünemann

Schünemann ist zwar ebenso wie Stratenwerth Anhänger der Risikoerhöhungstheorie, akzeptiert aber die Kritik, dass (prinzipielle) Ungewissheiten im Rahmen der hypothetischen Geschehensabläufe wie im Radfahrerfall gegen den „in dubio pro reo"-Grundsatz verstoßen. Um dennoch nicht von der Risikoerhöhungslehre abrücken zu müssen, will Schünemann die Lehre durch eine normative Betrachtung auf eine „neue Basis"[556] stellen, um so sämtliche dogmatischen Hürden zu überwinden.[557] Ausgangspunkt seiner Ausführungen ist dabei zunächst das Verständnis vom „Wesen des Erfolgsdeliktes". Während beispielsweise eine Erfolgsnorm wie § 212 StGB (Todschlag) im Allgemeinen den tatbestandlichen Erfolg generell zu verbieten versucht, besteht der Sinn nach Schünemann bei Verhaltensweisen wie dem Straßenverkehr, die in einem bestimmten Rahmen abstrakt gefährlich, aber dennoch erlaubt sind, darin, den tatbestandlichen Erfolg nicht ausnahmslos zu unterbinden, sondern den Erfolg „auf ein erträgliches Maß"[558] zu reduzieren.[559] Um aber die Verbotsnorm in ihrer Funktion nicht vollends zu entleeren, muss bei der Überschreitung des erlaubten Risikos das Risiko außer Betracht bleiben, das auch bei Beachtung der

---

556 vgl. *Schünemann*, JA 1975, S. 651f.

557 Einen normativen Ansatz vertritt beispielsweise auch: *Wolter*, Objektive und personale Zurechnung von Verhalten, Gefahr und Verletzung in einem funktionalen Straftatsystem, S. 337f.

558 vgl. *Schünemann*, JA 1975, S. 652.

559 vgl. *Schünemann*, StV 1985, S. 230; *Schünemann*, GA 1985, S. 356f.; *Prittwitz*, Strafrecht und Risiko, S. 332, mit krit. Anmerkung.

jeweils einschlägigen Verhaltensnorm bestanden hätte, mithin also das erlaubte Risiko.[560]

Um dies wiederum an einem Beispiel zu illustrieren: Angenommen, der Lkw-Fahrer überholt den Radfahrer mit dem sorgfaltswidrigen Seitenabstand von 0,75 m. Anders als oben ist der Radfahrer diesmal aber nüchtern. Dennoch kommt er durch den Überholvorgang ums Leben. In diesem Fall sind ex-ante und ex-post Betrachtung identisch. Der Umstand, dass eine Kollision auch bei einem Seitenabstand von 1 m theoretisch hätte erfolgen können, wird hier nicht berücksichtigt.

Dieses Ergebnis überträgt Schünemann nun folgendermaßen auf die Fälle, in denen ex-ante und ex-post Wissen nicht identisch sind; sich also ex-post beispielsweise herausgestellt hat, dass der Radfahrer betrunken war und die Kollision mit hoher Wahrscheinlichkeit auch bei ordnungsgemäßen Seitenabstand eingetreten wäre. Schünemann will den tatbestandlichen Erfolg nun solange zurechnen, wie die Einhaltung der Verhaltensnorm (z.B. Überholabstand mind. 1 m) auch ex-post noch als „sinnvoll" erachtet werden kann, um damit die Eintrittswahrscheinlichkeit des tatbestandlichen Erfolges zu vermindern. Der Richter muss mithin ex-post die Frage beantworten, ob es einen Nutzen gehabt hätte, die Verhaltensnorm einzuhalten. Stellt sich heraus, dass auch die ex-ante aufgestellte Verhaltenspflicht noch die Chance bot, den tatbestandlichen Erfolgseintritt zu verhindern, so soll eine Zurechnung erfolgen. Stellt sich dagegen auch ex-post heraus, dass die Einhaltung nutzlos gewesen wäre, soll keine Zurechnung erfolgen.[561]

Überträgt man die Gedanken Schünemanns auf den Radfahrerfall, muss man sich also die wertende Frage stellen, inwieweit die Einhaltung des vorgeschriebenen Seitenabstandes von 1 m als ex-ante festgesetzte Norm auch ex-post noch Geltung für sich beanspruchen kann. Das wäre nur dann der Fall, wenn die Einhaltung des Sicherheitsabstandes von 1 m auch bei Personen mit einer Blutalkoholkonzentration von 1,95 Promille zu einer signifikanten Senkung des Unfallrisikos geführt hätte. Da aber der Sachverständige festgestellt hat, dass eben dieser Erfolg auch bei einem ordnungsgemäßen Seitenabstand mit hoher Wahrscheinlichkeit eingetreten wäre, kommt Schünemann hier zur Ablehnung einer Risikoerhöhung und damit zu einem Freispruch.[562] Insoweit scheint die Modifikation Schünemanns also zu tragfähigen Ergebnissen zu führen.

---

560 vgl. *Schünemann*, JA 1975, S. 651f.

561 vgl. *Schünemann*, JA 1975, S. 651f; *Schünemann*, StV 1985, S. 230.

562 vgl. *Schünemann*, JA 1975, S. 653.

Dass die normative Bestimmung eines Risikos letztlich aber auch nicht zu überzeugen vermag, zeigt Schünemann anhand einer Abwandlung des Ziegenhaarfalles[563] selbst: Angenommen, der Fabrikant importiert aus China besonders hochwertiges Ziegenhaar. Selten, aber nicht ausgeschlossen kann es geschehen, dass die Ziegenhaare mit Milzbranderreger belastet sind, die beim Menschen erhebliche gesundheitliche Schäden verursachen, die zum Tode führen können. Weiterhin sei angenommen, es existieren der regelmäßig auftauchende Milzbrandtyp A und der nur selten vorkommende Milzbrandtyp B. A ist durch den Einsatz von Desinfektionsmitteln beizukommen, während der Erreger B sich gegenüber den vorhandenen Desinfektionsmittel als resistent erweist. Ob eine Infektion durch den Milzbrandtyp A oder B verursacht wurde, lässt sich im Nachhinein nicht mehr feststellen. Weiterhin sei auch davon auszugehen, dass der Import von Ziegenhaaren aus China trotz der (geringen) Gefahr aus volkswirtschaftlichen Gründen zugelassen ist. Zum Schutz vor dem desinfektionsanfälligen Erreger A ist jedoch der Einsatz von Desinfektionsmitteln vorgeschrieben. Händigt nun der Fabrikant die *nicht*desinfizierten Haare seinen Mitarbeitern aus, woraufhin diese an Milzbrand erkranken, so stellt sich die Frage, ob die gesundheitliche Beeinträchtigung der Mitarbeiter dem Fabrikanten zuzurechnen ist. Ob eine Zurechnung möglich ist, erscheint deshalb diskussionswürdig, da gerade nicht aufklärbar ist, ob die Krankheit durch den Milzbrandtyp A oder B verursacht wurde bzw. es also möglich wäre, dass die Infektion allein durch den Milzbrandtyp B ausgelöst wurde und daher auch die unterlassene Desinfektion schlussendlich den Schadenseintritt nicht hätte verhindern können. Stellt man mit Schünemann nunmehr wertend auf die Frage ab, ob die Einhaltung der Norm (Desinfektionsmittel einzusetzen) zur Risikovermeidung beigetragen hätte, die Norm also ex-post noch einen Sinngehalt aufweist, so muss man diese Frage wohl bejahen, da zumindest der Erregertyp A so beseitigt worden wäre und dieser erfahrungsgemäß häufiger auftritt als der Erregertyp B. Der Gesundheitsschaden der Mitarbeiter wäre damit dem Fabrikanten auch zuzurechnen.[564]

Dieser Fall macht m.E. hinreichend deutlich, dass auch hier gegen den Zweifelsgrundsatz verstoßen wird. Indem Schünemann hier die Zurechnung bejaht, wird deutlich, dass seine normative Zurechnung zu nichts weniger führt, als dass die Erfüllung des Tatbestandes von der tatsächlichen Handlung, die

563 zum Originalfall siehe: RGSt, 63, 211; *Schlüchter*, JA 1984, S. 674. Hier auch eine gute Zusammenfassung zu weiteren Problemfällen wie u.a. dem Kokain- (RG HRR 1926, Nr. 2302), Apotheker-(RGSt 15, 151), Radfahrer- (BGHSt 11, 1), Zahnarztfall-Fall (BGHSt 21, 59).

564 vgl. *Schünemann*, JA 1975, S. 653.

zum Erfolg geführt hat, losgelöst wird.[565] Zwar bleibt unbestritten, dass eine Risikosteigerung durch die Nichtdesinfektion zweifellos eingetreten ist. Dass dies aber einzig dem Erregertyp A zuzuschreiben sei, wäre reine Spekulation. Solange nicht feststeht, dass der Erregertyp B derart selten in Erscheinung tritt, dass mit ihm nicht mehr ernsthaft gerechnet werden kann, muss dieser auch bei der normativen Bewertung hinreichend berücksichtigt werden. Da der Fall aber so gebildet ist, dass der Erregertyp B zwar selten, aber nicht mit an Sicherheit grenzender Wahrscheinlichkeit nie auftritt, ist der Nachweis, dass sich gerade die gefahrerhöhende Handlung im Erfolg niedergeschlagen hat, nicht zweifelsfrei erbracht. Damit wiederholt sich die Kritik insoweit, dass auch eine wertende Betrachtung letztlich nicht dazu beitragen kann, genau festzustellen, ob sich nun das geschaffene Risiko verwirklicht hat oder nicht. Da es also immer noch die Möglichkeit gibt, dass der Milzbrandtyp B den Schaden verursacht hat und diese Möglichkeit auch noch eine hinreichende Signifikanz in sich trägt, verstößt Schünemanns Lösung im Ziegenhaarfall gegen den Zweifelsgrundsatz. Wenn er hier dennoch zu einer Zurechnung gelangt, dann zeigt sich bei genauerem Hinsehen zudem, dass er damit zugleich den zweiten Einwand gegen die Risikoerhöhungslehre bedient. In concreto knüpft Schünemann dann nämlich gar nicht an den konkreten Erfolg selbst an. Wenn er doch eine Risikoerhöhung bejaht, es sich aber überhaupt nicht mit der gebotenen Sicherheit ermitteln lässt, ob sich das geschaffene Risiko auch tatsächlich verwirklicht hat, so kann Schünemann denklogisch nur an die abstrakte Gefahr der Nichtdesinfektion anknüpfen. Damit wiederholt sich sodann aber auch der Vorwurf, dass die Risikoerhöhungslehre Verletzungsdelikte zu Gefährdungsdelikten umwandle.[566]

Schließlich bleibt m.E. auch offen, wann mit einer wertenden Betrachtung exakt davon gesprochen werden kann, ob die Einhaltung einer Norm noch „sinnvoll" erscheint, mithin also von einer Risikoerhöhung auszugehen ist.[567] Knüpft man wie so oft an Sachverständigenaussagen an, so ergeben sich daraus prinzipiell folgende Möglichkeiten: Entweder ein Ergebnis steht sicher fest, steht nur mit einer gewissen, mehr oder weniger hohen Wahrscheinlichkeit fest oder steht sicher nicht fest. Während die Rechtsprechung dem Grunde nach im Bereich der zweiten Gruppe den Zweifelssatz anwendet und freispricht, solange nicht mit

565 vgl. dazu *Krümpelmann*, GA 1984, S. 505.

566 zustimmend auch: *Toepel*, Kausalität und Pflichtwidrigkeitszusammenhang beim fahrlässigen Erfolgsdelikt, S. 170ff.

567 vgl. auch Lampe, welcher der Risikoerhöhungslehre bescheinigt, dass diese keinen Maßstab zur Qualifizierung der Risikoerhöhung bereitstellt; *Lampe*, ZStW 101 (1989), S. 47f.

der gebotenen Sicherheit feststehe, dass sich genau das dem Angeklagten vorgeworfene Risiko verwirklicht hat, kommt Schünemann hier zu durchaus unterschiedlichen Ergebnissen. Dass er im Radfahrerfall zum Freispruch gelangt, obwohl „nur" mit hoher Wahrscheinlichkeit feststand, dass der Unfall sowieso eingetreten wäre, und er andererseits im Ziegenhaarfall zu einer Zurechnung gelangen will, macht diese Unschärfe bereits deutlich. Zwar lässt sich einwenden, dass im Ziegenhaarfall von einer deutlich höheren Wahrscheinlichkeit auszugehen sei, dass die Pflichtverletzung schadensursächlich gewesen sei, und im Radfahrerfall wiederum die hohe Wahrscheinlichkeit für den Lkw-Fahrer sprach, dass die Pflichtverletzung keine Relevanz aufwies. Warum aber im Radfahrerfall bereits die hohe Wahrscheinlichkeit ausreichen soll, um einen Freispruch zu rechtfertigen, erklärt Schünemann nicht. Immerhin bestand doch zumindest eine Restwahrscheinlichkeit, dass es sich um einen atypischen Sachverhalt handelt, der nicht zu einem Unfall geführt hätte. Die Restwahrscheinlichkeit genügt Schünemann aber offensichtlich nicht, um die Einhaltung der Sorgfaltsnorm noch als sinnvoll zu erachten. Wie groß diese letztendlich aber genau sein muss, bzw. welche Größenordnung eine „Chancenveränderung" nun genau haben muss, damit sie eine Berücksichtigung findet und zu einer Risikobejahung führt, bleibt ungeklärt. Durch die Verwendung des Adjektivs „sinnvoll" bleibt mit anderen Worten völlig offen, wann von einem erhöhten Risiko auszugehen ist.[568]

Zusammenfassend lässt sich daher Folgendes sagen: Jede Spielart der Risikoerhöhungslehre leidet am Ende an der Unvollkommenheit der Risikofeststellung. Oben wurde versucht, aufzuzeigen, dass ein Nachweis dieser Risikorealisierung faktisch auf einen Kausalbeweis hinauslaufen dürfte, da andernfalls immer noch Verlaufsalternativen existieren, die mit mehr oder minder hoher Wahrscheinlichkeit ebenfalls den Erfolg herbeigeführt hätten. Verzichtet man auf den konkreten Nachweis zwischen Risikoerhöhung und Erfolg, bleibt den Anhängern nichts anderes übrig, als sich mit formelhaften Umschreibungen zu begnügen, dass die Sorgfaltspflichtverletzung „sinnvoll", „messbar", „echt", „wesentlich", „deutlich" oder sogar „spürbar" sein müsse.[569] Dass diese Begrifflichkeiten trügerisch sind, braucht kaum erwähnt zu werden. Soll eine Zurechnung tatsächlich bereits deshalb erfolgen, weil die Risikoerhöhung spürbar war? Und wenn ja, wer legt fest, wann etwas spürbar sein soll, um ein Mindestmaß an Objektivität

---

568 vgl. *Küpper*, Grenzen der normativierenden Strafrechtdogmatik, S. 102, m.w.N.

569 vgl. *Wolter*, Objektive und personale Zurechnung von Verhalten, Gefahr und Verletzung in einem funktionalen Straftatsystem, S. 336, m.w.N.; auch *Lampe*, ZStW 101 (1989), S. 47f., mit dem anschließenden Versuch einer eigenen Bestimmung; *Küpper*, Grenzen der normativierenden Strafrechtdogmatik, S. 102.

zu suggerieren? Aber selbst wenn das gelingen sollte, so stünde mit der spürbaren Erhöhung eben noch nicht deren tatsächlicher Zusammenhang fest. Vielmehr spricht nur eine Vermutung für die Beziehung zwischen Risikoschaffung und Erfolg. Damit stellt man sodann aber nicht auf die konkrete, sondern auf die abstrakte Gefährlichkeit des angeblichen Handlungsunrechtes ab. Somit vermag zusammenfassend keine Variante der Risikoerhöhungslehre gänzlich zu überzeugen. Entweder kann der Zusammenhang zwischen Risikosteigerung und Erfolg nicht sicher geführt werden, womit gegen den Zweifelsgrundsatz verstoßen wird, oder aber es wird auf diesen Zusammenhang verzichtet, sodass Erfolgsdelikte zu Gefährdungsdelikten umfunktioniert werden.

(4.) Anderes Ergebnis im Fall der Akzeptanz der Risikoerhöhungslehre?

Aber selbst wenn man dies anders sehen und im Ergebnis zu der Meinung gelangen würde, die Kritik an der Risikoerhöhungslehre, im Bereich der Fahrlässigkeitsdelikte, sei nicht überzeugend, so bliebe zu überprüfen, ob eine Anwendung als kausalitätsersetzende Zurechnungslehre nicht noch weitergehende Kritikpunkte zu Tage fördert, die einer Anwendung entgegenstehen. Führt man sich vor Augen, dass die Risikoerhöhungslehre in den obigen Beispielfällen regelmäßig zu einer Zurechnung und damit zu einer Bestrafung gelangt, dann wird der bisher in diesen Ausführungen vernachlässigte Vorwurf verständlich, dass die Risikoerhöhungslehre zu einer Haftungserweiterung führt.[570] Diesem Punkt kommt gerade im Zusammenhang mit einer kausalitätsersetzenden Wirkung eine gesteigerte Bedeutung zu.

Im Bereich der Fahrlässigkeitsdelikte wird dies von den Befürwortern mit der Begründung abgelehnt, die Risikoerhöhungslehre sei ein über die Kausalität hinausgehendes zusätzliches Tatbestandsmerkmal, womit diese doch im Gegenteil eine strafbeschränkende Wirkung habe.[571] Dass eine solche Interpretation schon im Bereich der fahrlässigen Begehung nur schwer haltbar ist, haben bereits die obigen Ausführungen und Beispielfälle gezeigt. Die Risikoerhöhungslehre kommt schließlich da zu einer Zurechnung, wo die Kausalität des Pflichtwidrigkeitszusammenhangs eine solche gerade ablehnt. Verzichtet man also auf die Kausalität des Pflichtwidrigkeitszusammenhangs und greift nur

570 vgl. *Prittwitz*, Strafrecht und Risiko, S. 330f.; *Arth. Kaufmann*, FS-Jescheck Bd. 1, S. 275f.

571 so etwa *Wolter*, Objektive und personale Zurechnung von Verhalten, Gefahr und Verletzung in einem funktionalen Straftatsystem, S. 337; auch *Schünemann*, GA 1985, S. 355.

noch auf die Risikoerhöhungslehre zurück, so kann man nur schwer behaupten, es komme zu einer Strafbarkeits*einschränkung*. Versucht man, der Risikoerhöhungslehre nunmehr eine kausalitätsersetzende Funktion beizumessen, so ließe sich der Vorwurf der Haftungserweiterung wohl kaum noch plausibel leugnen. Eher ist das Gegenteil der Fall, führen doch sowohl die Risikoerhöhungslehre als auch sämtliche Spielarten probabilistischer Theorien ihre Daseinsberechtigung letztlich auf den Umstand zurück, dass ein Verhalten sanktioniert werden kann, das bisher nur als sanktionswürdig gegolten hat, aber konkret nicht zugerechnet werden konnte.[572] Damit ist aber doch nichts anderes gesagt, als dass die Anzahl der Freisprüche zurückgedrängt werden soll.

Zwar sei durchaus zugestanden, dass damit gerade solche Fälle sanktioniert werden könnten, die das Rechtsgefühl auch als sanktionswürdig erachtet. Ungeachtet dieses vermeintlich gerechten Ergebnisses würde man sich aber eklatant über den gesetzgeberischen Willen hinwegsetzen, wenn statt der Kausalität nunmehr eine probabilistische Zurechnung ausreichen würde.[573] Die Kausalität ist insofern ja nicht nur ein allgemeines Element der Verbrechenslehre, sondern findet ihren konkreten Niederschlag nicht selten gerade im Wortlaut und somit im Tatbestand der vom Gesetzgeber erlassenen Verbotsnorm.[574] Damit sei aber bereits auch klargestellt, dass solche strafbarkeitseinschränkenden Voraussetzungen nicht nach Gutdünken zur Disposition stehen können.[575] So sehen beispielsweise der Raub mit Todesfolge, § 251 StGB und die fahrlässige Tötung, § 222 StGB die Kausalität als notwendige Bedingung der Strafbarkeit mit der Verwendung des Wortes „verursachen" explizit vor. Nun könnte man daraus schlussfolgern, dass wenn der Totschlag, § 212 StGB eine solche „Verursachung" im Wortlaut gerade nicht voraussetzt, dann auch eine probabilistische Zurechnung möglich sein kann. Dass aber auch der Totschlag nicht ohne das Kausalitätserfordernis auskommen kann, ergibt sich schon aus telelogischen Überlegungen. Wenn nämlich schon die schwächere Fahrlässigkeit die Kausalität fordert, dann kann daraus nur die Konsequenz gezogen werden, dass auch der stärkere

572 So sieht etwa *Schünemann* die Kausalität des Pflichtwidrigkeitszusammenhangs und den damit in Zweifelsfällen zur Anwendung kommenden Zweifelsgrundsatz als Grund für die schnelle Ausbreitung der Risikoerhöhungslehre; *Schünemann*, GA 1985, S. 354f.

573 so auch *Fincke*, Arzneimittelprüfung strafbare Versuchsmethoden, S. 72.

574 zur Funktion des Tatbestandes vgl. *Stratenwerth/Kuhlen*, Strafrecht AT, § 7, Rn. 7f. (S. 64f.).

575 so auch: *Hassemer*, Produktverantwortung im modernen Strafrecht, S. 29.

Totschlag eben diese voraussetzt.[576] Eine probabilistische Zurechnung auf Kausalebene erscheint mir daher als Verstoß gegen Art. 103 Abs. 2 GG bzw. den damit einhergehenden Grundsatz „nulla poena sine lege". Wenn also Koriath nach seiner Kritik an der Risikoerhöhungslehre dieser zumindest noch zu Gute hält, dass letztendlich keiner „etwas besseres anzubieten hat",[577] dann muss dieses Argument erst recht für die althergebrachte Äquivalenztheorie oder die Lehre von der gesetzmäßigen Bedingung gelten. Es macht im Ergebnis wenig Sinn, eine Lehre mit Schwächen durch eine andere Lehre zu ersetzen, die noch viel grundlegenderen Bedenken ausgesetzt ist. Bieten beide Ansätze Schwachstellen, so sollte m.E. die Lehre, welche rechtsstaatliche Grundsätze und die Rechte des Angeklagten am stärksten respektiert, den Vorzug bekommen. Es soll auch gar nicht bestritten werden, dass die Zurechnung in bestimmten Bereichen, wie der psychischen Kausalität, Probleme mit sich bringt. Aber deswegen auf die konkrete Erfolgszurechnung ganz zu verzichten und sich mit einer probabilistischen Theorie generell zu begnügen, scheint mir zu weitgehend. Verfährt man so, dann muss eine probabilistische Zurechnung das Nachsehen haben. Die Anwendung einer probabilistischen Zurechnung und damit auch kraft Risikoerhöhung ist nach hier vertretener Auffassung nicht geeignet, rechtsdogmatisch überzeugende Ergebnisse zu liefern.

cc) Die Vereinbarkeit des Ergebnisses mit der Lebenswirklichkeit

Folgt man den bisherigen Ausführungen, so sind die praktischen Konsequenzen doch wiederum ernüchternd. Sie führen schlussendlich zur Ablehnung der Kausalität und somit zur Verneinung des vollendeten Totschlages. Kann aber ein solches Ergebnis überhaupt sachgerecht sein? Dagegen könnte zu Recht sprechen, dass sich in der Praxis zahlreiche Beispiele dafür finden lassen, dass eine Zurechnung auch und gerade dann erfolgt, wenn Kausalgesetzte nicht (hinreichend) bekannt sind. Dabei sind die Lederspray-Entscheidung oder die bereits mehrmals angesprochene Contergan-Entscheidung nur einige Beispiele, bei denen wie bereits erörtert auf den Kausalitätsnachweis verzichtet wurde.[578] Aber auch im Bereich der psychischen Verursachung, namentlich bei der mittelbaren Täterschaft, der Beihilfe oder auch der Anstiftung, wird zwanglos von

576 im Erg. auch *Schlüchter*, der die Auffassung vertritt, zwischen § 222 StGB und § 212 StGB bestehe eine Beziehung, woraus sich dies ergebe; *Schlüchter*, JuS 1976, S. 314.
577 vgl. *Koriath*, Grundlagen strafrechtlicher Zurechnung, S. 491.
578 so auch *Hassemer*, Produktverantwortung im modernen Strafrecht, S. 49f.

einer Kausalität gesprochen, obwohl der menschliche Wille als frei[579] anerkannt wird.[580]

Bestimmt T1 den T2, den O zu nötigen, damit dieser (O) die gewünschte Handlung X vornehme, so wird, wenn O die Handlung X tatsächlich vornimmt, ohne den geringsten Zweifel davon ausgegangen werden, dass das Verhalten des T1 kausal sei. Eine kausalgesetzliche Erklärung würde hier niemand verlangen (wohl auch in Kenntnis, dass dies illusorisch wäre). Gleiches gilt für die mittelbare Täterschaft. Wenn der Hintermann dem Tatmittler vorspiegelt, das spätere Opfer habe vor, den Hintermann zu töten, weshalb der Tatmittler unbedingt zuerst den O töten müsse, so kann man wohl kaum den Schluss ziehen, dass der Tatmittler zwingend den O töten wird.[581] Ähnliches gilt für Fahrlässigkeitsdelikte. Lässt jemand versehentlich Rattengift offen stehen und trinkt das Opfer O aus der Flasche und verstirbt daraufhin, so wird man ohne Zweifel von einer Kausalität ausgehen; gleichwohl der Kenntnis, dass sich O auch hätte anders entscheiden können. Alle genannten Fälle zeigen, dass zur Erreichung sachgerechter Ergebnisse auf den Verursachungsnachweis verzichtet wird.

Hier zeigt sich dann aber auch, dass die Äquivalenzformel mit ihren Schwächen im Ergebnis dazu führen kann, dass letztlich auch nur Risiken zugerechnet werden. Denn nichts anderes passiert streng genommen in den obigen Fällen. Ähnliches gilt eben auch in unserem Fall. Durch die Manipulation hat der Arzt einen nicht deterministischen Geschehensablauf verhindert. Nicht determiniert ist dieser, weil eben kein gesichertes Naturgesetz existiert, mit welchem sich vorhersagen lässt, dass mit einem Spenderorgan zwangsläufig auch die Operation erfolgreich verläuft und die Immunsuppressiva wirken. Es stellt sich also die berechtigte Frage, warum man daher nicht auch hier auf den konkreten Nachweis verzichten sollte? Die Beantwortung der Frage scheint auf den ersten Blick ganz nahe, weil man das Verhalten des Arztes für (kriminalpolitisch) sanktionswürdig hält. Warum findet man die Manipulation von Patientenakten (kriminalpolitisch) aber überhaupt sanktionswürdig? Ein Grund wird wohl sein, dass man es für ungerecht erachten würde, wenn man trotz dieser kaum bestreitbaren Risikoschaffung ansonsten wohl dem Anschein nach straflos bliebe. Es ist also scheinbar nicht sachgerecht, nur deshalb nicht wegen eines vollendeten Delikte bestraft zu werden, weil man sich in einem nicht deterministischen Bereich befindet.

---

579 vgl. SK-StGB-*Rudolphi*, Vor. § 19, Rn. 1; vgl. auch: *Roxin*, Strafrecht AT I, S. 868ff.

580 vgl. *Puppe*, ZStW 95 (1983), S. 297.

581 vgl. dazu auch *Hoyer*, FS-Rudolphi, S. 97, mit weiteren Beispielen.

Soll aber wirklich bestraft werden, weil es nach unserem Rechtsgefühl für sanktionswürdig erachtet wird? Dazu sollte man sich den Zweck der Strafe vor Augen führen. Sanktionen erfolgen ja nicht ohne Grund, sondern sind Folge der Verletzung eines Gesetzes bzw. einer Norm. Es soll also auf das Übel reagiert werden, welches sich durch die Verletzung der Norm ergeben hat.[582] Wenn aber gar nicht hinreichend geklärt ist, ob es das Übel des Täters war oder aber ein natürlicher Lauf der Dinge, der zu dem Ergebnis geführt hat, dann erscheint es mir, als sollte man auch mit der Verhängung von Sanktionen Vorsicht walten lassen. Anderenfalls muss man dem Strafrecht durch die Aufweichung seiner Voraussetzungen den Vorwurf machen, dass der Fokus nicht mehr auf der eigentlichen Funktion der Sanktionierung von Unrecht liegt[583], sondern auch präventive Motive mit einbezogen werden, um auf bisher nicht sanktionsfähige Konstellationen scheinbar angemessen reagieren zu können.[584] Zwar mag Prävention grundsätzlich ein legitimes Ziel jedes Handelns sein, es darf aber nicht dazu führen, dass man althergebrachte Grundsätze über Bord wirft, nur um in Einzelfällen sachgerechte Entscheidungen zu erzielen. Immerhin sollte man sich nochmals Klarheit darüber verschaffen, dass Strafbarkeitsvoraussetzungen Teil des in Art. 20 Abs. 3 GG verankerten Rechtsstaatsprinzips sind. Die Veränderung strafrechtlicher Voraussetzungen ist damit gerade nicht nach jeweiligem Gutdünken möglich.[585] Rechtsstaatliche Bindung beinhaltet aber nicht nur die Bindung der Gerichte an Recht und Gesetz, sie soll darüber hinaus den Angeklagten vor unzulässigen Eingriffen in seine persönlichen Rechte bewahren. Rechtsstaatlichkeit lässt sich also auch als „Schutz vor Übermaß“[586] und mithin als ein Garant „für Gleichmaß und Kontrolle“[587] verstehen.[588] Die Aufweichung von Zurechnungsvoraussetzungen mag im Einzelfall daher kurzfristig zu befriedigenden Lösungen führen. Betrachtet man allerdings die mögliche Fernwirkung eines solchen Vorgehens, dann besteht zumindest die Gefahr, dass das Strafrecht in seiner Funktion, sich dem Bürger klar und möglichst widerspruchsfrei zu erklären, gefährdet werden kann.[589] Im Gegenteil kann wohl behaupten werden,

582 vgl. *Hassemer*, Einführung in die Grundlagen des Strafrechts, S. 317.
583 vgl. *Hassemer*, Produktverantwortung im modernen Strafrecht, S. 76.
584 kritisch zur präventiven Funktion des Strafrechts: *Hassemer*, Produktverantwortung im modernen Strafrecht, S. 25f. sowie 74ff.
585 vgl. *Hassemer*, Produktverantwortung im modernen Strafrecht, S. 29.
586 vgl. *Hassemer*, Einführung in die Grundlagen des Strafrechts, § 22, S. 197.
587 vgl. *Hassemer*, Einführung in die Grundlagen des Strafrechts, § 22, S. 197.
588 vgl. *Hassemer*, Einführung in die Grundlagen des Strafrechts, § 22, S. 196f.
589 vgl. *Hassemer*, Produktverantwortung im modernen Strafrecht, S. 72.

dass eine Flexibilisierung weniger zur Rechtssicherheit als vielmehr zu steigender Unsicherheit führen dürfte. Es ist eigentlich eine Selbstverständlichkeit, aber dennoch wert, noch einmal erwähnt zu werden. Jegliches Bedürfnis nach Strafe, ob von Seiten der Gerichte oder aber aus kriminalpolitischer Sicht, hat Grenzen. Diese Grenzen werden durch die (strafrechtlichen) Gesetze markiert.[590] Wenn das Gesetz also Kausalität voraussetzt, dann bedeutet das im Ergebnis, dass der Täter das Unrecht nachweislich verursacht und damit nicht nur das Risiko des Eintritts erhöht haben muss. Es bedeutet schließlich auch nicht, dass sich das Gericht mit generellen Kausalerklärungen und vermeintlichen Erfahrungssätzen begnügen sollte.

e) Ergebnis

Nach der hier vertretenen Ansicht lässt sich die Kausalität nicht überzeugend begründen. Weder die herkömmliche Äquivalenztheorie noch alternative Erklärungsmodelle vermögen zu überzeugen. Die Ausführungen haben gezeigt, dass der Versuch, eine Haftung des manipulierenden Arztes zu konstruieren, im Kern nur kriminalpolitische Interessen verfolgen würde, die lediglich auf Kosten dogmatischer Grundsätze erzielt werden würden.

B. Versuchter Totschlag gemäß §§ 212, 22, 23 Abs. 1 StGB

Gelangt man nach der hier vertretenen Ansicht zu dem Ergebnis, dass sich eine vollendete Tatbegehung nicht dogmatisch überzeugend begründen lässt, so stellt sich die Frage, ob nicht sodann die Voraussetzungen einer Versuchsstrafbarkeit gemäß §§ 212, 22, 23 Abs. 1 StGB bejaht werden können.[591] Immerhin kommt diese immer dann in Betracht, wenn der Tatbestand objektiv nicht zurechenbar vollendet wurde.[592] Voraussetzung wäre jedoch das Vorliegen des erforderlichen Tatentschlusses, also der entsprechende Wille des Täters, den Tatbestand zu realisieren.[593] Dabei stellen sich hier im Wesentlichen zwei Fragen, die es zu beantworten gilt. Erstens, ob überhaupt eine anderweitige Beurteilung der Kausalitätsfrage im Rahmen der Versuchsprüfung im Vergleich zum vollendeten Delikt möglich ist und wenn diese Frage positiv beantwortet werden kann, ob

---

590 vgl. *Hassemer*, Einführung in die Grundlagen des Strafrechts, § 22, S. 196f.

591 Die Strafbarkeit des Versuches ergibt sich aus § 23 Abs. 1 StGB i.V.m. § 12 Abs. 1 StGB.

592 vgl. LK-*Hillenkamp*, Vor § 22, Rn. 11.

593 vgl. HK-GS/*Ambos*, § 22, Rn. 10ff.

dann auch der entsprechende Vorsatz des manipulierenden Arztes hinsichtlich aller Merkmale des objektiven Tatbestandes festgestellt werden kann.

1. Unterschiedliche Beurteilung zwischen Versuch und Vollendung?

Zunächst muss der Frage nachgegangen werden, ob die Kausalität im Rahmen der Versuchsprüfung überhaupt anders beurteilt werden kann als beim vollendeten Delikt, also man zumindest bei der Versuchsstrafbarkeit zu einer Zurechnung gelangen kann. Dass dies nicht gänzlich unumstritten ist, wurde bereits oben kurz angesprochen und soll nun ausführlicher dargestellt werden.[594] Gegen eine solch unterschiedliche Beurteilung könnte man nämlich verständlicherweise einwenden, dass die Versuchsstrafbarkeit dem Grunde nach inhaltlich nicht weiter reichen kann als die der Vollendung.[595] Man könnte also bei stringenter Einhaltung dieses Grundsatzes sagen, dass eine Zurechnung hier ausscheiden müsse, da der handelnde Arzt aufgrund des hier bestehenden Indeterminismus aus ex-ante Sicht gar nicht (sicher) davon ausgehen konnte, dass der tatbestandliche Erfolg auch eintritt. Das wäre – wie bereits erwähnt – vielmehr nur dann möglich, wenn der angeklagte Arzt sich das Kausalgeschehen irrig als determiniert vorstellen würde.[596] Vertreter einer solch engen Sicht erkennen auch die Brisanz ihrer Auffassung, nämlich, dass damit faktisch ein rechtsfreier Raum geschaffen werden würde, wonach eine Strafbarkeit in nicht determinierten Bereichen nicht zu begründen wäre. Um diese Diskrepanz zu schließen, wird sodann erneut auf das Erfordernis der Risikoerhöhungslehre abgestellt, diese anstelle der bisher geforderten strikten Kausalgesetze zu nutzen.[597]

Den subjektiven Tatbestand als exaktes Gegenstück des objektiven Tatbestandes zu betrachten, verkennt meines Dafürhaltens aber die Bestandteile des Vorsatzes. Der Vorsatz ist definiert als der „Wille zur Verwirklichung eines

594 siehe dazu: Kap Zwei, A, II, 3, c); vgl. auch *Verrel*, MedR 2014, S. 466f.

595 so bspw. *Bülte*, StV 2013, S. 753.; aber auch *Kudlich*, NJW 2013, S. 919; so verstanden auch: *Fateh-Moghadam*, MedR 2014, S. 665; a.A. *Walder*, SchwZStR 93 (1977), S. 143, m.w.N., der es für ausreichend erachtet, dass der Täter den Kausalzusammenhang nur im „Großen und Ganzen" zu erfassen braucht, da es sich um ein zukünftiges Geschehen handele, dessen genauen Verlauf man nicht exakt vorhersehen kann.

596 so *Puppe*, FS-Roxin zum 70. Geburtstag, S. 304f., m.w.N.; NK-StGB-*Puppe*, vor. § 13, Rn. 136; *Brammsen*, MDR 1989, S. 125f., der dies i.R. der unechten Unterlassungsdelikte diskutiert; a.A. dagegen *Fincke*, Arzneimittelprüfung strafbare Versuchsmethoden, S. 82ff.; differenzierend: *Kudlich*, NJW 2013, S. 919.

597 vgl. *Puppe*, FS-Roxin zum 70. Geburtstag, S. 305.

Straftatbestandes in Kenntnis aller seiner Tatumstände".[598] Er besteht also aus einem kognitiven Element (dem Wissen) und einem voluntativen Element (dem Wollen).[599] Sieht man im subjektiven Tatbestand aber exakt das Pendant zum objektiven Tatbestand, dann bewertet man den kognitiven Teil über und vernachlässigt den voluntativen Teil. Das Wollens-Element des Täters, den Tatbestand zu verwirklichen, würde dann bei der Beurteilung gar keine Rolle mehr spielen. Das wiederum steht aber im Widerspruch zum Strafgrund des Versuches, welcher nach der „*Eindruckstheorie*" gerade darin zu sehen ist, dass der Täter durch die Betätigung seines rechtsfeindlichen Willens den Eindruck bei der Allgemeinheit erweckt, dass es zu einer Erschütterung des Rechtsbewusstseins und zu einer Gefährdung des Rechtsfriedens kommen kann.[600] Daran zeigt sich dann aber auch, dass anders als beim vollendeten Delikt nicht an den Unwert des Erfolges selbst, sondern an den Unwert der Handlung anknüpft werden soll. Der Täter droht also, allein durch die Manifestierung seines Willens den Rechtsfrieden zu stören.[601] Wird also richtigerweise an den Handlungsunwert angeknüpft, wie es im Übrigen wohl auch das LG Göttingen in dem zugrunde liegenden Fall getan hat,[602] dann ergeben sich die oben gestellten Nachweisprobleme der Kausalität nicht, da diese nur den Erfolgsunwert bei dem vollendeten Delikt betreffen. Die rechtsfeindliche Willensbetätigung und damit das Handlungsunrecht stehen dagegen mit der Manipulation der Akten fest. Die gegenteilige Auffassung erscheint mir aber auch aus einem weiteren Gesichtspunkt weniger überzeugend. Legt man nämlich tatsächlich den Schwerpunkt auf die Kenntnis,

---

598 BGH NJW (1964), S. 1331.

599 vgl. *Müller*, JA 2013, S. 585; *Roxin*, Strafrecht AT I, S. 437, Rn. 4; *Kudlich*, JA 2013, S. 153.

600 so die h.M,: vgl. bspw. *Haas*, ZStW 123 (2011), S. 228, m.w.N.; *Streng*, ZStW 109 (1997), S. 865; *Wessels/Beulke/Satzger*, Strafrecht AT, S. 237., Rn. 594; S/S-*Eser/Bosch*, Vorbem. §§ 22 ff. Rn. 22; vgl. auch: *Schünemann*, GA 1986, S. 311. Dagegen sieht die objektive Theorie den Strafgrund des Versuches darin, dass durch ihn das zu schützende Rechtsgut bereits unmittelbar gefährdet wird; vgl. dazu etwa *Malitz*, Der untaugliche Versuch beim unechten Unterlassungsdelikt: Zum Strafgrund des Versuchs, S. 138ff. auch 154f.; S/S-*Eser/Bosch*, Vorbem. §§ 22 ff. Rn. 18. Gegen die objektive Theorie wird aber eingewendet, dass sie nicht dem Gesetzeswortlaut des § 22 StGB entspricht, der auf die Vorstellung des Täters von der Tat abstellt; vgl. dazu *Streng*, ZStW 109 (1997), S. 864.

601 vgl. *Fincke*, Arzneimittelprüfung strafbare Versuchsmethoden, S. 84.

602 vgl. LG Göttingen, Urteil v. 06.05.2015, Az.: 6 Ks 4/13 (nicht rechtskräftig), das ebenfalls von der Möglichkeit einer Versuchsstrafbarkeit ausgegangen ist und die Anklage u.a. wegen elffachen versuchten Totschlages zugelassen hat.

dann müsste man auch in den Fällen der überholenden Kausalität und in denen des untauglichen Versuches zu einer Straffreiheit gelangen. Denn in beiden Konstellationen hat der Täter zum Tatzeitpunkt (ex-ante) keine Kenntnis, dass der Erfolg im Falle der überholenden Kausalität später ohne sein Zutun eintreten wird[603] und im Falle des untauglichen Versuchs der Erfolg entgegen den Vorstellungen des Täters gar nicht erst zum Erfolg kommen kann.[604] Letztlich lässt sich also sagen, dass der Versuch sich gerade dadurch auszeichnet, dass der Täter ex-ante nie mehr als eine mehr oder minder hohe Wahrscheinlichkeitsaussage dahingehend treffen kann, ob der Erfolg nach seiner Vorstellung eintreten wird.[605] Ist dem so, muss aber auch das voluntative Element entsprechend Berücksichtigung finden.[606]

2. Vorliegen des erforderlichen Tatentschlusses?

a) Allgemeines

Besondere Schwierigkeiten im Rahmen der Tötungsdelikte ergeben sich regelmäßig zudem bei der Feststellung des erforderlichen Tatentschlusses. Diese Schwierigkeiten resultieren überwiegend daher, dass eine Vielzahl von (versuchten) Tötungen nicht absichtlich oder wissentlich geschehen und daher nur mittels Eventualvorsatzes bejaht werden können. Die Anwendung des Eventualvorsatzes führt aber aus zwei Gründen zu den angesprochenen Schwierigkeiten. Zum einen ist die Grenze zwischen Eventualvorsatz und bewusster Fahrlässigkeit nicht immer leicht zu bestimmen. Zweitens wird im Rahmen der Tötungsdelikte von der Rechtsprechung gefordert, dass eine besondere „Hemmschwelle" überwunden werden müsse, um auf einen Tötungsvorsatz schließen zu können. Nachfolgend soll daher untersucht werden, ob ein entsprechender Vorsatz, ggf. unter Berücksichtigung der erforderlichen Hemmschwelle, zu bejahen ist.

---

603 zur Konstellation der überholenden Kausalität siehe etwa: *Jakobs*, Strafrecht AT, § 7, Rn. 13; *Wessels/Beulke/Satzger*, Strafrecht AT, S. 65, Rn. 167.

604 zum untauglichen Versuch siehe: *Roxin*, Strafrecht AT II, § 29, Rn. 6f. sowie 346ff.

605 so auch *Fincke*, Arzneimittelprüfung strafbare Versuchsmethoden, S. 84

606 andere Ansicht: *Schneider/Buch*, Neue Kriminalpolitik 2013, S. 367, die eine Versuchslösung ablehnen; für eine Versuchsstrafbarkeit dagegen: *Rissing- van Saan*, NStZ 2014, S. 241f.; differenzierend: *Verrel*, MedR 2014, S. 466ff., der eine Versuchsstrafbarkeit anerkennt, aber die Strafbarkeit am Schutzzweck der Norm scheitern lässt.

b) Eventualvorsatz auf Herbeiführung des Todes zum Zeitpunkt der Tat?

aa) Anforderungen an den Eventualvorsatz

Betrachtet man die Fallkonstellation, dann wird man übereinstimmend zu dem Ergebnis gelangen, dass, wenn überhaupt, nur Eventualvorsatz bei dem Angeklagten in Frage kommen kann. Immerhin bestand sein Ziel augenscheinlich nicht darin, andere Listenplatzpatienten zu töten, sondern die eigenen Patienten im bestmöglichen Maße zu versorgen. Eventualvorsatz ist mithin das Mindestmaß, das im Rahmen des Tatenschlusses bejaht werden muss.[607] Dabei ist es – wie bei dem vollendeten Delikt – nicht ausreichend, dass nur ein Risiko geschaffen wird,[608] was sich daraus ergibt, dass auch der Versuch schließlich auf Vollendung und nicht nur auf eine Risikoschaffung gerichtet ist.[609] Folgt man der von der Rechtsprechung und h.M.[610] zugrunde gelegten „*Billigungstheorie*", ist von einem Eventualvorsatz dann auszugehen, wenn der Täter den tatbestandlichen Erfolg durch sein Handeln für möglich hält und sich dennoch für die Rechtsgutsverletzung entscheidet, diese also billigend in Kauf nimmt.[611] Eng verbunden mit der Frage des Eventualvorsatzes – und im Rahmen der Tötungsdelikte eines der zentralen Probleme – ist die Frage, wann *bereits* von einem Eventualvorsatz oder *noch* von bewusster Fahrlässigkeit auszugehen ist.[612] Im letzteren Fall würde eine Versuchsstrafbarkeit mangels Vorsatzes ausscheiden. Die bewusste Fahrlässigkeit zeichnet sich im Gegensatz zum Vorsatz nun dadurch aus, dass der Täter die Gefahr seines Handelns zwar erkennt, aber dennoch (leichtsinnig) darauf vertraut, dass der Erfolg ausbleibt.[613] Wann aber liegt ein „Vertrauen" genau vor?

---

607 so die ganz h.M. BGH NStZ 1998, S. 616; LK-*Hillenkamp*, § 22, Rn. 31; SK-StGB-*Rusdolphi*, § 22 Rn. 2; HK-GS-*Ambos*, § 22, Rn. 13; *Gropp*, Strafrecht AT, § 9, Rn. 17; *Wessels/Beulke/Satzger*, Strafrecht AT, S. 239, Rn. 598; Kritisch: *Streng*, JZ 1990, S. 219; *Schmidhäuser*, Strafrecht AT (1975), S. 599, Rn. 25; *Herzberg*, NStZ 1990, S. 314f; andere Ansicht: *Bauer*, wistra 91, S. 168ff., der sich gegen den dolus eventualis im Bereich der Versuchsstrafbarkeit ausspricht; vgl. auch: *Streng*, JZ 1990, S. 219f.

608 vgl. NK-StGB-*Zaczyk*, § 22 Rn. 13; e.A. *Frisch*, Vorsatz und Risiko, S. 65ff., 118, 257.

609 vgl. NK-StGB-*Zaczyk*, § 22 Rn. 13; e.A. *Frisch*, Vorsatz und Risiko, S. 65ff., 118., 257.

610 vgl. *Kudlich*, JA 2013, S. 153.

611 vgl. BGH NJW 2012, S. 1525; *Schroth*, NStZ 1990, S. 324; *Roxin*, Strafrecht AT 1, §12, Rn. 36ff., 27; *Wessels/Beulke/Satzger*, Strafrecht AT, S. 88, Rn. 214; BGH NJW 1963, S. 2237.

612 vgl. dazu *Müller*, JA 2013, S. 585f.; MK-StGB-*Schneider*, § 212, Rn. 6.

613 vgl. BGH NJW 1955, S: 1690; BGH NStZ 1989, S. 116; *Roxin*, Strafrecht AT 1, S. 448, Rn. 27; *Wessels/Beulke/Satzger*, Strafrecht AT, S. 89, Rn. 216. Kritisch zu der Abgrenzbarkeit von dolus eventualis und bewusster Fahrlässigkeit: *Fahl*, NStZ 1997, S. 392; *Fahl*, JuS 2013, S. 502.

Vertrauen darf man in diesem Zusammenhang zumindest nicht mit einer bloße Hoffnung gleichsetzen, alles werde gut gehen. Vertraut man nämlich ernsthaft darauf, dass der Erfolg nicht eintritt, so ist dem Täter die deliktische Verwirklichung dem Grunde nach weiterhin fremd. Es ist daher zu verlangen, dass zur Anerkennung eines ernsthaften Vertrauens vernünftige Gründe vorliegen müssen, die ein solches Vertrauen rechtfertigen.[614] Lässt sich ein solch berechtigtes Vertrauen begründen, ist nur noch Platz für die bewusste Fahrlässigkeit. Klassische Beispiele hierfür sind gefährliche Handlungen im Straßenverkehr, in denen der Täter durch sein Verhalten, wie riskante Überhol- oder Bremsmanöver, andere Straßenverkehrsteilnehmer in erheblichem Maße gefährdet, aber dennoch stets aufgrund seiner (vermeintlich) guten Fahrkünste auf den guten Ausgang vertraut. Ein vernünftiges Vertrauen auf den guten Ausgang lässt sich dabei mit dem eigenen Interesse des Täters begründen, sich nicht selbst in Lebensgefahr zu begeben. Von bloßer Hoffnung ist demgegenüber auszugehen, wenn man bereits ernsthaft mit dem Eintritt des tatbestandlichen Erfolges rechnet und nur noch eine wie auch immer geartete Hoffnung auf etwas pflegt, das den Erfolg doch noch abzuwenden vermag.[615]

Neben der ohnehin nicht leichten Abgrenzung wird darüber hinaus von Seiten der Rechtsprechung (noch)[616] gefordert, dass es im Rahmen der Tötungsdelikte auch zum voluntativen Element gehöre, dass der Täter eine besondere „Hemmschwelle“ überschreite.[617] Dass es sich bei der sog. „*Hemmschwellentheorie*“ dabei weniger um eine wirkliche Theorie als vielmehr um Anforderungen an den konkreten Begründungsaufwand handelt, ist seit langem bekannt.

---

614 *Puppe*, NStZ 2014, S. 184, 187; *Puppe*, JR 2012, S. 478; MüKo-*Schneider*, § 212, Rn. 64.

615 vgl. *Roxin*, Strafrecht AT 1, § 12, Rn. 27.

616 Im Jahr 2012 stellte der 4. Senat des BGH [BGH NJW 2012, 1526] klar: „Im Verständnis des BGH erschöpft sich die ‚Hemmschwellentheorie‘ (...) in einem Hinweis auf § 261 StPO“. Folgt man dem, so bedarf es zukünftig keiner weiteren besonderen Feststellung mehr hinsichtlich einer etwaigen Überschreitung der Hemmschwelle. Vielmehr kann der erforderliche Vorsatz bereits mit reiner „Billigung“ des Geschehens bejaht werden. Eine Verneinung wäre dann nur noch möglich, wenn Umstände gegeben sind, die für die Annahme sprechen, der Täter habe noch auf den guten Ausgang gehofft. [Vgl. *Puppe*, JR 2012, S. 478.] Gegen eine völlige Aufgabe der Hemmschwellentheorie spricht aber die sich anschließende Entscheidung [BGH NStZ 2014, 35], in der der 2. Senat ausdrücklich das Hemmschwellenerfordernis erwähnt. Daher soll im Rahmen dieser Arbeit die „Hemmschwellentheorie“ entsprechend berücksichtigt werden.

617 vgl. BGH NStZ 1983, 407; BGH NStZ 2014, 35; BGH NStZ 2010, 512; BGH NStZ 2003, 603; BGH NJW 2012, S. 1524; *Leitmeier*, NJW 2012, S. 2851, mit krit. Anmerkung.

Schließlich beschreibt die „Hemmschwelle" lediglich einen Prozess, der bei ausreichender Intensität dazu führt, dass die „Schwelle" überschritten wird, bei der die Hemmung überwunden ist, seinesgleichen zu töten. Damit beschreibt sie vielmehr nur einen biologischen Prozess.[618] Versteht man sie dennoch als „Theorie", dann wurde sie von Seiten des BGH bisher dahingehend verstanden, dass (1.) bei objektiv extrem gefährlichen Handlungen auch mit dem Tod von Seiten des Täters gerechnet werden müsse. Handelt der Täter in Kenntnis dieser Lage, so kann auch der Schluss gezogen werden, dass der Täter den Erfolg billigend in Kauf genommen hat.[619] (2.) Auf der anderen Seite setzt nun mal die Tötung eines anderen Menschen voraus, dass auch die entsprechende „Hemmschwelle" überschritten wird. Daher ist es unerlässlich zu untersuchen, ob diese Schwelle bereits überschritten wurde. So sind nämlich durchaus Konstellationen denkbar, in denen der Täter zwar aus objektiver Sicht extrem gefährlich handelt, er aber dennoch nicht den Tod eines anderen Menschen in Kauf genommen hat, beispielsweise weil er eben drauf vertraut hat, es werde schon nichts geschehen.[620] Es lässt sich also sagen, dass der BGH Handlungen, welche „generell geeignet" sind, „tödliche Verletzungen herbeizuführen", nicht per se ausreichen lässt, um dadurch das voluntative Element zu bejahen.[621] Vielmehr wird die objektive Gefährlichkeit als ein Indiz unter vielen gewertet.[622] Erforderlich ist deshalb, „eine Gesamtschau aller objektiven und subjektiven Tatumstände".[623]

bb) Indizien für und gegen das Vorliegen des Eventualvorsatzes

Ausgehend davon gilt es also, sämtliche Indizien darauf zu untersuchen, ob diese für oder gegen das voluntative Element ins Feld geführt werden können. Dabei lässt sich grundsätzlich Folgendes konstatieren: Betrachtet man die Motivationslage des manipulierenden Arztes, dann wird man unterstellen können, dass sein primäres Handlungsziel nicht darin bestanden hat, einen anderen Menschen durch die Manipulation zu schädigen oder gar zu töten, sondern den eigenen

618 vgl. *Fahl*, JuS 2013, S. 500; LK-*Vogel*, § 15, Rn. 111.

619 vgl. BGH JR 2012, S. 475; BGH NStZ 1986, S. 550; vgl. auch *Fahl*, JuS 2013, S. 500. So bejahte der BGH bereits aufgrund dieser Kriterien bspw. folgende Fälle: BGH NStZ 2012, S. 208 (Tritte gegen den Kopf); BGH VRS 63, S. 119 (Steinwurf von einer Autobahnbrücke); BGH NJW 1955 S. 1688ff. (Lederriemenfall).

620 vgl. BGH JR 2012, S. 475; BGH NStZ 2011, S. 338; BGH NStZ 1986, S. 549; vgl. auch *Fahl*, JuS 2013, S. 500.

621 vgl. BGH NStZ 1986, S. 550.

622 zustimmend wohl auch: *Schroth*, NStZ 1990, S. 325.

623 BGH NStZ 1989, S. 116.

Patienten gerade vor zukünftigen Gefahren zu behüten. Es ließe sich auch durchaus in Übereinstimmung mit dem LG Göttingen und Schroth argumentieren, dem manipulierenden Arzt lediglich einen Gefährdungsvorsatz zu unterstellen, da mit der Manipulation nicht zwingend auch die Feststellung einhergeht, kein Organ mehr zu erhalten. Denn, wie gezeigt, besteht zum einen weiterhin die Möglichkeit, auch im Standardverfahren berücksichtigt zu werden, als auch die Möglichkeit, ein Organ im Rahmen des beschleunigten Verfahrens und mithin außerhalb des Regelverfahrens zu erhalten. Der manipulierende Arzt könnte sich folglich dahingehend einlassen, dass er darauf vertraut habe, dass übergangene Patienten noch rechtzeitig selbst ein Organ zugeteilt bekommen. Ist eine derartige Einlassung überzeugend, könnte man nur einen Gefährdungsvorsatz, nicht aber einen Tötungsvorsatz feststellen, womit ein entsprechender Tatentschluss zu verneinen wäre.[624]

Eine derartige Argumentation erscheint mir aber nicht zwingend. Besonders vernachlässigt sie in hohem Maße den Umstand, dass der Angeklagte als Experte die Konsequenzen seines Handelns mehr als absehen konnte und sich der objektiven Gefährlichkeit seiner Handlung damit bewusst war. Nun kann alleine das Wissen des Angeklagten natürlich nicht automatisch auch zur Begründung des Wollens angeführt werden. Dennoch kann auch das Wissen des Angeklagten bei einer Beurteilung als Indiz entsprechend berücksichtigen werden, wenn es Rückschlüsse auf das voluntative Element gestattet.[625]

Als Experte auf dem Gebiet der Transplantationsmedizin ist der Angeklagte sowohl mit den medizinischen als auch mit den verteilungsspezifischen Problemen dieses Bereichs bestens vertraut. Er war sich daher bewusst, dass es einen negativen Einfluss für andere auf der Liste stehende Patienten haben muss, wenn er falsche Informationen an Eurotransplant übermittelt. Anderenfalls hätte er die Manipulation auch gar nicht durchführen müssen, da die Manipulation ansonsten für seine Patienten keinen Nutzen gehabt hätte. Aufgrund dieser Kenntnis musste der Angeklagte auch dahingehendes spezifisches Wissen besitzen, dass ein Mensch auf die Liste für eine potentielle Organzuteilung nur deshalb gelangt, weil eine ernsthafte medizinische Indikation besteht, die den Tod nicht ausschließt. Genau eine solche Kenntnis bestand auch – wie das OLG Braunschweig

---

624 so im Ergebnis *Schroth*, NStZ 2013, S. 442f.; *Schroth*, NStZ 2014, S. 489; ebenso wohl das LG Göttingen, Urteil v. 06.05.2015 (Az.: 6 Ks 4/13) nach den Presseberichten, vgl. bspw. http://blog.beck.de/2015/05/07/manipulationen-bei-organtransplantation-kein-totschlagsversuch, (zuletzt abgerufen am 18.12.2015).

625 vgl. BGH, NStZ 1989, S. 116.

richtig beurteilt hat[626] – durch die Einlassung des Angeklagten. Diese bestand nunmehr darin, die Manipulation nur deshalb durchgeführt zu haben, weil er seine eigenen Patienten bereits in einer medizinisch kritischen Lage gesehen hat, obwohl die ausschlaggebenden Werte, die für eine Listenaufnahme erforderlich sind, dies noch nicht bestätigt haben.[627] Es zeigt sich also, dass ein Bewusstsein dafür vorhanden war, dass eine Organzuteilung schon dann erforderlich erscheinen kann, wenn die Aufnahmevoraussetzungen noch nicht einmal erfüllt sind. Dann aber muss man sich erst recht im Klaren darüber sein, dass Patienten mit einem bereits vorhandenen Listenplatz eine derartige medizinische Konstitution aufweisen, die es nicht gestattet, diese länger als unbedingt nötig warten zu lassen. Manipuliert man dennoch, so muss sich der Angeklagte als Experte der fatalen gesundheitlichen Konsequenzen, die daran anknüpfen können und die schließlich zum Tod führen können, auch bewusst gewesen sein. Dass dies so ist, belegt auch der Umstand, dass er genau wusste, welche Werte „geschönt" werden mussten, um eine entsprechende medizinische Indikation vorzutäuschen, die eine Transplantation notwendig erscheinen lässt. Kennt er aber die erforderlichen Werte, so muss er sich bewusst sein, dass Patienten auf der Liste diese Werte tatsächlich aufweisen. Dieses hohe Maß an Wissen und die sich daraus ergebenden schweren Folgen sprechen also sehr wohl für die Billigung des Todes.

Dabei muss es meines Erachtens auch irrelevant sein, dass der Angeklagte weder die übergangenen Patienten noch deren genaue Leidensgeschichte kennt.[628] Ein derartiges Wissen kann kaum vorausgesetzt werden, da es eine Vielzahl von Fallgestaltungen gibt, in denen der Täter das vermeintliche Opfer – trotz entsprechenden Vorsatzes – nicht in persona kennt. Beispielhaft sei hier die Passauer Giftfalle[629] genannt, bei der ein Angeklagter (ein Apotheker) nach einem Einbruch in seinem Haus eine mit Gift gefüllte Flasche in der Erwartung im Haus aufstellte, dass Einbrecher, die erneut auftauchen würden (wofür es Anhaltspunkte gab), diese trinken und daraufhin daran versterben würden. Auch hier scheiterte das versuchte Tötungsdelikt nicht daran, dass die möglichen Opfer dem Täter unbekannt waren.

Entscheidend ist vielmehr, dass der Arzt eine Kenntnis in der oben dargestellten Form besaß, nämlich dass ein Mensch nur auf der Liste für eine potentielle Organzuteilung steht, weil eine ernsthafte medizinische Indikation besteht, die

---

626 zustimmend auch: *Verrel*, MedR 2014, S. 466.

627 vgl. Beschluss OLG Braunschweig vom 20.03.2013, Az: Ws 49/13, S. 6, Rn. 41.

628 andere Ansicht: *Schroth* NStZ 2013, S. 442; *Schroth*, NStZ 2014, S. 489; zustimmend dagegen: *Böse*, zjs-1/2014, S. 119f.

629 vgl. BGHSt, 43, 177 = BGH NJW 1997, S. 3453f.

den Tod nicht ausschließt. Hat er eine solche Kenntnis, dann muss aber nicht auch noch das exakte Krankheitsbild bekannt sein.

Dieser Befund wird zudem dadurch untermauert, dass es sich bei der Manipulation der Patientendaten nicht einfach um eine Art Spontantat gehandelt haben kann, bei der die zu erwartenden Folgen mitunter tatsächlich nicht hinreichend bedacht werden. Vielmehr wird der Angeklagte zunächst alle legalen Möglichkeiten durchdacht haben, um den Gesundheitszustand seines Patienten zu verbessern, und erst dann die Möglichkeit der Manipulation in Erwägung gezogen haben. Dies ist letztlich aber eine Frage der konkreten tatrichterlichen Ermittlungen. Dennoch verstärkt sich der Eindruck, dass auch durch das scheinbar zielgerichtete Vorgehen mit dem Ziel, eigene Patienten bevorzugt behandeln zu können, der Tod anderer Patienten billigend in Kauf genommen wurde. Das Wissen des Angeklagten über die objektive Gefährlichkeit seines Tuns im Einklang mit der Entscheidung, sich auf die Seite des Unrechts zu begeben und die Folgen sehenden Auges in Kauf zu nehmen, sprechen erheblich für eine Billigung des Todes.

Als Einwand gegen das voluntative Element wird weiterhin ins Feld geführt, dass der übergangene Patient im Motivationsgefüge des angeklagten Arztes nicht mehr vorzukommen vermag, da ausschließlich die Sorge um den eigenen Patienten die Handlung bestimmt.[630] Wäre dem tatsächlich so, dann würde dies nicht weniger bedeuten, als dass sich der Angeklagte über die Folgen seines Handelns keinerlei Gedanken gemacht hätte. Dies erscheint aber unwahrscheinlich. Geht man wie Schroth überzeugend davon aus, dass das Ziel jedes Arztes darin besteht, Leben zu retten anstatt zu zerstören,[631] dann spricht zumindest die realistischere Annahme dafür, dass ein Arzt, der sich bewusst für das Unrecht an anderen Patienten entscheidet, sich auch der Konsequenzen seines Handelns bewusst ist. Insbesondere wenn sich daraus existentielle Folgen für die Patienten ergeben können. Als ausgewiesener Experte auf seinem Gebiet sind ihm diese Folgen auch bekannt. Würde der übergangene Patient dagegen tatsächlich nicht im Motivationsgefüge des Angeklagten vorkommen, dann müsste man ihm auch bereits das kognitive Element absprechen, da er sich den Folgen seiner Handlung mangels Wissens gar nicht bewusst sein würde. Vor lauter Sorge um den eigenen Patienten wüsste er also gar nicht, was er anrichtet. Dies steht aber im eklatanten Widerspruch zu dem soeben Festgestellten, wonach der Angeklagte erhebliches Fachwissen in sich vereint. Stellt man dagegen auf das Vorhandensein des

630 vgl. *Schroth*, NStZ 2013, S. 442f.; *Schroth*, NStZ 2014, S. 489f.
631 vgl. *Schroth*, NStZ 2013, S. 442f.

kognitiven Elements ab und bescheinigt dem Angeklagten dennoch, dass sein Motivationsgefüge den übergangenen Patienten nicht beinhaltet, dann würde dies auf eine bloße „Gleichgültigkeit" hinauslaufen. Dem Angeklagten wären die Folgen seiner Handlung trotz Kenntnis also scheinbar egal. Die Annahme einer Gleichgültigkeit ist auch naheliegend, da das Handeln des angeklagten Arztes doch durch ein besonders egoistisches Verhalten, eigene Patienten retten zu wollen, gekennzeichnet ist. Nun ist das Retten von eigenen Patienten nicht per se als egoistisch zu beurteilen, sondern dessen eigentliche Aufgabe. Eine Gleichgültigkeit muss aber ab dann angenommen werden, wenn er „Lebenschancen" aus eigennützigen Motiven zu seinen Gunsten verändert. Verfährt er aber so, dann manifestiert sich darin auch ein Desinteresse gegenüber anderen Patienten und deren Leben. Ein solches Desinteresse an anderem Leben steht auch nicht im Widerspruch zum ärztlichen Ethos, menschliches Leben behüten zu wollen. Dieser Wille besteht zweifellos nur eben gegenüber einer kleinen Zahl von Patienten, zu welchen der angeklagte Arzt eine persönliche Bindung pflegt.

Gleichgültigkeit vermag aber ebenfalls den Eventualvorsatz zu bejahen.[632] Billigen setzt nämlich keineswegs voraus, dass der Täter den tatbestandlichen Erfolg positiv erstrebt. Ausreichend für die positive Feststellung des Eventualvorsatzes ist, dass dem Täter der Erfolg zwar an sich unerwünscht ist, er sich aber dennoch auf die Seite des Unrechts schlägt, um sein angestrebtes Ziel zu erreichen.[633] Es hat sich also gezeigt, dass aufgrund der vorhandenen Expertise sehr wohl auch Rückschlüsse auf das voluntative Element gezogen werden können.

Als Indiz gegen einen Eventualvorsatz wird weiter vorgetragen, dass der Arzt in Kenntnis des Vergabeverfahrens weiterhin auf den guten Ausgang deshalb vertrauen durfte, weil eine Organzuteilung neben dem Standardverfahren ebenso über die besondere Vergabeform des beschleunigten Verfahrens[634] möglich gewesen sei, womit der Tod noch keine ernsthaft zu erwartende Folge darstellen müsse.[635] Insbesondere das LG Göttingen scheint nach bisheriger Kenntnis in seinem bislang noch nicht veröffentlichten Urteil v. 06.05.2015 einer solchen Argumentation zu folgen, wenn es feststellt, dass im Prozess nicht widerlegt werden konnte, dass es dem angeklagten Arzt an dem nötigen Vertrauen hinsichtlich des

---

632 vgl. BGH NStZ-RR 2007, S. 44; BGH NJW 1995, S. 974; BGH NJW 1960, S. 1822; *Wessels/Beulke/Satzger*, Strafrecht AT, S. 90, Rn. 221, m.w.N.

633 vgl. BGH NJW 1955, S. 1690; BGH NStZ 1989, S. 116; MK-StGB-*Schneider*, § 212, Rn. 7; *Schroth*, NStZ 1990, S. 324.

634 siehe dazu: Kap. Eins, XI, B, 2.

635 so *Schroth*, NStZ 2013, S. 443, *Schroth*, NStZ 2014, S. 489.

guten Ausganges gefehlt habe.[636] Zur Beurteilung dieses durchaus einleuchtenden Arguments kommt es nun maßgeblich darauf an, ob es sich hier tatsächlich bereits um ein ernsthaftes Vertrauen oder vielmehr nur um eine vage Hoffnung gehandelt hat. Vertrauen kann dem Angeklagten dabei nur unterstellt werden, wenn er ernsthaft damit rechnete, dass die übergangenen Patienten noch eine Berücksichtigung finden. Zeigt sich dagegen, dass ein solches Vertrauen illusorisch war, was auch der Angeklagte erkannt hat, dann kann allenfalls noch von einer vagen Hoffnung gesprochen werden. Dabei spricht der Umstand, dass das beschleunigte Verfahren überhaupt existiert für ein wohlmöglich berechtigtes Vertrauen, gerade in Anbetracht dessen, dass eine erhebliche Anzahl von Allokationen über diesen Weg abgewickelt werden.[637] Dass dies bereits für sich genommen genügen soll, nur von einem Gefährdungsvorsatz zu sprechen, begegnet aber Bedenken. Eine solche Argumentation ist meines Erachtens einseitig und vermittelt den Eindruck, übergangene Patienten könnten sich glücklich schätzen, noch weitere Verfahren zu haben, auf welche sie hoffen können. Zynisch ausgedrückt fällt die Manipulation eines anderen Vergabeverfahrens mithin kaum ins Gewicht, solange es nur noch ein weiteres gibt. Viel entscheidender ist aber folgender Gesichtspunkt: Der Angeklagte hat den direkt übergangenen Patienten eine sichere Zuweisung zunichte gemacht und stattdessen auf ein Verfahren vertraut, dessen Ausgang völlig offen daher kommt. Er hat damit einen Geschehensablauf in Gang gesetzt, auf den er selbst keinen hinreichendem Einfluss mehr hatte, geschweige denn steuernd tätig werden konnte. Man kann es auch dahingehend ausdrücken, dass der Täter eine Gefahr geschaffen hat, dessen Abwendung er nunmehr alleine dem Zufall überlassen hat.[638] Dass Zufall keineswegs zu spitz formuliert ist, zeigt bereits die Knappheit der Organe, und dass es von einer Vielzahl von Umständen abhängt, an wen ein verfügbares Organ letztendlich zugeteilt wird. So muss selbst ein in Lebensgefahr schwebender und wartender Patient unter Umständen auf das ansonsten passende Organ verzichten, wenn es aufgrund der räumlichen Entfernung nicht in der zur Verfügung

636 vgl. Pressemitteilung http://blog.beck.de/2015/05/07/manipulationen-bei-organtransplantation-kein-totschlagsversuch, (zuletzt abgerufen am 18.12.2015).

637 siehe dazu oben: Kap. Eins, XI, B, 2.

638 Ähnlich die Fälle der HIV-Infektionen: bspw. BGH NStZ 1989, S. 116f., in denen es um die Strafbarkeit wegen gefährlicher Körperverletzung aufgrund einer HIV-Infizierung beim Opfer ging. Die Strafbarkeit wegen eines versuchten Totschlages wurde in diesen Fällen aufgrund mangelnden Vorsatzes verneint, da der Täter darauf vertraut hat, dass bis zum Ausbruch der Krankheit beim Opfer ein entsprechendes Heilmittel gefunden werde.

stehenden Zeit zum Spendenempfänger befördert werden kann.[639] Ist es aber überhaupt möglich, auf einen guten Ausgang zu vertrauen und damit nur bewusste Fahrlässigkeit anzunehmen, wenn die Verhinderung des Erfolges alleine dem Zufall überlassen bleibt? Dagegen spricht in Fällen der vorliegenden Art wie bereits erwähnt der Umstand, dass der Angeklagte auf den Geschehensablauf selbst keinen entscheidenden Einfluss nehmen kann. Im Standardverfahren hängt es ausschließlich vom Zufall ab, ob und wann ein entsprechendes Organ zur Verfügung steht, woraufhin Eurotransplant dieses dann zuteilt. Anhaltspunkte für eine mögliche Zuteilung könnten hier – wenn überhaupt – nur Statistiken geben, die Aussagen über die durchschnittlichen Wartezeiten enthalten. Nochmals unsicherer ist die Vorhersehbarkeit im beschleunigten Verfahren, da es zum gewissen Teil auch den Ärzten überlassen bleibt, ein Organ anzunehmen oder nicht. Weil dem so ist, kann hier von einem Vertrauen faktisch nicht mehr die Rede sein. Worauf sollte sich dieses auch stützen? Mehr als bloßes Gottvertrauen erscheint mir daher illusorisch. Vielmehr regiert hier die schiere Hoffnung, dass der übergangene Patient noch rechtzeitig berücksichtigt wird. Die dem Angeklagten einzig zur Verfügung stehende Möglichkeit, die fehlerhafte Datenübertragung anzuzeigen, wurde dagegen bewusst nicht genutzt. Gegen ein ernsthaftes Vertrauen spricht aber letztlich die Handlung des Täters selbst. Hätte er tatsächlich darauf vertraut, dass übergangene Patienten entsprechende Organe zugeteilt bekommen hätten, dann hätte er seine eigenen Patienten nicht regelwidrig bevorzugen müssen. Er hätte immerhin darauf vertrauen können, wenn es medizinisch notwendig gewesen wäre, dass seine eigenen Patienten bei Eurotransplant eine entsprechende Berücksichtigung gefunden hätten. Indem er aber manipulierte, um eigene Patienten schneller zu entsprechenden Organen zu verhelfen, offenbart er in objektiver Weise sein Misstrauen gegenüber den Erfolgschancen. Es ist also im hohen Maße widersprüchlich, auf der einen Seite zu behaupten, man habe darauf vertraut, dass übergangene Patienten die rettenden Organe erhalten, und auf der anderen Seite manipuliert zu haben, weil man es als die einzige Möglichkeit sah, das Leben der eigenen Patienten zu retten, obwohl diese nicht einmal die Voraussetzungen für einen Listenplatz erfüllt haben. Daher sind Fälle der vorliegenden Art auch nicht mit Fällen von HIV-Infizierungen gleichzusetzen, in denen der Tötungsvorsatz aufgrund der nicht überschrittenen Hemmschwelle abgelehnt wurde. Ausschlaggebend für die Ablehnung des Tötungsvorsatzes war hier die Hoffnung des Täters, dass bis zum Ausbruch der Krankheit ein Heilmittel gefunden werden wird. Ein solches

---

639 zur Transportzeit siehe: Kap. Zwei, II, A, 1, b).

Vertrauen konnte deshalb berücksichtigt werden, weil der Zeitraum der Krankheit bis zum Ausbruch extrem lang sein kann.[640] Ein solch langer Zeitraum stand den übergangenen Patient nicht zu. Vielmehr lässt sich hier bereits anhand des MELD-Scores absehen, welchen Verlauf der Gesundheitszustand des Patienten nehmen wird. Somit kann als Ergebnis festgehalten werden, dass eine Gesamtschau aller Umstände gegen ein rationales Vertrauen spricht. Vielmehr erkannte der angeklagte Arzt die Gefahr seines Tuns und nahm diese billigend in Kauf, da nur so die Rettung der eigenen Patienten sichergestellt werden konnte.

cc) Die objektive Zurechnung

Von wesentlicher Bedeutung ist auch die Frage, ob die Datenmanipulation dem angeklagten Arzt objektiv zugerechnet werden kann. Die objektive Zurechnung stellt im Schrifttum bekanntlich – neben der Kausalität – die zweite Stufe der strafrechtlichen Beschränkung dar und fragt danach, ob dem Täter der Erfolg auch als „sein Werk" zugerechnet werden darf.[641] Im Unterscheid zur Kausalität wird hier also nicht nach der Verursachung an sich gefragt, sondern danach, ob diese dem Täter auch unter wertenden Gesichtspunkten zugerechnet werden kann. Das ist nur dann der Fall, wenn der Täter durch sein Verhalten eine rechtlich relevante Gefahr geschaffen hat und sich diese Gefahr auch im tatbestandlichen Erfolg niedergeschlagen hat.[642]

Die Begründung eines derartigen Zurechnungszusammenhangs birgt aber Schwierigkeiten. Das wird klar, wenn man sich nochmals vor Augen führt, dass die Manipulation – als aktive Tötungshandlung – auf den übergangenen Patienten selbst überhaupt nicht unmittelbar eingewirkt hat. Vielmehr stellt sich der billigend in Kauf genommene Tod erst als Folge dessen ein, dass der angeklagte Arzt die Zuteilungsregeln bewusst umging. Erst als Folge dieser Umgehung kam es zu einer anderen Zuteilung und damit zu dem Eintritt bzw. der Gefahr des Todeseintritts.[643] Fragt man nun also danach, ob sich das pflichtwidrige Verletzen der Allokationsregeln letztlich im tatbestandlichen Erfolg niedergeschlagen hat, dann setzt dies voraus, dass die Einhaltung der Allokationsregeln – insbesondere die Verteilung nach Erfolgsaussicht und Dringlichkeit – überhaupt dem

640 vgl. BGH NStZ 1989, S. 117.

641 vgl. *Wessels/Beulke/Satzger*, Strafrecht AT, S. 68, Rn. 176. Die Rspr. erkennt dagegen die Lehre von der objektiven Zurechnung (noch) nicht an, vgl. HK-GS/*Heinrich*, vor § 13, Rn. 73 mit weiteren Nachweisen.

642 vgl. *Roxin*, Strafrecht AT I, § 11, Rn. 47; *Wessels/Beulke/Satzger*, Strafrecht AT, S. 69, Rn. 179.

643 so auch: *Bülte*, StV 2013, S. 754.

Schutz des übergangen Patienten diente. Dient der Schutz nicht dem einzelnen Patienten, dann realisiert sich im Todeserfolg auch nicht die Gefahr, welche das Transplantationsgesetz (TPG) gerade zu verhindern versucht.

Die Notwendigkeit der Gefahrenverwirklichung resultiert aus der Erkenntnis, dass es durchaus Konstellationen gibt, in denen der Täter zwar zweifellos pflichtwidrig handelt, der Erfolg diesem aber dennoch nicht zugerechnet werden soll. Zu nennen sind hier vor allem die Fälle, die nicht unter den „Schutzzweck der Norm“ fallen. Das Charakteristische an dieser Einschränkung ist, dass der Täter eine Verhaltensnorm (vorsätzlich) nicht beachtet, dadurch auch eine Gefahr schafft und diese Gefahr dann in eine Verletzung des Rechtsgutes umschlägt. Dennoch soll hier eine Bestrafung unterbleiben, weil die Verhaltensnorm auf den Schutz des verletzten Rechtsgutes schlicht nicht ausgerichtet ist.[644] Als Paradebeispiel eines solchen fehlenden „Schutzzwecks“ kann auf den „*Radleuchtenfall*“[645] (RGSt. 63, 392) sowie auf den im Rahmen der Adäquanztheorie bereits dargestellten Fall[646] verwiesen werden. Nur wenn also die Verhaltensnorm auch dazu dient, das Rechtsgut zu schützen, kann durch die Verletzung der Verhaltensnorm eine *rechtlich* relevante Gefahr geschaffen werden, die es dann zu sanktionieren gilt.[647]

Meines Erachtens spricht mehr dafür, dem TPG auch einen solchen Individualschutz und damit auch den Schutz des Lebens zuzusprechen.[648] Dagegen wird zum Teil eingewendet, dass der Lebensschutz nur reflexartig betroffen sei und vornehmlich nur die Verteilungsgerechtigkeit geschützt werde. Die Begrenztheit

---

644 vgl. *Jakobs*, Strafrecht AT, § 7, Rn. 81; *Roxin*, Strafrecht AT I, § 11, Rn. 84ff.; kritisch zum Topos Schutzzweck der Norm: *Puppe*, Die Erfolgszurechnung im Strafrecht, S. 101ff.

645 Hierbei ging es um zwei Radfahrer, die im Dunkeln und ohne Licht versetzt hintereinander fuhren. Ein entgegenkommender Radfahrer (O) stieß mit dem vorderen Radfahrer (A) zusammen, wobei der entgegenkommende Radfahrer (O) aufgrund erheblicher Kopfverletzungen verstarb. Hier kommt nur eine Strafbarkeit des direkt mit dem Opfer kollidierenden A gem. § 222 StGB in Betracht, da nur er durch die Missachtung der Beleuchtungspflicht eine rechtlich erhebliche Gefahr geschaffen hat. Der hinter dem A fahrende Radfahrer ist dagegen nicht gem. § 222 StGB zu bestrafen. Die Beleuchtungspflicht soll nicht den Zweck erfüllen, andere Teilnehmer des Straßenverkehrs vor etwaigem Gegenverkehr zu warnen und zu schützen, sondern dient dazu, selbst im Straßenverkehr gesehen zu werden.

646 siehe dazu: Kap. Zwei, II, A, 3, b), dd).

647 zum Schutzzweck der Norm: HK-GS/*Heinrich*, vor § 13, Rn. 126; *Roxin*, Strafrecht AT I, § 11, Rn. 84ff.; *Wessels/Beulke/Satzger*, Strafrecht AT, S. 70f., Rn. 182;

648 zustimmend: *Böse*, zjs-1/2014, S. 120f.

der zur Verfügung stehenden Organe könne nur dazu führen, dass ein Anspruch auf eine chancengleiche Beteiligung am Vergabeverfahren besteht. Dazu wird auf die rechtfertigende Pflichtenkollision verwiesen, bei der es aufgrund der Unabwägbarkeit des menschlichen Lebens letztlich auch egal sei, welches von mehreren bedrohten Leben man rette. Vergleichbar sei die Situation deshalb, weil letztlich auch im Bereich der Transplantationsmedizin mehrere Leben bedroht seien und nur eine begrenzte Zahl gerettet werden können. Entscheidet das TPG dann aber, dass der Patient das Organ bekommen soll, der es am dringendsten benötigt, dann wird de facto eine Bewertung des menschlichen Lebens vorgenommen. Da dies aber unzulässig sei, könne man das TPG nur dahingehend verstehen, dass es nicht das individuelle Leben, sondern nur die Verteilungsgerechtigkeit umfasse.[649]

An dieser Argumentation ist natürlich richtig, dass eine Abwägung Leben gegen Leben per se unzulässig ist.[650] Eine solche findet aber auch überhaupt nicht statt, wie behauptet wird. Die Zuteilung nach bestimmten Kriterien ist keine Abwägung Leben gegen Leben, sondern Ausfluss genau dieses Verbots. Stehen nämlich nicht genug Organe zur Verfügung, so kann der Einzelne nur ein Recht auf derivative Teilhabe an dieser Mangelverwaltung als Ausfluss des stattlichen Schutzauftrages aus Art. 2 Abs. 2 Satz 1 GG i.V.m. Art. 3 Abs. 1 GG haben.[651] Dass nur eine Verteilung nach vorher festgelegten Kriterien als die gerechteste Lösung in Betracht kommen kann, wird auch klar, wenn man sich die Alternativen bewusst macht. Anderenfalls käme ja nur die Vergabe per Zufall oder aber überhaupt keine Zuteilung in Betracht. Da beide Alternativen aber keinen Gewinn darstellen und letztere sogar als Verstoß gegen die staatliche Schutzpflicht aus Art. 2 Abs. 2 Satz 1 GG bewertet werden muss,[652] bleibt nur die Schaffung eines möglichst gerechten Vergabesystems.Dieses ist also Ausdruck dessen, dass keine Abwägung menschlichen Lebens stattfinden soll. Daher kann auch das Vergabekriterium – Erfolgsaussicht und Dringlichkeit – nicht als eine solche Abwägung begriffen werden. Knüpft das TPG i.V.m. den Richtlinien der BÄK nun aber zur Verwirklichung dieses Teilhaberechts unter dem Vorbehalt des Möglichen an das Erfordernis der Dringlichkeit an, dann muss es auch gestattet sein, diese unter biologischen Gesichtspunkten mit Leben zu füllen. Wenn

649 vgl. *Bülte*, StV 2013, S. 756f. Nur für den Schutz der Verteilungsgerechtigkeit und damit gegen ein subjektives Recht auch: *Fateh-Moghadam*, MedR 2014, S. 665f.; *Schroth*, NStZ 2013, S. 443; *Schroth*, NStZ 2014, S. 491f.

650 vgl. BVerfG-NJW 1975, S. 580, zur Strafbarkeit des Schwangerschaftsabbruchs.

651 vgl. *Bülte*, StV 2013, S. 756; *Fateh-Moghadam/Gutmann*, NJW 2002, S. 3366.

652 vgl. *Junghanns*, Verteilungsgerechtigkeit in der Transplantationsmedizin, S. 54.

nun also das TPG i.V.m. den Richtlinien der BÄK die Vergabe an spezifische gesundheitliche Merkmale anknüpft, wie beispielsweise der HLA-Kompatibilität oder der Alkoholabstinenz, dann folgt daraus, dass es sich um sachliche Differenzierungen handelt, um einerseits die Mindestvoraussetzungen einer erfolgreichen Transplantation aus medizinsicher Sicht zu gewährleisten sowie den Patienten auszuwählen, bei dem die Not nach objektiven Kriterien am größten ist, und welcher die Voraussetzungen für eine erfolgreiche Transplantation mit sich bringt. Man könnte es auch dahingehend ausdrücken, dass eine Missachtung dieser Mindestvoraussetzungen das Ziel der Transplantationsmedizin sonst konterkarieren würde, da die Erfolgsquoten ansonsten beträchtlich niedriger wären und man die Organe sonst ebenso per Zufall verteilen könnte. Damit ist aber zunächst gezeigt, dass es nicht um eine Abwägung Mensch gegen Mensch, sondern um die konkrete Ausgestaltung des Teilhaberechts aus Art. 2 Abs. 2 Satz 1 GG i.V.m. Art. 3 Abs. 1 GG geht.[653]

Aus den damit getroffenen Feststellungen lässt sich nun aber auch die Frage beantworten, ob dem TPG ein weiterreichender Schutz als dem der bloßen Verteilungsgerechtigkeit zukommt. Betrachtet man die Ausführungen, so kann kein Zweifel daran bestehen, dass der Leitgedanke darin besteht, menschliches Leben zu retten. Die Verteilungsgerechtigkeit – als ein Motiv – ist damit nicht mehr als der Garant, dieses Ziel zu erreichen.[654] Insoweit existiert die Verteilungsgerechtigkeit letztlich nicht ohne Grund, sondern bezweckt durch die Sicherstellung einer chancengerechten Verteilung doch gerade, dass diejenigen Berücksichtigung finden, die aus medizinischer Sicht das lebensrettende Organ am dringendsten benötigen. Daher ist auch der weitere Einwand unzutreffend, das TPG berücksichtige keine „das Leben selbst bewertenden Umstände", wie Alter oder Krankheit des Patienten.[655] Das ist bereits schon deshalb unzutreffend, weil individuelle Belange über die Richtlinien der BÄK oder spezielle Programme von Eurotransplant eben dies tun. Relevante Umstände wie das Verhältnis zum Alkohol spielen bereits für die Aufnahme in die Warteliste eine entscheidende Rol-

653 andere Ansicht wohl: LG Göttingen, Urteil v. 06.05.2015, Az.: 6 Ks 4/13 (nicht rechtskräftig), das nach bisherigen Pressemitteilungen scheinbar ebenfalls davon ausgeht, dass die Richtlinien der BÄK zum Teil verfassungswidrig seien, da diese das Recht auf Leben und körperliche Unversehrtheit aus Art. 2 Abs. 2 des GG verletzten, vgl. http://www.anwalt.de/rechtstipps/freispruch-fuer-transplantationsarzt-im-organspende-skandal_069052.html, (zuletzt abgerufen am 18.12.2015).

654 andere Ansicht: *Fateh-Moghadam*, MedR 2014, S. 665f.; *Schroth*, NStZ 2013, S. 443; *Schroth*, NStZ 2014, S. 490ff.; zustimmend dagegen wohl: *Böse*, zjs-1/2014, S. 120f.

655 so *Bülte*, StV 2013, S. 756.

le.[656] Ebenso ist das Alter unter Umständen ein durchaus relevanter Aspekt. So bietet Eurotransplant seit 1999 das sog. „Old for Old" Programm an, bei denen Nieren von über 65-jährigen an über 65-jährige vermittelt werden. Dazu werden die über 65-jährigen neben der „normalen" Liste auf eine weitere „Sonderliste" platziert. Ziel dieses Sonderprogramms ist es, die für ältere Patienten oft lange Wartezeit auf eine Niere zu verkürzen.[657] Ebenso werden Kinder und Jugendliche aufgrund der mit einer Nierenschädigung drohenden Entwicklungsstörung besonders bei der Vergabe berücksichtigt. Dazu ermittelt das computerbasierte Zuteilungsverfahren die oben dargestellte Punktzahl. Die bei den HLA-Merkmalen erzielte Punktzahl wird dabei verdoppelt. Zusätzlich wird ein Bonus von weiteren 100 Punkten gewährt, womit faktisch eine bevorzugte Behandlung erfolgt.[658] Schließlich werden auch solche Patienten bevorzugt behandelt, die eine kombinierte Leber-Nieren- oder Nieren-Pankreastransplantation benötigen.[659]

Diente das TPG tatsächlich nur der Verteilungsgerechtigkeit, wonach eben solche Patienten ein Organ erhalten, die es aus medizinischer Sicht am dringendsten benötigen, dann stünde zu Recht die Frage im Raum, wie Sonderprogramme und die Berücksichtigung einzelner gesellschaftlicher Gruppen sich mit diesem Ziel in Einklang bringen lassen. Immerhin gilt für diese das Dringlichkeitskriterium nicht mehr in dem Maß wie für all diejenigen, die nicht zu den aufgezeigten bevorzugten Personenkreisen gehören. Dabei soll nicht in Abrede gestellt werden, dass die Motive hinter den Sonderbehandlungen ehrenhaft sind, dennoch – und das ist entscheidend – stehen sie mit dem Erfordernis der Dringlichkeit im Widerspruch. Denn es erhält gerade nicht der Patient das lebensrettende Organ, der es aus rein medizinischer Sicht zugeteilt bekommen müsste. Damit zeigt sich aber, dass letztlich nicht nur die chancengerechte Verteilung geschützt werden soll, sondern, wie im Falle der Kinder, auch deren zukünftige Entwicklung und damit auch deren Gesundheit eine maßgebliche Berücksichtigung

---

656 vgl. bspw. die Richtlinie der BÄK zur Lebertransplantation, III, 2.1, abrufbar unter: http://www.bundesaerztekammer.de/downloads/Leber_09122013.pdf, (zuletzt abgerufen am 27.08.2014).

657 vgl. ausführlich dazu: *Lang*, MedR 2005, S. 277; *Bader*, Organmangel und Organverteilung, S. 239ff.; auch *Höfling*, JZ 2007, S. 485.

658 vgl. Richtlinie der BÄK für die Organzuteilung für Nieren, III, 4.8, abrufbar unter: http://www.bundesaerztekammer.de/downloads/Niere_0912013.pdf, (zuletzt abgerufen am 10.07.2014).

659 vgl. Richtlinie der BÄK für die Organzuteilung für Nieren, III, 5f., abrufbar unter: http://www.bundesaerztekammer.de/downloads/Niere_0912013.pdf, (zuletzt abgerufen am 10.07.2014).

finden sollte. Damit erscheint es mir, als könne man das TPG nur dahingehend verstehen, dass es einen über die bloße Verteilungsgerechtigkeit hinausgehenden Schutzzweck hat.[660] Verletzt der angeklagte Arzt also die Vergaberichtlinien und kommt dadurch ein anderer Patient ums Leben oder droht, ums Leben zu kommen, so realisiert sich in dem Erfolg oder in dieser Gefahr sodann auch genau der Gesichtspunkt, den das TPG zu verhindern versucht, unberücksichtigt zu bleiben und deshalb zu versterben oder zu versterben drohen, obwohl man sowohl die medizinische Notwendigkeit als auch die physischen Voraussetzungen für einen derartigen Eingriff mitgebracht hat.

Anders verhält es sich schließlich auch nicht hinsichtlich solcher Patienten, die sich auf den hinteren Listenplätzen befinden. Verstirbt ein solcher Patient, weil beispielsweise der unmittelbar übergangene Patient trotz Manipulation noch ein passendes Spenderorgan erhalten hat, so kann auch in diesem Fall die Frage des Schutzzweckes nicht anders beurteilt werden. Der Einwand, dass eine Zurechnung nach dem Schutzzweck der Norm dann auszuscheiden hat, wenn sich der Tod als „mittelbare Folgewirkung" einstellt, weil die Entwicklung der Liste weitestgehend unvorhersehbar sei,[661] und dass als Folge dessen sich auch nicht hinreichend sicher sagen ließe, ob der hintere Listenpatient jemals ein passendes Spenderorgan bekommen hätte, ist nicht zu teilen.[662] Warum nämlich der Schutz nur aussichtsreichen Kandidaten zukommen soll, ist kaum begründbar. Immerhin besteht der Sinn und Zweck der Vergaberichtlinien darin, sämtlichen sich „im Pool" befindlichen Patienten eine sachgerechte Vergabe zu garantieren.[663] Zumal die Entscheidung, ab welchem Listenplatz eine Zurechnung noch sachgerecht erscheint, nur schwierig zu beantworten sein dürfte. Entscheidender dürfte wohl aber folgender Gesichtspunkt sein: Die Manipulation hat einen Geschehensablauf in Gang gesetzt, die dass TPG zu verhindern versucht. Verneint man den Schutzzweck, dann verkennt man auch die Bedeutung des Schutzzwecks der Norm. Dieser versucht, durch die Verhaltensnorm schadenstiftende

660 im Ergebnis zustimmend, aber ohne Begründung: *Kudlich*, NJW 2013, S. 918; *Rissing- van Saan*, NStZ 2014, S. 240. Andere Ansicht: *Schroth*, NStZ 2013, S. 443f.; *Fateh-Moghadam*, MedR 2014, S. 665f. Differenzierend dagegen: *Verrel*, MedR 2014, S. 467ff., der den Patienten auf der Warteliste ein Anwartschaftsrecht und damit ein subjektives Recht zubilligt, im Weiteren aber die Verstöße gegen die Vergaberichtlinien nicht vom Schutzzweck der Tötungsdelikte erfasst sieht.

661 so *Kudlich*, NJW 2013, S. 918.

662 so aber *Kudlich*, NJW 2013, S. 918.

663 so auch: HK-GS/*Heinrich*, vor § 13, Rn. 128.

Kausalverläufe zu unterbinden.[664] Nichts anderes ist mit Sätzen gemeint wie: Die Norm dient nicht dazu, Erfolge wie diese zu verhindern.[665] Nur deshalb bestehen also die in der Verhaltensnorm aufgestellten Verhaltensanforderungen. Wenn aber durch das Verhalten des Täters die Gefahr eines solchen Geschehensablaufes gar nicht erhöht wurde, so erscheint auch eine Zurechnung unsachgemäß. Davon kann aber hier keine Rede sein. Denn ohne Zweifel birgt die regelwidrige Einflussnahme auf die Zuteilung nicht nur die Gefahr, sondern sie bewirkt sogar, dass die Zuteilungsregeln sich verändern, womit dem originären Interesse der Vergaberichtlinie zuwider gehandelt wird.

3. Unmittelbares Ansetzen

Der Übergang von einer straflosen Vorbereitungshandlung hin zu einem strafbaren Versuch liegt im unmittelbaren Ansetzen des Täters zur Tat. Ein solches Ansetzen ist hier auch gegeben. Dies ist darin zu erblicken, dass der angeklagte Arzt die manipulierten Daten letztlich auch an Eurotransplant übermittelt hat, wodurch bereits eine Teilverwirklichung gegeben ist. Damit ist aus seiner Sicht und nach seiner Vorstellung alles getan, um andere Patienten konkret zu gefährden und damit auch den tatbestandlichen Erfolg ohne wesentliche Zwischenschritte herbeizuführen.[666]

4. Rechtfertigung

Nun reicht allein die Begründung des Tatbestandes nicht aus, um eine Verurteilung zu tragen. Schließlich wurde bisher nur festgestellt, dass gegen materielles Recht verstoßen wurde, die Voraussetzungen eines Straftatbestandes mithin erfüllt sind. Nun sind zahlreiche Fälle denkbar, in denen der Täter tatbestandsmäßig handelt, aber eine Bestrafung dennoch nicht gewünscht wird, bspw. weil das Opfer in die Rechtsgutsverletzung eingewilligt hat und die „Tat“ sich somit nicht als Unrecht oder sozialschädlich herausstellt. Weiterhin erforderlich ist also ebenso die positive Feststellung, dass der Verstoß gegen das materielle Recht nicht ausnahmsweise gerechtfertigt gewesen ist.[667] Folge eines Rechtfertigungsgrundes wäre, dass der angeklagte Arzt noch immer tatbestandsmäßig, aber im

---

664 vgl. *Roxin*, FS-Gallas, S. 242; *Puppe*, Die Erfolgszurechnung im Strafrecht, S. 102.
665 vgl. *Puppe*, Die Erfolgszurechnung im Strafrecht, S. 102.
666 zu den Voraussetzungen des unmittelbaren Ansetzens vgl. *Gropp*, Strafrecht AT, § 9, Rn. 36f.
667 vgl. dazu: *Freund*, Strafrecht AT, § 3, Rn. 1; *Kühl*, Strafrecht AT, § 6 Rn. 1ff.

konkreten Fall dennoch erlaubt gehandelt hätte.[668] Als den Tatbestand ausschließende Erlaubnissätze kommen hier die Notwehr gemäß § 32 StGB sowie der rechtfertigende Notstand gemäß § 34 StGB in Betracht.

a) Notwehr

Werfen wir zunächst einen Blick auf die Notwehr nach § 32 StGB. Danach wäre der Angriff nach § 32 Abs. 1 StGB nicht rechtswidrig, wenn die Handlung des angeklagten Arztes gemäß § 32 Abs. 2 StGB dazu gedient hätte, einen gegenwärtigen rechtswidrigen Angriff von sich oder einem Dritten abzuwenden.[669] Selbstverständlich kann es sich in diesem Fall nur um einen Dritten handeln, da der angeklagte Arzt sich ersichtlich nie einem Angriff ausgesetzt gesehen hat. Damit handelt es sich um einen Fall der sog. Nothilfe. Erforderlich ist demnach zunächst einmal eine Notstandslage und sich eine daran anschließende Notstandshandlung. Hier fehlt es bereits schon an der erforderlichen Notstandslage in Form eines Angriffs. Unter einem solchen ist bekanntlich eine „durch menschliches Verhalten drohende Verletzung rechtlich geschützter Güter oder Interessen" zu verstehen.[670] Nun stellt sich der drohende Tod der eigenen Patienten aber nicht als Folge eines anderen menschlichen Verhaltens ein, sondern aufgrund eines tragischen Krankheitsverlaufs. Ein Mensch hat somit aber keinen Anteil an der mit der Krankheit (vermeintlich) einhergehenden Gefahr des Todes. Zu einem anderen Ergebnis gelangt man auch dann nicht, wenn man an ein Unterlassen anknüpft.[671] Man könnte geneigt sein, dahingehend zu argumentieren, dass ein Mensch mittelbar dafür Sorge getragen hat, dass die Patienten des angeklagten Arztes nicht auf die Liste gelangten, beispielsweise durch Festlegung der Aufnahmekriterien. Damit würde sich die daran anschließende Gefahr einer Rechtsgutsbeeinträchtigung zumindest intensiviert haben. Einer solchen Konstruktion steht aber wiederum entgegen, dass ein Unterlassen eine Garantenstellung voraussetzt.[672] Eine solche aber hat im Hinblick auf den

668 vgl. *Krey/Esser*, Deutsches Strafrecht AT, S. 106, Rn. 262, S. 184, Rn. 449; *Wessels/Beulke/Satzger*, Strafrecht AT, S. 107, Rn. 270ff.

669 vgl. bspw. *Hecker*, JuS 2012, S. 1040.

670 vgl. *Sternberg-Lieben*, JA 1996, S. 300; *Geilen*, Jura 1981, S. 201; *Wessels/Beulke/Satzger*, Strafrecht AT, S. 125, Rn. 325.

671 zu dieser Konstellation: *Geilen*, Jura 1981, S. 203f.; *Roxin*, Strafrecht AT I, § 15, Rn. 11; *Sternberg-Lieben*, JA 1996, S. 300.

672 Zum Teil wird bereits eine echte Unterlassung bspw. aus § 323 c StGB als ausreichend erachtet, um einen Angriff i.S.v. § 32 StGB zu bejahen; vgl. NK-StGB-*Kindhäuser*,

Gesundheitszustand lediglich der angeklagte Arzt zu seinen Patienten, nicht aber Eurotransplant.

b) Rechtfertigender Notstand

Wie verhält es sich aber mit dem rechtfertigenden Notstand gemäß § 34 StGB? Immerhin erfordert dieser nur eine gegenwärtige, nicht anders abwendbare Gefahr für eines der dort aufgezählten Rechtsgüter, um die Gefahr von sich oder einem Dritten abzuwenden. Insbesondere umfasst § 34 StGB auch sog. Dauergefahren, also solche, von denen über einen längeren Zeitraum eine Gefahr ausgeht. Dass ein fehlendes Organ eine solche Dauergefahr darstellt, wird wohl kaum bezweifelt. Damit kann man grundsätzlich von einer Notstandslage ausgehen. Die Weite der Notstandslage wird aber im Rahmen der Notstandshandlung dahingehend eingeschränkt, dass diese die Rechtswidrigkeit nur dann entfallen lässt, wenn bei Abwägung der sich widerstreitenden Interessen, namentlich der betroffenen Rechtsgüter und des Grades der ihnen drohenden Gefahren, das geschützte Interesse das beeinträchtigte wesentlich überwiegt. Erforderlich ist also eine Interessensabwägung der sich gegenüberstehenden Interessen, wobei das gefährdete das beeinträchtigte Gut deutlich überwiegen muss. Eine Gegenüberstellung der sich widerstreitenden Rechtsgüter offenbart aber, dass es jeweils um das gleiche Interesse geht, nämlich durch ein Organ weiter leben zu können. Eine Abwägung Leben gegen Leben ist aber im Rahmen des § 34 StGB unzulässig.[673] Ein derartiges Abwägungsverbot folgt dabei bereits aus Art. 1 GG selbst, wonach die Würde des Menschen unantastbar ist. Zur Würde eines jeden Menschen gehört es aber nunmehr auch, den gleichen Lebenswert beigemessen zu bekommen wie alle anderen. Daher verbietet sich jegliche Abwägung Leben gegen Leben.[674] Auch § 34 StGB vermag daher nicht, den angeklagten Arzt zu rechtfertigen.

5. Schuld und entschuldigender Notstand

Es bleibt schließlich noch die Frage der Schuld zu beantworten. Dabei geht es bekanntermaßen um die Frage der „persönlichen Vorwerfbarkeit“[675] und trägt

---

§ 32, Rn. 35; LK-*Rönnau/Hohn*, § 32, Rn. 101ff. Andere Ansicht: *Rengier*, Strafrecht AT, S. 144f.; *Roxin*, Strafrecht AT I, § 15, Rn. 13; MK-StGB-*Erb*, § 32, Rn. 70.

673 vgl. dazu auch: *Koch*, GA 2011, 139, m.w.N.; *Koch*, JA 2005, S. 747, m.w.N.

674 vgl. *Roxin*, Strafrecht AT I, § 16, Rn. 33; *Wessels/Beulke/Satzger*, Strafrecht AT, S. 120, Rn. 316.

675 vgl. bspw. *Gallas*, ZStW 67 (1955), S. 44.

damit dem Umstand Rechnung, dass nicht jedes begangene Unrecht zugleich auch schuldhaft begangen sein muss.[676] Im Kern stellt sich hier die Frage nach dem Entschuldigungsgrund des § 35 StGB. Danach handelt ohne Schuld, wer in einer gegenwärtigen, nicht anders abwendbaren Gefahr für Leib oder Leben eine rechtswidrige Tat begeht, um die Gefahr von einer ihm nahestehenden Person abzuwenden. Da hinsichtlich der Gefahr das zu § 34 StGB entsprechend Gesagte gilt,[677] stellt sich – unter Außerachtlassung der weiteren Voraussetzungen – nur die Frage, ob es sich bei den eigenen Patienten um ihm „nahestehende Personen" handelt. Von einer solchen ist auszugehen, wenn es sich um eine enge und persönliche Beziehung handelt, die auf Gegenseitigkeit beruht und auf eine gewisse Dauer angelegt ist.[678] Von einer solchen kann in einem Arzt-Patientenverhältnis jedoch nicht die Rede sein.[679] Dies wird deutlich, wenn man sich den Sinn und Zweck des § 35 StGB verdeutlicht. Dieser besteht darin, den Täter zu privilegieren. Die Privilegierung besteht deshalb, weil es dem Täter kaum zugemutet werden kann, sehenden Auges die Rechtsgutsverletzungen ihm nahestehender Personen mitanzusehen. Die sich daraus ergebende „Drucklage" ist Auslöser der sich daran anschließenden Rechtsgutsverletzung.[680] Hier besteht aber eine solche dem Grunde nach gar nicht, da es sich bei der Tätigkeit des angeklagten Arztes doch um dessen originäre Tätigkeit handelt. Die Beziehung von Arzt und Patient erschöpft sich vielmehr allein im Behandlungsvertrag und den sich daraus ergebenen Pflichten. Daraus ergibt sich dann aber auch, dass eine solche Beziehung nie auf (längere) Dauer angelegt sein kann. Vielmehr ist das Verhältnis bereits mit dem Ende des Behandlungsvertrages und der Genesung des Patienten beendet. Damit kann sodann aber auch nicht das nötige Gefühl eines „Zusammengehörens" geschaffen werden, wie dies beispielsweise bei nichtehelichen Lebenspartnern oder besonders engen Freundschaften der Fall ist.[681] Dieses Ergebnis wird zudem weiter untermauert, wenn man sich vergegenwärtigt, dass das wiederkehrende Zusammentreffen von Arzt und Patient weniger auf Freiwilligkeit beruht, als vielmehr auf medizinischer Notwendigkeit.

---

676 vgl. *Greco*, GA 2009, S. 638f., m.w.N.; *Wessels/Beulke/Satzger*, Strafrecht AT, S. 154, Rn. 394.

677 vgl. HK-GS/*Duttge*, § 35, Rn. 7.

678 vgl. HK-GS/*Duttge*, § 35, Rn. 9; NK-StGB-*Neumann*, § 35, Rn. 18; MK-StGB-*Müssig*, § 35, Rn. 18f.; S/S-*Perron*, § 35, Rn. 15; LK-*Zieschang*, § 35, Rn. 34.

679 so auch: *Koch*, GA 2011, 136; Koch, JA 2005, S. 748; HK-GS/*Duttge*, § 35, Rn. 9.

680 vgl. BT-Drucks. 4/650, S. 161; *Bernsmann/Zieschang*, JuS (1995), S. 778f. siehe auch LK-*Zieschang*, § 35, Rn. 3, 30.

681 zu Beispielen „naher Angehöriger" siehe: LK-*Zieschang*, § 35, Rn. 35, m.w.N.

6. Ergebnis

Die Voraussetzungen eines versuchten Totschlages liegen somit vor. Darüber hinaus ließe sich auch die Frage aufwerfen, ob nicht auch ein versuchter Mord gem. §§ 211, 22, 23 Abs. 1 StGB mit dem Merkmal der Habgier oder doch zumindest der niedrigen Beweggründe in Betracht zu ziehen ist. Habgier käme immerhin dann in Betracht, wenn sich herausstellen sollte, dass der angeklagte Arzt für die Transplantation einen wirtschaftlichen Vorteil – wie eine gesonderte Zahlung – erhalten haben sollte. Wäre dem so, dann stünde der Verdacht im Raum, dass nur der Zahlung wegen gehandelt worden sei. Habgierig gem. § 211 Abs. 2 Var. 3 StGB handelt der Täter dabei, „wenn sich die Tat als Folge eines noch über bloße ‚Gewinnsucht' hinaus gesteigerten abstoßenden Gewinnstrebens um jeden Preis (...) darstellt."[682] Legt man diese Definition zugrunde, unter Beachtung der geforderten restriktiven Auslegung der Mordmerkmale,[683] so erscheint mir ein Vorliegen der Habgier zwar nicht ausgeschlossen, aber dennoch der Ausnahmefall zu sein. Denn selbst wenn die gesonderte Entlohnung ein Aspekt für die Begehung des Unrechts gewesen sein sollte, so bestand daneben doch der nicht geringere Wunsch, den eigenen Patienten vor dem Tod zu bewahren. Damit liegt ein „Motivbündel" vor, was eine Bestrafung aus Habgier nur dann rechtfertigt, wenn das Mordmerkmal „bewusstseinsdominierend"[684] war, was aber wegen dem i.d.R. nicht minder großen Ziel der Lebenserhaltung nicht behauptet werden kann. Letztlich wird es auf den konkreten Einzelfall ankommen, ob die Voraussetzungen im einschlägig zu beurteilenden Fall vorliegen oder nicht.

Aus den gleichen Erwägungen[685] muss letztlich auch das Mordmerkmal der niedrigen Beweggründe gem. § 211 Abs. 2 Var. 4 StGB scheitern, die nach der Rechtsprechung dann gegeben sind, wenn „sie nach gesundem Empfinden und allgemeiner sittlicher Wertung auf tiefster Stufe stehen und verwerflich sind."[686] Die Ablehnung der niedrigen Beweggründe wird zudem deutlich, wenn man die Verwerflichkeit durch das Wort „verachtenswert" ersetzt.[687] Hier zeigt sich,

---

682 BGH NJW 1995, S. 2366; NK-StGB-*Neumann*, § 211, Rn. 14.

683 vgl. BVerfG NJW 1977, S. 1525ff.

684 BGH NJW 1981, S. 933; BGH NJW 2001, S. 763; BGH NJW 1995, S. 2366.

685 zum Motivbündel im Rahmen der niedrigen Beweggründe vgl. HK-GS-*Rössner/Wenkel*, § 211, Rn. 27.

686 vgl. BGH NStZ 2012, S. 442; BGH NJW 1954, S. 565; BGH NJW 1952, S. 1026; BGH NJW 1996, S. 3425.

687 vgl. BGH NStZ 2012, S. 442.

dass der Wunsch, Leben zu erhalten, nicht als verachtenswert bezeichnet werden kann. Vielmehr entspricht es der sittlichen Vorstellung, nach der das Verhalten zumindest nicht auf tiefster Stufe stehen kann.

Eine anderweitige Beurteilung wäre wohl nur dann denkbar, wenn man darauf abstellen würde und im Einzelfall auch nachweisen könnte, dass die Manipulation von Patientendaten nicht das Ziel hatte, konkret Patienten zu retten, sondern vordergründig bspw. der persönlichen Profilierung dienen sollte. Wäre dem so, dann ließe sich der Vorwurf erheben, dass der Arzt sich durch die Manipulation, zu einem gottgleichen Garanten aufgeschwungen hätte und als Folge nunmehr eigenständig über die Verteilung von Lebenschancen entschied. In einer solchen Konstellation stünde nicht mehr der Patient als zu schützendes Wesen im Mittelpunkt der Handlungsmotivation, sondern der Täter selbst. Die Inanspruchnahme des Rechts, über fremdes Leben eigenhändig zu disponieren, widerstrebt aber allen nachvollziehbaren zwischenmenschlichen Reaktionen.[688] Immerhin gründet sich jede zwischenmenschliche Interaktion auf dem gegenseitigen Achtungsanspruch, der jedem Menschen innewohnt. Durch das Aufschwingen zum Entscheider über das Recht auf Leben oder Tod verdeutlicht der Täter genau das Fehlen dieses Achtungsanspruches und es manifestiert sich eine das Leben verachtende Gefährlichkeit. Damit ließe sich aber auch feststellen, dass Anlass der Tat, die Profilierung, und die Folgen, hier die Schaffung von kaum absehbaren Gefahren für menschliche Lebenschancen, in einem evidenten Missverhältnis zueinander stehen.[689]

C. Aussetzung gemäß § 221 Abs. 1 Nr. 1 StGB

Zu denken wäre weiterhin an eine Strafbarkeit gem. § 221 Abs. 1 Nr. 1 StGB, in dem der handelnde Arzt den übergangenen Patienten in eine hilflose Lage versetzt und ihn dadurch der Gefahr des Todes ausgesetzt hat.

---

688 Etwas anderes gilt aber dann, wenn die Situation aufgrund einer gewissen Ausweglosigkeit eingetreten ist. Zu denken ist hier an Fälle des übergesetzlichen Notstandes (Weichensteller-Fall). Auch hier wird zwar eigenhändig über fremdes Leben disponiert. Dennoch kann hier nicht von niedrigen Beweggründen ausgegangen werden, da das Leitmotiv des Handelnden darin besteht, möglichst viele Menschen das Leben zu retten.

689 zur Bestimmung der niedrigen Beweggründe über das Merkmal des krassen Missverhältnisses vgl.: BeckOK StGB/Eschelbach StGB § 211 Rn. 29.

1. Hilflose Lage

Zentrale Voraussetzung der Aussetzung ist das Versetzen in eine „hilflose Lage". Hilflos ist eine Lage für das Opfer dann, wenn es nicht mehr imstande ist, mit eigenen Mitteln oder mit der ihm zur Verfügung stehenden Kraft oder aber mangels zur Verfügung stehender Hilfspersonen Gefahren für Leib oder Leben abzuwenden.[690] Zu unterscheiden ist die „hilflose Lage" von der „hilflosen Person". Eine „hilflose Person" muss sich nämlich nicht zwingend auch in einer „hilflosen Lage" befinden. So hat beispielsweise ein durch Flüssigkeitsmangel hervorgerufener Kreislaufzusammenbruch an einem Samstagnachmittag in der Innenstadt ein anderes und deutlich geringeres Gefährdungspotential als derselbe Zusammenbruch nachts im Winter allein auf einer Seitenstraße. Im erstgenannten Fall sind hilfsbereite Dritte anwesend, die notfallmedizinische Maßnahmen ermöglichen können. Die Person ist in diesem Fall zwar hilflos, aber die Lage ist es nicht.[691] Der Fall führt uns sodann auch direkt zu einem weiteren Problem der Aussetzung. Ist die Rede von einer hilflosen Lage, dann bedeutet dies im Allgemeinen, dass sich das Opfer auch gewissen Gefahren ausgesetzt sieht. Im obigen Fall also, dass es droht zu versterben oder aber bestohlen wird. Da aber die Aussetzung im Weiteren als Erfolg eine konkrete Gefahr erfordert, muss man sich fragen, welche Art von Gefahr im Rahmen der hilflosen Lage eigentlich berücksichtigt werden darf. Klar dürfte insoweit sein, dass es sich nicht um eine konkrete Gefahr handeln kann, da diesem Tatbestandsmerkmal sonst kaum noch eine Funktion zukommen würde.[692] Die h.M. geht daher davon aus, dass es sich um eine reale, hypothetische oder potentielle Gefahr handeln müsse, die zu der Gefahr für das geschützte Rechtsgut führt.[693] Ausgehend davon lässt sich sagen, dass sich der übergangene Patient durch seine besonders kritische medizinische Verfassung in einer realen Gefahr befand. Diese Gefahr manifestiert sich darin, mangels eines zur Verfügung stehenden Spenderorgans in absehbarer Zeit zu versterben. Insoweit sei daran erinnert, dass die Anzahl der zur Verfügung stehenden Organe einerseits und die Anzahl der dringend

---

690 vgl. *Kindhäuser*, Strafrecht BT I, S. 77, Rn. 6

691 vgl. LK-*Jähnke,* § 221, Rn. 18, NK-StGB-*Neumann,* § 221, Rn. 8, *Hacker/Lautner*, Jura 2006, S. 274.

692 vgl. MK-StGB-*Hardtung*, § 221, Rn. 5; andere Ansicht: LK-*Jähnke,* § 221, Rn. 18, der davon ausgeht, dass Hilflosigkeit und Gefahr nicht getrennt voneinander betrachtet werden können.

693 vgl. MK-StGB-*Hardtung*, § 221, Rn. 5, *Küper*, ZStW 111 (1999), 48; ähnlich auch: SK-StGB-*Horn/Wolter*, § 221, Rn. 3.

benötigten Spenderorgane andererseits eine erhebliche Differenz aufweisen.[694] Diese reale Gefahr war dabei aufgrund der Knappheit der Spenderorgane weder durch den Patienten noch durch Ärzte oder Eurotransplant abzuwenden, sondern nur durch ein passendes Spenderorgan.

2. Das (kausale) Versetzen in die hilflose Lage

Wurde die hilflose Lage festgestellt, so muss der Angeklagte den übergangenen Patienten auch kausal in diese versetzt haben. Versetzen meint dabei jede nachteilige Veränderung der bisherigen Lage, wodurch die Hilflosigkeit herbeigeführt wird.[695] Erforderlich ist dabei nur eine Zustandsveränderung. Nicht (mehr) erforderlich ist dagegen eine spezifische Ortsveränderung wie in § 221 a.F.[696] Ausgehend davon müsste man wohl zugestehen, dass eine solch negative Veränderung durch den manipulierenden Arzt nicht gegeben sein kann. Bezogen auf seine Lage bestand insoweit vor und nach der Manipulation für den übergangenen Patienten nämlich gar kein Unterscheid. Vielmehr stellt sich die Situation weiterhin genau so dar wie zuvor, nämlich dass er auf ein geeignetes Spenderorgan hoffen muss. Auch in medizinischer Hinsicht hat die Manipulation keine Auswirkung, denn dadurch wird der Gesundheitszustand überhaupt nicht unmittelbar berührt. Aus den genannten Gründen ist es daher auch nicht möglich zu sagen, dass es durch die Manipulation zu einer anders gelagerten Form einer hilflosen Lage gekommen sei, die wohlmöglich anstelle der bisherigen getreten wäre oder diese sogar überholt hätte.[697] Erkennt man die Möglichkeit an, dass auch aus einer bestehenden hilflosen Lage eine *neue* hilflose Lage hervorgehen kann, dann muss zur Wahrung des Wortlautes wohl zumindest gefordert werden, dass sich die neue hilflose Lage von der vorherigen unterscheidet.[698] Dies ist wie gesagt aber nicht der Fall, da die Manipulation die bestehende hilflose Lage vielmehr unangetastet lässt.

Eine nachteilige Veränderung der bisherigen (hilflosen) Lage könnte aber darin zu sehen sein, dass zwar keine neue geschaffen, aber die bisherige zumindest

---

694 siehe dazu: Kap. Eins, VI.

695 vgl. *Kindhäuser*, Strafrecht BT I, S. 78, Rn. 9; *Maurach/Schröder/Maiwald*, Strafrecht BT I, S. 71, Rn. 6; *Schroth*, Strafrecht BT, S. 78.

696 so die h.M.; vgl. bspw. *Hacker/Lautner*, Jura 2006, S. 275, m.w.N.; *Schroth*, Strafrecht BT, S. 78; *Heger*, ZStW 119 (2007), S. 596, m.w.N.

697 zu dieser umstrittenen Möglichkeit: bejahend: NK-StGB-*Neumann*, § 221, Rn. 15; auch: *Gössel/Dölling*, Strafrecht BT I, S. 105, Rn. 11; differenzierend: S/S-*Eser*, § 221, Rn. 4a; andere Ansicht: SK-StGB-*Horn/Wolters*, § 221 Rn. 4.

698 vgl. auch: HK-GS-*Rössner/Wenkel*, § 221, Rn. 6.

intensiviert wurde.Erkennt man eine Intensivierung dem Grunde nach an,[699] dann ließe sich eine solche hier durchaus feststellen. *Vor* dem Zeitpunkt der Manipulation bestand die bereits dargestellte hilflose Lage mit der realen Gefahr, mangels Spenderorgans zu versterben. *Ab* dem Zeitpunkt der Manipulation ist diese Lage zwar gleich geblieben, allerdings hat sich die reale Gefahr, kein Organ mehr zu bekommen, doch nochmals erheblich gesteigert. Insofern muss man zugestehen, dass ein Bereich wie die Organverteilung, in dem chronischer Mangel allgegenwärtig ist, jede Veränderung für übergangene Patienten existenzielle Auswirkungen haben kann. Das belegen alleine schon die Zahlen, wonach 2013 ca. 4.059 Organe in Deutschland transplantiert wurden, aber zugleich ca. 11.000 Menschen auf ein Spenderorgan hofften.[700] Hält man sich die Zahlen vor Augen, dann dürfte auch klar werden, wie sehr sich die reale Gefahr steigert, kein Spenderorgan zu bekommen. Gegen eine so weitgehende Interpretation des Versetzens wird aber zum Teil eingewendet, dass eine solche vom Wortlaut der Norm nicht mehr gedeckt werde.[701]

Dass eine solch enge Auslegung tatsächlich geboten ist, erscheint mir nicht ohne weiteres zwingend zu sein. Nimmt man die wörtliche Auslegung ernst und untersucht, welche Beschreibung und Bedeutung mit dem Wort „versetzen" einhergeht, so kann klassischerweise eine „räumliche Veränderung" in Form eines Verschiebens, Umstellens oder Verrückens gemeint sein. Möglich ist ferner auch die Verwendung zur Beschreibung einer kausalen Beziehung.[702] Die Vielschichtigkeit des Wortes „versetzen" erlaubt es aber eben auch, eine Intensivierung zu beschreiben. Dazu dienen folgende Beispiele: (1.) Reizt der Täter einen ohnehin schon aufgebrachten Mann weiter, so *versetzt* er ihn in Rage. (2.) Ähnliches gilt für Konzerte: Die vor Vorfreude aufgeregten Fans werden mit dem Auftritt des Künstlers nunmehr endgültig in Hysterie *versetzt*. (3.) Das ängstliche Kind wird durch weitere Gruselgeschichten nunmehr endgültig in „Angst und Bange" *versetzt*, wodurch es nicht einschlafen kann. Die Beispiele zeigen meines Erachtens

---

699 so wohl: BGH NJW 2008, S. 2200; zustimmend auch: *Ladiges* JuS 2012, S. 688.; LK-*Jähnke*, § 221, Rn. 14; HK-GS-*Rössner/Wenkel*, § 221, Rn. 6; MK-StGB-*Hardtung*, § 221, Rn. 11.; *Rengier*, BT II, § 10, Rn. 13, so verstanden auch: *Hacker/Lautner*, Jura 2006, S. 275.

700 siehe dazu: Kap. Eins, VI.

701 so ausdrücklich: NK-StGB-*Neumann*, § 221, Rn. 16; ablehnend auch: *Gössel/Dölling*, Strafrecht BT I, S. 105, Rn. 11; unklar dagegen bei: *Sternberg-Lieben/Fisch*, Jura 1999, S. 46; im Ergebnis auch: *Chilecki*, Zur Dogmatik der Aussetzung (§221 StGB) nach dem sechsten Strafrechtsreformgesetz, S. 55ff. (59).

702 so *Jäger*, JuS 2000, S. 32.

deutlich, dass bei dem Gebrauch des Wortes „versetzen", um die Veränderung emotionaler Zustände zu beschreiben, dem Wort einerseits die Bedeutung zukommt, eine kausale Beziehung zu beschreiben, andererseits sich emotionale Zustände im Ergebnis nur intensivieren oder eben abschwächen können. Um diese Veränderung zu beschreiben, wird aber auch das Verb versetzen gebraucht. Damit ist aber gezeigt, dass eine Auslegung hin zu einer Intensivierung vom Wortlaut durchaus gedeckt sein kann. Dafür spricht auch, dass „versetzen" auch durch das Verb „bringen" ersetzt werden kann. Diese nahe Verwandtschaft zeigt sich auch darin, dass in einem Entwurf von 1958 statt „versetzen" auch „in Gefahr bringt" verwendet wurde.[703] Dem Gesetzgeber kann also durchaus unterstellt werden, dass er von einer ähnlichen Interpretation ausgegangen ist. „Bringen" umfasst zweifellos aber eine Intensivierung. Wenn der Täter dem Opfer also droht, er *bringe* ihm bei, was Schmerzen seien, dann kann das in jeder erdenklichen Form nur eine Intensivierung darstellen. Aber auch unter Zugrundelegung des Sinn und Zwecks der Aussetzung, gerade Menschen vor Rechtsgutsbeeinträchtigungen zu schützen, die dadurch entstehen, dass der Täter das Opfer der Gefahr hilflos aussetzt,[704] würde einer dahingehenden Auslegung nicht gerecht. Denn, wie gezeigt, ergeben sich im Bereich der Organverteilung durch bereits kleine Veränderungen der Datensätze erhebliche Risiken für eine Vielzahl von bereits gefährdeten Personen. Diese würde man aber aus dem Schutzbereich verweisen, obwohl doch nicht zu leugnen sein kann, dass gerade diese einen besonderen Schutz verdienen.[705] Für eine weite Auslegung des Begriffes kann darüber hinaus aber auch der gesetzgeberische Wille herangezogen werden. Wenn dieser mit der Ausweitung des Tatbestandes, nicht nur in den Fällen jugendlichen Alters, Gebrechlichkeit oder Krankheit, sondern nunmehr allen Menschen Schutz bieten will,[706] dann kann eine solche Ausweitung auch nur für einen möglichst großen Schutz und damit eben auch für die Einbeziehung einer Intensivierung sprechen. Wäre dagegen eine restriktive Auslegung gewollt, dann hätte der Gesetzgeber trotz der Erweiterung zumindest in der Gesetzesbegründung erkennen lassen können, dass „versetzen" restriktiv ausgelegt werden soll. Immerhin hat er sich auch bewusst von dem bisherigen „aussetzen" distanziert. Da Anhaltspunkte dafür aber nicht bestehen, scheint mir die Annahme einer restriktiven Auslegung nicht zwingend.[707] Stimmt man mit dem Gesagten über-

703 vgl. *Küper*, ZStW 111 (1999), 40.

704 vgl. MK-StGB-*Hardtung*, § 221, Rn. 1; NK-StGB-*Neumann*, § 221 Rn. 3.

705 zustimmend wohl auch: LK-*Jähnke*, § 221, Rn. 14.

706 vgl. BT-Drucks. 13/8587, S. 34; *Hörnle*, Jura 1998, S. 177.

707 zur Entstehung der Neufassung: *Küper*, ZStW 111 (1999), 40f.

ein, dann lässt sich also sehr wohl das Versetzen in eine hilflose Lage bejahen.[708] Die Tatbestandsalternative des „im Stich lassen" gem. § 221 Abs. 1 Nr. 2 StGB ist dagegen hier nicht einschlägig. Diesbezüglich fehlt es an einer erforderlichen Obhuts- oder sonstigen Beistandspflicht des manipulierenden Arztes gegenüber den ihn unbekannten übergangenen Patienten.[709]

3. Eintritt einer konkreten Gefahr für Leib oder Leben

Als konkretes Gefährdungsdelikt verlangt der tatbestandliche Erfolg der Aussetzung, dass das Opfer durch die hilflose Lage konkret in die Gefahr des Todes oder aber einer schweren Gesundheitsschädigung geraten ist. Wann genau von einer konkreten Gefahr gesprochen werden kann, ist bekanntlich nicht hinreichend geklärt.[710] Der BGH geht davon aus, dass sich eine fest definierte Umschreibung, die wissenschaftlichen Anforderungen entspreche, wohl auch kaum finden lassen werde.[711] Die überwiegende Meinung geht daher zumindest davon aus, dass sich durch die Handlung des Täters die Wahrscheinlichkeit eines Schadeneintrittes erhöht haben muss. Im Rahmen dieser Gefahrenerhöhung müssen sich die Risiken in einer Form manifestiert haben, dass es „nur noch vom Zufall abhing, ob das Rechtsgut verletzt wurde",[712] oder anders ausgedrückt, „weil alle Zeichen auf eine unumkehrbare Rechtsgutsverletzung hindeuten".[713] Ob eine konkrete Gefahr vorgelegen hat, bestimmt sich dabei schließlich aus objektiver ex-post Perspektive.[714] Es stellt sich also die Frage, ob bereits ab dem Zeitpunkt der Manipulation eine konkrete Gefahr bestand. Man wird diesbezüglich wohl differenzieren müssen. Handelt es sich um Organe, die nicht lebensnotwendig sind und die durch medizinische Maßnahmen – zumindest zeitlich begrenzt – ersetzt werden können, wie beispielsweise die Dialyse (griech. *dialysis* „Auflösung"[715]), dann kommt es wohl entscheidend darauf an, ob eine schwere Gesundheitsschädigung durch die Manipulation bejaht werden kann, wobei eine solche dann anzunehmen ist, wenn sich nunmehr eine lang-

---

708 andere Ansicht: *Schroth*, NStZ 2013, S. 442, Fn. 62.

709 zu den Obhuts- und Beistandspflichten siehe: MK-StGB-*Hardtung*, § 221, Rn. 14f.

710 vgl. bspw. *Roxin*, Strafrecht AT I, S. 423, Rn. 148, m.w.N.

711 vgl. BGH NJW 1963, 1069; BGH NStZ 1996, S. 83.

712 vgl. BGH NStZ 1996, S. 83, m.w.N.; *Wolter*, JuS 1978, S. 748 m.w.N.; AW-*Weber*, Strafrecht BT, §35, Rn. 73; *Roxin*, Strafrecht AT I, S. 424, Rn. 149.

713 S/S-*Heine/Bosch*, § Vorbem. § 306ff. Rn. 3.

714 vgl. dazu: *Hoyer*, NStZ (1994), S. 86; *Küper*, ZStW 111 (1999), 57f. m.w.N.; MK-*Hardtung*, § 221, Rn. 21; vgl. auch *Roxin*, Strafrecht AT I, § 11, Rn. 147.

715 vgl. Pschyrembel, Klinisches Wörterbuch, S. 423.

wierige und ernste Beeinträchtigung der physischen oder psychischen Konstitution anbahnt.[716] Andererseits wird eine solche schwere Gesundheitsschädigung in den Fällen zu verneinen sein, in denen schon vor der Manipulation ein derart gravierender Gesundheitszustand bestand, in dem nur noch eine Ersatzniere das Überleben sichern konnte. In diesem Fall kann dem Übergangenen keine weitere Gefährdung seiner Gesundheit widerfahren. Man wird dann vielmehr sagen müssen, dass die bestehende Lage nicht zugunsten des übergangenen Patienten verbessert, aber eben auch nicht mehr verschlechtert wurde.

Handelt es sich dagegen um Organe wie die Leber oder das Herz, ohne die ein Weiterleben nicht möglich ist, so lässt sich konstatieren, dass durchaus eine konkrete Gefahr vorgelegen hat. Denn zweifellos ist durch die Manipulation die Gefahr, bei der Vergabe unberücksichtigt zu bleiben, erheblich gestiegen. Anderes ausgedrückt ließe sich auch sagen, dass das gestiegene Risiko, unberücksichtigt zu bleiben, zu einer essentiellen Verschlechterung der Sicherheit bei dem übergangenen Opfer geführt hat. Insoweit ist es ja überhaupt nicht möglich vorherzusagen, wann ein geeignetes Spenderorgan zur Verfügung steht. Es hängt folglich nur noch vom Zufall ab, ob ein Spenderorgan zeitnah gefunden wird oder nicht.

4. Qualifikation gemäß § 221 Abs. 3 StGB

Dagegen ist die Qualifikation gem. § 221 Abs. 3 StGB nicht erfüllt, wenn der Täter durch die Tat den Tod des Opfers verursacht. Diesbezüglich ergeben sich die gleichen Kausalitätsprobleme wie im Rahmen des vollendeten Totschlags, sodass nicht zweifelsfrei festgestellt werden kann, dass ausgerechnet durch die Manipulation der Tod eingetreten ist.

In Betracht kommt aber der Versuch einer Erfolgsqualifikation gem. §§ 221 Abs. 3, 22, 23 Abs. 1 StGB. Dies meint also, dass der Täter das Grunddelikt der Aussetzung vollendet hat, aber die von ihm ebenfalls bereits billigend in Kauf genommene schwere Folge ausgeblieben ist.[717] Dass der Eintritt der schweren Folge dabei auch die typische Gefahr der hier in Frage stehenden Aussetzung darstellt, dürfte wiederum klar werden, wenn man sich den eklatanten Mangel in diesem

716 vgl. BGH NStZ-RR 2007, S. 306; S/S-*Stree/Sternberg-Lieben*, § 221, Rn. 8, § 225, Rn. 21.

717 zu dieser Konstellation und der Abgrenzung zum erfolgsqualifizierten Versuch vgl. *Roxin*, Strafrecht AT II, § 29, Rn. 318ff.

Bereich bewusst macht.[718] Eben dieser führt dazu, dass der Aussetzungshandlung das eigentümliche Risiko anhaftet, im Tod enden zu können. Dass der Arzt bei der Manipulation unter einem dahingehenden billigenden Vorsatz gehandelt hatte, ist zu bejahen. Diesbezüglich gilt das zum versuchten Totschlag oben Gesagte entsprechend.[719] Schaut man sich aber die Strafrahmen des Totschlags mit einer Strafandrohung von nicht unter fünf Jahren und die des § 221 Abs. 3 StGB mit nicht unter drei Jahren an, dann kommt zu Recht die Frage auf, ob die Erfolgsqualifikation überhaupt Anwendung finden kann. Immerhin ist bei einem festgestellten Tötungsdelikt stets der höhere Strafrahmen einschlägig, so dass es nahe liegt, die Erfolgsqualifikation des § 221 Abs. 3, 22, 23 Abs. 1 StGB gar nicht erst zur Anwendung kommen zu lassen. Sieht man dies anders, so tritt § 221 Abs. 3, 22, 23 Abs. 1 StGB zumindest auf Konkurrenzebene hinter den versuchten Totschlag zurück.[720]

D. Ergebnis

Nach hier vertretener Auffassung kann sowohl ein versuchter Totschlag gemäß §§ 212, 22, 23 Abs. 1 StGB, als auch eine Aussetzung gemäß §§ 221 Abs. 1, Nr. 1, 3, 22, 23 Abs. 1 StGB bejaht werden.

III. Straftaten gegen die körperliche Unversehrtheit

A. Körperverletzung gemäß §§ 223, 224 Abs. 1 Nr. 5, 227 StGB hinsichtlich des übergangenen Patienten

Aufgrund der Gefährlichkeit der in Frage stehenden Manipulationshandlung verwundert es nicht, dass der Fokus bisher auf etwaige Tötungsdelikte gelegt wurde. Dabei besteht die Verwerflichkeit keineswegs nur darin, dass man den übergangenen Patienten einer Todesgefahr aussetzt. Daneben gilt es zu berücksichtigen, dass sich der medizinische Zustand des Nichtberücksichtigten mit fortschreitender Zeit kontinuierlich verschlechtern wird. Damit wird der ohnehin bestehende pathologische Zustand also nochmals beeinträchtigt. Diese weitergehende Steigerung eines pathologischen Zustandes kann dabei aber selbst wiederum eine Gesundheitsschädigung i.S.d. § 223 Abs. 1, 2. Alt. StGB

---

718 zum spezifischen Gefahrenverwirklichungszusammenhang und dessen Anknüpfungspunkt im Rahmen der Aussetzung vgl. *Heger*, ZStW 119 (2007), S. 615f.

719 siehe: Kap. Zwei, II, B, 2.

720 vgl. dazu: *Heger*, ZStW 119 (2007), S. 614f.

darstellen, soweit diese sich im konkreten Fall medizinisch belegen lassen sollte.[721] Für diese Steigerung wäre der angeklagte Arzt dann auch zweifelsfrei kausal verantwortlich. Aus den bisherigen Erwägungen dürfte auch ersichtlich werden, dass darin zugleich eine das Leben gefährdende Behandlung gem. § 224 Abs. 1 Nr. 5 StGB zu erblicken ist, da die Handlung ihren Umständen nach generell geeignet ist, das Leben des Opfers in Gefahr zu bringen.[722] Der dafür erforderliche Vorsatz besteht schon deshalb, weil dieser im bereits bejahten Tötungsvorsatz – als notwendiges Zwischenstadium – mitenthalten ist.[723]

Des Weiteren stellt sich wieder die Frage, ob der Körperverletzungshandlung die spezifische Gefahr des Todes anhaftete, so dass auch hier wieder an einen Versuch der Erfolgsqualifikation gem. § 227, 22, 23 Abs. 1 StGB zu denken wäre. Diesbezüglich kann auf das zur Aussetzung Gesagte verwiesen werden.[724]

B. Körperverletzung gemäß §§ 223, 224 Abs. 1 Nr. 2, 2. Alt. und 5 StGB an den eigenen Patienten[725]

Soweit der manipulierende Arzt das Organ seinen eigenen Patienten transplantiert hat, stellt sich zudem die Frage nach einer Strafbarkeit gemäß §§ 223ff. StGB. Dass es sich dabei nicht nur um nachgelagerte Delikte handelt, belegt bereits ein Verfahren vor dem LG Göttingen, in dem der Angeklagte unter anderem in drei Fällen wegen Körperverletzung mit Todesfolge angeklagt wurde.[726]

Die Frage, ob eine Operation und damit ein ärztlicher Heileingriff eine tatbestandsmäßige Handlung darstellt, ist bekanntermaßen zwischen Rechtsprechung

---

721 vgl. BGH NJW 1960, S. 2253, m.w.N.

722 zu diesem Erfordernis siehe: BGH NStZ 2013, S. 345; MK- *Hardtung*, § 224, Rn. 38, m.w.N.

723 vgl. BGH NStZ 1997, S. 234; BHG NJW 1961, S. 1779, m.w.N; S/S-*Eser/Sternberg-Lieben*, § 212, Rn. 17a.

724 siehe dazu auch: LG Göttinge

725 Auf den Qualifikationstatbestand des § 224 Abs. 1 Nr. 4 StGB wird nicht gesondert eingegangen, da selbst bei dem Zusammenwirken mehrerer Ärzte keine Gefahrenerhöhung bewirkt wird, sondern im Gegenteil, die Risiken des Patienten minimiert werden; vgl. MK-StGB-*Hardtung*, § 224, Rn. 43.

726 vgl. LG Göttingen, Urteil v. 06.05.2015, Az.: 6 Ks 4/13 (nicht rechtskräftig), welches wohl aber davon ausgeht, dass es sich bei den Transplantationen um noch vertretbare Behandlungen gehandelt hat. Siehe auch Pressemitteilung: http://www.zeit.de/wissen/gesundheit/2015-05/freispruch-fuer-goettinger-transplantations-arzt, (zuletzt abgerufen am 18.12.2015).

und einem Großteil der h.L. umstritten.[727] Für die h.L. mit ihrer normativen Betrachtungsweise[728] ergeben sich hier keine Schwierigkeiten, wirkt doch ein ärztlicher Heileingriff aus ihrer Sicht bereits nicht tatbestandserfüllend. Schließlich erfolgt dieser letztlich nur deshalb, den Zustand der Patienten zu verbessern.[729] Dagegen ist aus Sicht der Rechtsprechung und einem Teil der Lehre seit jeher auch bei einem ärztlichen Heileingriff von der Tatbestandsmäßigkeit auszugehen, der nur mittels einer Einwilligung gerechtfertigt werden kann.[730] Als Qualifikation kommt hinzu, dass eine Transplantation zweifellos eine das Leben gefährdende Behandlung i.S.v. § 224 Abs. 1 Nr. 5 StGB darstellt. Schließlich ist die Operation durch ihren starken invasiven Charakter und der damit einhergehenden Verletzung der körperlichen Integrität in der Lage, den Tod des Patienten zu verursachen.[731] Dagegen erfüllt die Verwendung von Operationsbesteck wie bspw. Skalpellen nach ständiger Rechtsprechung nicht die Qualifikation des § 224 Abs. 1 Nr. 2 StGB, soweit es kunstgerecht verwendet und damit nicht zum Angriff, sondern zu Heilzwecken eingesetzt wird.[732]

a) Einwilligung

Entscheidend für die Rechtsprechung ist daher die sich anschließende Frage, ob die tatbestandsmäßige Körperverletzung durch eine Einwilligung des Patienten

---

727 gute Zusammenfassung zu den verschiedenen Ansichten bei: NK-StGB-*Paeffgen*, § 228, Rn. 56ff.

728 zu den einzelnen Ausprägungen vgl. *Böcker*, JZ 2005, S. 926.

729 Die h.L. beantwortet die Frage bekanntlich normativ, wonach ein Heileingriff nach den Regeln der ärztlichen Kunst schon nicht tatbestandsmäßig sein soll; vgl. dazu: Maurach/*Schroeder*/Maiwald, Strafrecht BT Teilband 1, § 8, Rn. 24.; *Art. Kaufmann*, ZStW 73 (1961), S. 372f.; *Gallas*, ZStW 67 (1955), S. 21; *Bockelmann*, NJW 1961, S. 946f; *Bockelmann*, JZ 1962, S. 527f.; vgl. auch: *Wessels/Hettinger*, Strafrecht BT Teil 1, Rn. 325ff.

730 RGSt 25, 375ff.; BGH NStZ-RR 2007, S. 341; BGH NJW 2000, 886; BGH NStZ 1996, S. 34, m.w.N.; BGH NJW 1958, S. 268; BGH NJW 2011, 1089; *Rengier*, Strafrecht BT II, § 13, Rn. 17; *Kargl*, GA 2001, S. 553; *Puppe*, GA 2003, S. 764f.; *Puppe*, JR 2004, S. 470; *Baumann*, NJW 1958, S. 2092ff.; *Schroth*, Strafrecht BT, S. 93; Roxin/Schroth-*Schroth*, Handbuch des Medizinstrafrechts, S. 29f.; A/W-*Weber*, Strafrecht BT, § 6, Rn. 99f.

731 vgl. BGH MedR 1998, S 329 m.w.N.; ablehnend zur Anwendung des § 224 StGB wohl: *Ulsenheimer*, FS-Steinhilper, S. 229ff. (231).

732 vgl. BGH NJW 1978, S. 1206; *Ulsenheimer*, Arztstrafrecht in der Praxis, S. 299, Rn. 246e; differenzierend: *Hilgendorf*, ZStW 112 (2000), S. 818; MK-StGB-*Hardtung*, § 224, Rn. 43; S/S-*Stree/Sternberg-Lieben*, § 224, Rn. 8; *Hardtung*, NStZ 2011, S. 637.

gedeckt werden kann (§ 228 StGB). Die Notwendigkeit der Einwilligung folgt dabei aus Art. 1 GG sowie aus Art. 2 Abs. 2 S. 1 GG und soll gewährleisten, dass die Entscheidung, „ob" und „was" mit dem Körper letztendlich geschieht, nur vom Patienten als Rechtsgutsinhaber entschieden werden soll.[733] Geschützt wird also neben der körperlichen Integrität auch das Selbstbestimmungsrecht.[734] Dieses Selbstbestimmungsrecht kann von Patienten aber nur dann effektiv und frei ausgeübt werden, wenn ihnen alle relevanten Informationen bekannt sind.[735] Was aber sind genau „relevante" Informationen für den Patienten? Dazu gehört zumindest, dass der Patient über „Anlass, Dringlichkeit, Umfang, Schwere, Risiken, Art und Folgen, mögliche Nebenwirkungen des geplanten Eingriffs, dessen Erfolgsaussichten und die Heilungschancen" aufgeklärt wird.[736] Die erforderlichen Informationen erlangen Patienten durch das Aufklärungsgespräch mit dem behandelnden Arzt. Eine sachgemäße Aufklärung ist damit essentieller Bestandteil einer wirksamen Einwilligung.[737] Bedenken gegen eine solch sachgemäße Aufklärung erscheinen aus folgenden Gesichtspunkten nicht allzu fernliegend: zunächst, weil es meines Erachtens nach keine zwingende Vermutung dafür gibt, dass der angeklagte Arzt den Patienten über die Manipulation informiert hat. Der Patient des angeklagten Arztes kannte also seinen tatsächlichen medizinischen Zustand selbst nicht sicher und hat diesen folglich selbst schlechter beurteilt, als er wirklich war. Die genaue Kenntnis der Diagnose (sog. Diagnoseaufklärung) ist aber Voraussetzung einer sachgemäßen Aufklärung, wenn davon die Entscheidung zu einer schwerwiegenden Operation wie einer Transplantation abhängen soll. Anders kann von einer echten selbstbestimmten Entscheidung faktisch auch nicht mehr die Rede sein, da durch eine unsachgemäße Diagnose kaum noch Spielraum für eine alternative Entscheidung aus Sicht des Patienten

---

733 vgl. BVerfGE, JZ 1979, S. 601; BGH NJW 1989, 1535; BGH NJW 1959, S. 812; BGH NJW 1958, S. 268; *Maurach/Zipf*, Strafrecht AT I, §17, Rn. 36; Roxin/Schroth-*Schroth*, Handbuch des Medizinstrafrechts, S. 30ff.

734 vgl. *Böcker*, JZ 2005, S. 926. Kritisch Rönnau, der primär auf die körperliche Integrität abstellt; vgl. *Rönnau*, JZ 2004, S. 802.

735 vgl. BGH NJW 1989, S. 1535; BGH NStZ 2011, S. 343f.; BVerfG NJW 1979, S. 1929f.; *Knoche*, NJW 1989, S. 758; OLG Braunschweig, VersR 1980, S. 855.

736 vgl. *Ulsenheimer*, Arztstrafrecht in der Praxis, S. 100, Rn. 60; auch *Böcker*, JZ 2005, S. 927 m.w.N.; siehe auch: *Wessels/Beulke/Satzger*, Strafrecht AT, S. 143, Rn. 376; BGH NStZ 2011, S. 343f.

737 kritisch zu den „überstrengen" Aufklärungspflichten des Arztes und der Gefahr, dass die Aufklärungspflichten eine Art „Auffangfunktion" darstellen, *Ulsenheimer*, FS-Steinhilper, S. 227f.

bestehen dürfte.[738] Gegen eine ordnungsgemäße Aufklärung spricht aber vor allem folgende Überlegung: Gegenstand jeder Aufklärung ist auch das mit der Therapie verbundene Risiko (sog. Risikoaufklärung).[739] Dazu gehört, neben der klassischen Aufklärung bezüglich etwaiger Komplikationen, insbesondere auch der Hinweis auf alternative Behandlungsmöglichkeiten, welche ein geringeres Risikopotential in sich bergen.[740] Dies gilt vor allem dann, wenn die Therapie medizinisch nur relativ indiziert sein sollte.[741] Favorisiert der angeklagte Arzt also eine Therapie wie die Transplantation, obwohl diese noch nicht medizinisch zwingend geboten ist, weil der Gesundheitszustand noch kein Stadium erreicht hat, in dem nur eine Transplantation als weiterführende Behandlung in Betracht kommt, so bedarf es einer eindringlichen Aufklärung hinsichtlich der erhöhten Risiken einer Operation im Vergleich zu der bisherigen und auch weiterhin möglichen Therapieform, wie beispielsweise einer Dialysebehandlung. Hier hängt sicherlich vieles von der konkreten Sachverhaltsermittlung ab, dennoch lässt sich nicht ausschließen, dass zum Zwecke der Transplantation die Operation als die einzig verbleibende Behandlungsmöglichkeit dargestellt wurde. Würde eine solch fehlerhafte Aufklärung vorliegen und der Nachweis gelingen, wäre die Einwilligung aufgrund von Aufklärungsfehlern hinfällig.

b) Hypothetische Einwilligung

Wäre dies der Fall, stünde als Konsequenz die Frage im Raum, ob der Patient nicht auch in Kenntnis der wahren Sachlage in die Operation eingewilligt hätte. Für eine derartige „hypothetische Einwilligung“[742] spräche immerhin der Umstand, dass Organe Mangelware sind und man bei Verschlechterung des gesundheitlichen Zustandes daher nie sicher sein kann, das lebensrettende Organ auch tatsächlich zu erhalten. Andererseits ist es schwer vorstellbar, dass jeder Patient bereit wäre, ein zu Unrecht erhaltenes Organ anzunehmen. Dass es sich dabei nicht nur um ein theoretisches Gedankenspiel handelt, zeigt bereits der Umstand, dass Menschen aus einer Vielzahl von Gründen einer Organspende

---

738 zur Diagnoseaufklärung: *Ulsenheimer*, Arztstrafrecht in der Praxis, S. 103, Rn. 63.

739 zur Risikoaufklärung: *Ulsenheimer*, Arztstrafrecht in der Praxis, S. 108, Rn. 65, sowie S. 109ff.

740 vgl. BGH NJW 2005, 1718; BGH MedR 1985, S. 225; *Ulsenheimer*, Arztstrafrecht in der Praxis, S. 108, Rn. 65.

741 vgl. BGH NJW 2000, S. 1788; *Ulsenheimer*, Arztstrafrecht in der Praxis, S. 121, Rn. 74.

742 vgl. dazu: *Wessels/Beulke/Satzger*, Strafrecht AT, S. 149, Rn. 384a; *Gropp*, FS-Schroeder, S. 205.

kritisch gegenüberstehen, z.B. weil es der religiösen Überzeugung entgegensteht, oder schlicht deshalb, weil man die Organspende als solche ablehnt. Daher wäre es ebenso denkbar – und meines Dafürhaltens nicht abwegig –, dass eine Ablehnung auch deshalb erfolgt, weil es gegen die moralischen Grundsätze eines Patienten verstößt ein Organ anzunehmen, wodurch im weiteren Verlauf möglicherweise ein anderer Mensch verstirbt. Ein solcher Gleichlauf zwischen Moral und Recht ist zwar keinesfalls zwingend. Dennoch wird es Menschen geben, für die es ein entscheidender Gesichtspunkt ist, nur ein sittlich unbelastetes Organ zu erhalten. Wäre dem so, wäre auch der Weg über die hypothetische Einwilligung versperrt.

Geht man nun dennoch davon aus, dass der Patient auch bei ordnungsgemäßer Aufklärung in die Operation eingewilligt hätte, so wäre der angeklagte Arzt gerechtfertigt. Vor allem die Rechtsprechung wählt den Weg über die hypothetische Einwilligung im Verhältnis Arzt-Patient, um damit eine als ungerecht empfundene Verurteilung von Ärzten zu vermeiden. Immerhin handelt der Arzt auch bei bewusst falscher Aufklärung letztlich nur zum Wohle der Patienten.[743]

Gegen eine solch weitreichende Korrektur der Haftungsvoraussetzungen über das Institut der „hypothetischen Einwilligung“ sprechen aber nicht zu vernachlässigende Bedenken.[744] Zunächst ist bereits die Bezeichnung „hypothetische Einwilligung“ irreführend, denn sie suggeriert, dass es sich um einen „echten“ Rechtfertigungsgrund handelt. „Echte“ Rechtfertigungsgründe wie die Notwehr (§ 32 StGB) oder die Einwilligung (§ 228 StGB) sind nach bisherigem Verständnis aber dadurch gekennzeichnet, dass sie aus einem objektiven und einem subjektiven Teil bestehen. Der objektive Teil beseitigt das Erfolgsunrecht, während der subjektive Teil das Handlungsunrecht eliminiert. Der hypothetischen Einwilligung mangelt es aber an dem subjektiven Teil, da der Arzt, wenn er in den Fällen der bewusst unterlassenen Aufklärung tatsächlich von einer Einwilligung ausgegangen wäre, den Patienten auch hätte aufklären können. Diese Möglichkeit besteht in Fällen der vorliegenden Art zweifellos in Abgrenzung zu Fällen der mutmaßlichen Einwilligung. Tut er dies nicht und therapiert er den Patienten in Unkenntnis seines wirklichen Willens, bestätigt sich nur sein Handlungsunrecht.[745]

---

743 vgl. *Gropp*, FS-Schroeder, S. 207.

744 gute Übersicht über die Kritikpunkte bei: *Gropp*, FS-Schroeder, S. 200ff.; Befürworter sind dagegen: *Kuhlen*, FS-Roxin zum 70. Geburtstag, S. 332ff.; *Kuhlen*, JR 2004, S. 227ff.; *Rönnau*, JZ 2004, S. 801.

745 vgl. *Böcker*, JZ 2005, S. 927.

Stärker als das eben Erwähnte wiegt aber folgender Gesichtspunkt: Die hypothetische Einwilligung beseitigt das Erfolgsunrecht mit der Begründung, dass der tatbestandliche Erfolg auch bei ordnungsgemäßer Aufklärung eingetreten wäre. Damit macht sie sich den Gedanken des fehlenden Pflichtwidrigkeitszusammenhangs zunutze.[746] Immerhin beseitigt auch die objektive Zurechnung auf Tatbestandsebene das Erfolgsunrecht als Korrektiv, wenn ein Erfolg trotz Vorliegens der übrigen Voraussetzungen dem Täter nicht als sein Werk zugerechnet werden soll, bspw. weil sich eben nicht das vom Täter gesetzte Risiko im Erfolg realisiert hat.[747] Mit den Worten von Rönnau geht es also darum, „Unrecht von Unglück" zu unterscheiden, allerdings mit dem Unterschied, dass dies bei der hypothetischen Einwilligung auf Rechtfertigungsebene geschehen soll.[748] Das Bedenkliche an einer solchen Übertragung ist nun aber, dass dadurch der Besonderheit zwischen Tatbestand einerseits und Rechtswidrigkeit anderseits nicht hinreichend Rechnung getragen wird. Während im Tatbestand die einzelnen Voraussetzungen des jeweiligen Tatbestandes positiv vorliegen müssen, um die Strafbarkeit zu bejahen, ist auf der Ebene der Rechtswidrigkeit erforderlich, dass Rechtfertigungsgründe, welche die Strafbarkeit wieder ausschließen, gerade nicht vorhanden sind. Dieses Fehlen von Gründen ist somit charakteristisch für die Bejahung der Rechtswidrigkeit. Mit der Anerkennung der hypothetischen Einwilligung wird dieses System aber dahingehend modifiziert, dass nunmehr mit dem Anerkennen einer hypothetischen Einwilligung als eine Spielart des Pflichtwidrigkeitszusammenhanges die Ebene der Rechtswidrigkeit ein strafbarkeitsbegründendes Element erhält.[749] Insofern ließe sich die Rechtswidrigkeit ja nur noch dann bejahen, wenn man positiv festgestellt hätte, dass eine „objektive Zurechnung" tatsächlich besteht. Ob eine Handlung nun aber als eine solche des Täters zugerechnet wird, ist gerade originäre Aufgabe des Tatbestandes.[750]

---

746 Kuhlen spricht von einer „im Kern identische(n) Zurechnungsproblematik" auf Rechtfertigungsebene; *Kuhlen*, FS-Roxin zum 70. Geburtstag, S. 337; vgl. auch *Gropp*, FS-Schroeder, S. 200; *Rönnau*, JZ 2004, S. 801 m.w.N.

747 zu den einzelnen Fallgruppen siehe: *Wessels/Beulke/Satzger*, Strafrecht AT, S. 70ff., Rn. 182ff.

748 vgl. *Rönnau*, JZ 2004, S. 801.

749 vgl. *Duttge*, FS-Schroeder, S. 185ff. Puppe wendet schließlich gegen das Institut der hypothetischen Einwilligung ein, dass eine solche sich aufgrund der Unvorhersehbarkeit menschlicher Entscheidungen, ex-post betrachtet, gar nicht feststellen ließe; vgl. *Puppe*, GA 2003, S. 769; *Puppe*, JR 2004, S. 470. Andere Ansicht: *Rönnau*, JZ 2004, S. 802.

750 vgl. *Duttge*, FS-Schroeder, S. 185ff.

Schließlich müsste auch die Frage beantwortet werden, wie mit Einwendungen von Tätern bspw. aus Diebstählen, Betrügereien oder Sachbeschädigungen umgegangen wird. Immerhin könnten auch diese sich darauf berufen, dass das Opfer möglicherweise eingewilligt hätte.[751] Die Unschuldsvermutung müsste dann auch hier volle Beachtung finden. Ob die hypothetische Einwilligung damit letztlich überzeugen kann, darf hinterfragt werden, gerade wenn es den Bruch dogmatischer Grundsätze mit sich bringt, um dadurch in speziell gelagerten Fällen eine Einzelfallgerechtigkeit zu erreichen.

Folgt man der Rechtsprechung, so wäre der Arzt zumindest über die hypothetische Einwilligung gerechtfertigt. Lehnt man die hypothetische Einwilligung aus den genannten Gründen dagegen ab, stellt sich die anschließende Frage, ob der Arzt deshalb schuldlos gehandelt haben könnte, weil er irrig von einem Sachverhalt ausging, bei dem eine ausreichende Aufklärung vorlag und er also somit unter einem Erlaubnistatbestandsirrtums litt.[752] Dies wird in Fällen der bewussten Falschaufklärung nicht anzunehmen sein, da er sich über die Unzulänglichkeit seines Handelns gerade voll bewusst war, um dadurch die Operation zu ermöglichen.

C. Körperverletzung im Amt gemäß § 340 StGB

Vertritt man die Ansicht, dass eine hypothetische Einwilligung dogmatisch nicht hinreichend überzeugen kann und eine Körperverletzung mithin zu bejahen ist, so stellt sich auch die weitere Frage, ob nicht auch eine Körperverletzung im Amt vorliegen kann. Eine solche Vermutung drängt sich zwar zunächst auf, muss bei näherer Betrachtung aber verneint werden. Der Gedanke erscheint deshalb so naheliegend, weil der angeklagte Arzt entweder Angestellter im öffentlichen Dienst oder als Beamter zu qualifizieren ist. Damit ist er Amtsträger gem. § 11 Abs. 1 Nr. 2 b) bzw. c) StGB.[753] Ist er doch durch das Klinikum – als Körperschaft des öffentlichen Rechts – bestellt, um als Arzt die Daseinsversorgung als Teil der Leistungsverwaltung zu sichern. Die damit einhergehende Amtspflicht lässt sich damit begründen, dass der angeklagte Arzt durch die medizinische Behandlung

---

751 vgl. *Puppe* JR 2004, S. 471, vgl. auch BGHSt 13, 13 = BGH NJW 1959, S. 898, („Referendarfall").

752 zum Institut des Erlaubnistatbestandirrtums und seiner Behandlung vgl. statt vieler: *Wessels/Beulke/Satzger*, Strafrecht AT, S. 184ff., Rn. 467ff.; *Roxin*, Strafrecht AT I, S. 622ff., Rn. 52ff.

753 vgl. *Hecker*, JuS 2012, S. 853; siehe auch: OLG Karlsruhe, NStZ-RR 2001, S. 145; siehe auch: BGH NJW 2002, S. 2804f.

konkrete Aufgaben der öffentlichen Verwaltung vornahm.[754] Dennoch muss eine Körperverletzung *im Amt* ausscheiden. Erforderlich ist insoweit stets, dass die Körperverletzung und die Amtspflichtverletzung in einem sachlichen Zusammenhang stehen. Damit begründet die Körperverletzung nur während der Dienstzeit – und somit der bloße zeitliche Zusammenhang – für sich allein noch nicht die Voraussetzungen des § 340 StGB.[755] An diesem sachlichen Zusammenhang fehlt es, weil die Körperverletzung nicht der Verwirklichung hoheitlicher Zwecke diente. Zwar nahm der angeklagte Arzt die Heilbehandlung und damit die Körperverletzung während der Dienstzeit vor, allerdings völlig losgelöst von dem konkreten Beschäftigungsverhältnis. Insofern besteht zwar (abstrakt) die Pflicht zur Heilbehandlung, wie diese aber konkret durchzuführen ist, ist allein Sache des behandelnden Arztes. Damit unterscheidet sich die (Dienst-)Tätigkeit aber nicht von der eines freiberuflichen Arztes. Zudem wird es dem Patienten selbst auch regelmäßig gleichgültig sein, wie das konkrete Anstellungsverhältnis ausgestaltet ist, solange der Behandlungsvertrag (§ 630a BGB) nur ordnungsgemäß durchgeführt wird. Damit realisiert sich dann in der Körperverletzung aber auch nicht der Missbrauch von Amtsgewalt.[756]

IV. Urkundsdelikte

Die Manipulation von Gesundheitsdaten setzt bereits voraus, dass diese zuvor einmal richtig vorhanden waren. Es stellt sich daher die Frage, ob die Manipulation an den patientenbezogenen Daten auch eine strafwürdige Indikation aufweist.

A. Urkundenfälschung gemäß § 267 Abs. 1 StGB[757]

Dabei richtet sich der Blick zunächst auf die Urkundenfälschung. Das Ziel des § 267 StGB besteht darin, den „Beweiswert der Urkunde"[758] und damit letztlich

---

754 vgl. zu einem ähnlich gelagerten Fall: OLG Karlsruhe NJW 1983, S. 352f.

755 vVgl. bspw. HK-GS/*Schmedding*, § 340, Rn. 2.

756 vgl. OLG Karlsruhe NJW 1983, S. 353; *Kraatz*, Arztstrafrecht, S. 64, Rn. 112; S/S-*Hecker*, § 340, Rn. 4; MK-StGB-*Voßen*, § 340, Rn. 10; NK-StGB-*Kuhlen*, § 340, Rn. 8.

757 Urkunde ist dabei definiert, als verkörperte Gedankenerklärung *(Perpetuierungsfunktion)*, die zum Beweis im Rechtsverkehr geeignet und bestimmt ist *(Beweisfunktion)* und ihren Aussteller erkennen lässt *(Garantifunktion)*; vgl. BGH NJW 1952, S. 1104; OLG Celle NStZ-RR 2008, S. 76.

758 vgl. *Lampe*, GA 1964, S. 321.

die „Sicherheit und Zuverlässigkeit des Rechtsverkehrs"[759] dadurch zu schützen, dass man auf die Echtheit einer Urkunde dadurch vertrauen kann, dass die Urkunde auch tatsächlich von demjenigen stammt, welcher aus ihr als Austeller hervorgeht.[760] Nicht vom Schutzbereich erfasst ist damit die bloße inhaltliche Lüge in der Urkunde, da diese trotz inhaltlicher „Defizite" immer noch von dem Aussteller stammt, der aus ihr hervorgeht.[761] Mit dieser Feststellung ergeben sich nunmehr unterschiedliche Anknüpfungspunkte für eine Urkundenfälschung:

Zunächst scheidet somit eine Urkundenfälschung bereits tatbestandlich in all den Fällen aus, in denen der angeklagte Arzt keine fremden, sondern eigene Urkunden inhaltlich „korrigiert" hat. Bei solch *eigenen* Urkunden kann es sich beispielsweise um Unterlagen wie die Anamnese, Befundfeststellung oder den eigenen Operationsbericht handeln. Die Strafbarkeit richtet sich dann vielmehr nach dem spezielleren § 278 StGB. Für den Tatbestand der Urkundenfälschung verbleiben damit faktisch noch solche Fälle, in denen eine Gesamturkunde wie die „Patientenakte" verändert wurde. Gesamturkunden zeichnen sich nunmehr dadurch aus, dass diese aus einer Mehrzahl von Einzelurkunden bestehen und durch ihre Zusammenfügung einen weitergehenden Aussagegehalt aufweisen als die Einzelurkunden.[762] Dies dürfte bei einer Patientenakte regelmäßig der Fall sein, da diese aus einer Vielzahl von unterschiedlichen Einzelurkunden und Vorgängen wie Laborergebnissen, Protokollen, Befunden und Therapieverläufen besteht, um ein möglichst exaktes und umfassendes Bild über den Gesundheitszustand des jeweiligen Patienten zu erhalten. Ein solches „Gesamtbild" geht in seinem Aussagegehalt dann auch erheblich über das hinaus, was durch eine Einzelurkunde möglich wäre.[763]

Dies wird zuweilen mit dem Einwand bezweifelt, dass sich die Patientenakte nicht von der Handakte eines Rechtsanwaltes unterscheide. Bei der Handakte – so der Einwand – gehe aber auch die Rechtsprechung nicht von einer

759 vgl. *Wessels/Hettinger*, Strafrecht BT Teil 1, S. 244, Rn. 789.

760 vgl. *Wessels/Hettinger*, Strafrecht BT Teil 1, S. 244, Rn. 789, S. 251, Rn. 821f.

761 vgl. *Otto*, JuS 1987, S. 764; *Puppe*, JZ 1997, S. 491f.

762 vgl. dazu: OLG Düsseldorf NStZ 1981, S. 26; BGH NJW 1953, S. 711; MK-StGB-*Erb*, § 267, Rn. 56f.

763 zustimmend auch: *Ulsenheimer*, Arztstrafrecht in der Praxis, S. 461, Rn. 391a; *Regizahn*, MedR 1995, S. 33; wohl auch: Roxin/Schroth –*Schroth*, Handbuch des Medizinstrafrechts, S. 260f. Ablehnend dagegen: Spickhoff-*Schuhr*, Medizinrecht, § 267, Rn. 25. Ausführlich zum Topos Gesamturkunde auch: *Lampe*, GA 1964, S. 323ff.; *Puppe*, Jura 1980, S. 22; MK-StGB-*Erb*, § 267, Rn. 58.

Gesamturkunde aus.[764] Dass eine Gleichstellung von Handakte und Patientenakte aber nicht vollkommen überzeugen kann, wird deutlich, wenn man sich den Sinn und Zweck der unterschiedlichen Akten bewusst vor Augen führt. Die Pflicht zur Führung einer Handakte (§ 50 BRAO) besteht primär in dem Schutz des Rechtsanwalts.[765] Indem das Verfahren ordnungsgemäß dokumentiert wird, ist gewährleistet, dass ein Rechtsanwalt stets ein geordnetes Bild über die von ihm ausgeübte Tätigkeit behält und dadurch auch Auskünfte an den Mandanten erteilen kann, wonach der Rechtsanwalt nach §§ 675, 666 BGB verpflichtet ist. Damit zeigt sich, dass die Handakte vor allem dem Rechtsanwalt *selbst* dienen soll und der Mandant nur mittelbarer Profiteur ist.[766] Man kann es auch dahingehend formulieren, dass die Handakte der ordnungsgemäßen Durchführung der Mandatierung dient und vor dem Verlust von Informationen schützen soll.

Demgegenüber ist der Patientenakte eine über die reine Dokumentationsfunktion hinausgehende und weitaus größere Bedeutung beizumessen. Ohne Zweifel dient auch die Patientenakte dazu, dass die Ärzteschaft stets ein geordnetes Bild über den bisherigen Therapieverlauf behält. Ihr Erklärungsgehalt geht nun aber über den einer Chronik hinaus. Denn durch die Patientenakte werden die einzelnen Untersuchungsergebnisse zu einem „Gesamtbild" über die körperliche Konstitution zusammengefasst und ermöglichen (erst) so dem Arzt, die letztlich angemessene Therapie zu wählen. Der Aussagegehalt geht also über den der einzelnen Befunde, Anamnesen etc. hinaus. Weder die Anamnese für sich, noch ein Laborbefund ohne Anamnese kann sicher diagnostizieren, welche Erkrankung aktuell vorliegt. Dies wird deutlich, wenn man an eine seltene Tropenkrankheit wie „Dengue Fieber"[767] denkt. Aufgrund der grippeähnlichen Symptome wird die Verdachtsdiagnose und die Behandlung mit hoher Wahrscheinlichkeit zunächst der einer Grippe entsprechen. Erst wenn man erkennt, dass es sich nicht um eine „gewöhnliche" Grippe handelt, wird man andere virale und bakterielle Infektionen in Betracht ziehen und mit Differenzialdiagnosen[768] beginnen, um dadurch Krankheiten mit ähnlichen Symptomen, wie Gelbfieber, Masern, Malaria und Typhus auszuschließen. Dabei stehen einzelne Diagnosen von in

---

764 vgl. Spickhoff-*Schuhr*, Medizinrecht, § 267, Rn. 17, 25. Zur Verneinung der Handakte als Gesamturkunde: BGH NJW 1953, S. 515.

765 vgl. Gaier/Wolf/Göcken-*Tauchert*, § 50, Rn. 2

766 vgl. Feuerich/Weyland-*Feuerich*, Kommentar zur BRAO, § 50, Rn. 2.

767 Dabei handelt es sich um eine (schwere) grippeähnliche virale Infektion, die oft durch Mücken übertragen wird.

768 Dabei handelt es sich um eine Methode, Krankheiten mit ähnlichen Symptomen auszuschließen.

Betracht kommenden Krankheiten in ihrem Aussagewert aber hinter denen der Gesamturkunde zurück. Insofern ermöglicht nämlich erst die Gesamtschau der durchgeführten Untersuchungen und der Ausschluss ähnlicher Krankheiten die Erkenntnis, dass es sich letztlich um das selten vorkommende „Dengue Fieber" handelt. Die Patientenakte dient also nicht nur der Dokumentation, sondern trägt durch die umfassende Wiedergabe des Gesundheitszustandes des Patienten aktiv zur Diagnose und damit zur Therapierung der Erkrankung bei. Damit dient sie dem Patienten unmittelbar und geht in ihrer Zweckrichtung über eine Chronik hinaus. Dieser unterschiedliche Zweck mit dem darin enthaltenen weitergehenden Aussagegehalt einer „Gesamterklärung" über den Zustand des Patienten rechtfertigt es dann aber auch, die Patientenakte als eine Gesamturkunde aufzufassen.[769]

Verändert man nun einzelne Bestandteile der Gesamturkunde, ändert man damit zwingend auch den Beweiswert der Patientenakte.[770] Dient diese neben der Diagnosestellung doch auch dazu, den Beweis dafür zu erbringen, dass die (medizinischen) Voraussetzungen für eine spezielle Therapieform wie die einer Transplantation bereits vorliegen.[771] Auf die Frage, ob ein solches Veränderungsverbot auch für die in der Gesamturkunde befindliche einzelne Urkunde gilt, kommt es in diesem Zusammenhang nicht an. Insofern hat der angeklagte Arzt – bei lebensnaher Betrachtung – durch die Veränderung von Laborergebnissen nämlich keine eigene Urkunde verändert, sondern die des im Labor tätigen Mitarbeiters. Indem der Labormitarbeiter die (Blut)-Werte ermittelt und zunächst richtig auf das dafür vorgesehene Formular eingetragen hat, ist dieser als geistiger Urheber der Einzelurkunde zu betrachten.[772] Aus § 10 Abs. 1 der Berufsordnung für die in Deutschland tätigen Ärztinnen und Ärzte ergibt sich die erforderliche Dokumentationspflicht. Nicht ausdrücklich erwähnt – weil

---

769 zustimmend: *Ulsenheimer*, Arztstrafrecht in der Praxis, S. 461, Rn. 391a; wohl auch Roxin/Schroth – *Schroth*, Handbuch des Medizinstrafrechts, S. 260f.

770 andere Ansicht wohl *Schroth*, der zumindest in der Falscheintragung von Daten noch kein Verfälschen der Gesamturkunde erblicken will; *Schroth*, NStZ 2013, S. 446.

771 vgl. OLG Koblenz, MedR 1995, S. 30; *Ulsenheimer*, Arztstrafrecht in der Praxis, S. 462, Rn. 391c.

772 vgl. dazu auch: BGH NJW 1995, S. 1625, der sich von dem hier vorliegenden Fall aber dadurch unterscheidet, dass der angeklagte Arzt Leiter einer Privatklinik war, womit dieser als Aussteller gilt, dem die Erklärung zugerechnet werden soll. Geht man dagegen davon aus, dass im regulären Betrieb einer Universitätsklinik die Laborwerte in einer anderen Abteilung und damit funktionell losgelöst von einzelnen Ärzten und Stationen ermittelt werden, dann kann als Aussteller nur der Labormitarbeiter angesehen werden.

wohl selbstverständlich – ist auch der Umstand, dass dies ohne Veränderung der festgestellten Werte geschehen muss, weshalb der angeklagte Arzt keine Befugnis hatte, diese selbstständig abzuändern. Tat er dies nachträglich dennoch, so ist darin das Verfälschen einer echten (Gesamt-)Urkunde zu erblicken, (§ 267 Abs. 1, 2. Alt.). In dem Hinterlegen der unrichtigen Informationen in der Patientenakte mit der Möglichkeit der Wahrnehmung durch andere, ist zudem ein Gebrauchen zu erblicken (§ 267 Abs. 1, 3 Alt.).[773] Das Übermitteln an Eurotransplant selbst stellt dagegen tatbestandlich keine Urkundenfälschung in Form des Gebrauchmachens dar. Hierfür fehlt es an der dafür erforderlichen Zugänglichmachung der verfälschten Urkunde. Die Übertragung erfolgt hier vielmehr in elektronischer Form.[774] Dieser Fall unterscheidet sich systematisch dann aber auch nicht von dem Fall, bei dem man sich nur auf eine in seinem Besitz befindliche Urkunde beruft.[775] Denn dann realisiert sich nicht die Gefahr, die es zu vermeiden gilt, nämlich die Beeinträchtigung des Rechtsverkehrs durch die Möglichkeit der Wahrnehmung der verfälschten Urkunde. Für die Übermittlung an Eurotransplant verbleibt damit eine mögliche Strafbarkeit nach § 269 StGB.

Wie auch bei § 340 StGB, stellt sich hier abermals die Frage, ob sich die Stellung als Amtsträger gemäß § 11 Abs. 1, Nr. 2 StGB bei der Strafbarkeit auswirkt.[776] Insofern beurteilt § 267 Abs. 3 Nr. 4 StGB es als einen besonders schweren Fall, wenn der Täter seine Befugnisse oder seine Stellung als Amtsträger missbraucht. Ein Missbrauch *von Befugnissen* liegt dann vor, wenn der Angeklagte Handlungen vornimmt, welche an sich (formell) in seinen Zuständigkeitsbereich fallen, bei Vornahme aber (materiell) gegen Dienstpflichten verstoßen. Ein Missbrauch *seiner Stellung* ist hingegen gegeben, wenn Handlungen vorgenommen werden, die nicht in seinen Zuständigkeitsbereich fallen, aber durch die dem Amt innewohnende Möglichkeit der Handlung dennoch vorgenommen werden.[777]

Durch die Veränderung der patientenbezogenen Daten erscheint es naheliegend, von einem Missbrauch *der Befugnisse* auszugehen. Insoweit dürfte wohl

---

773 vgl. *Otto*, JuS 1987, S. 769f.; SK-StGB-*Hoyer*, § 267, Rn 84f; HK-GS/*Koch*, § 267, Rn. 22; S/S-*Heine/Schuster*, § 267, Rn. 73ff.

774 § 3 Abs. 3 des ET-Vertrages, abrufbar unter: http://www.transplantation-information.de/gesetze_organspende_transplantation/vertraege/vertrag_vermittlungsstelle.html, (zuletzt abgerufen am 12. 08. 2014).

775 zu dieser Konstellation: BGH NJW 1989, S. 1100; SK-StGB-*Hoyer*, § 267, Rn. 86; S/S-*Heine/Schuster*, § 267, Rn. 76.

776 zur Bejahung der Amtsträgereigenschaft siehe: Kap. Zwei, III, C.

777 vgl. SK-StGB-*Hoyer*, § 267, Rn. 105; LK-*Zieschang*, § 267, Rn. 307; S/S-*Heine/Schuster*, § 267, Rn. 109.

Einigkeit darüber bestehen, dass die primäre Aufgabe des Angeklagten – als Arzt – darin besteht, Heilbehandlungen durchzuführen und diese zu überwachen. Dies setzt neben der eigentlichen medizinischen Untersuchung auch voraus, die vorhandenen Untersuchungs- und Laborergebnisse zu dokumentieren und diese auf Schlüssigkeit und Vollständigkeit zu kontrollieren.

Nicht mehr von den Befugnissen gedeckt und damit missbräuchlich ist dagegen die eigenmächtige Änderung von patientenbezogenen Daten, um dadurch eine spezielle Therapieform zu ermöglichen. Dies lässt sich unter anderem mit der aus § 10 Abs. 1 der Berufsordnung für die in Deutschland tätigen Ärztinnen und Ärzte resultierende Dokumentationspflicht begründen. Insofern ist der Zweck der Dokumentationspflicht zum Teil schließlich auch darin zu erblicken, dass die Patientenakte für andere Personen und Institutionen nachprüfbar bleibt. Zu nennen sind hier neben anderen Medizinern vor allem Krankenkassen, Versicherungen und Eurotransplant. Aber auch aus dem Sinn und Zweck des § 13 Abs. 3 S. 3 TPG lässt sich das Ergebnis herleiten. Danach hat das Transplantationszentrum die *erforderlichen* Angaben über die in der Warteliste aufgenommenen Patienten (…) an die Vermittlungsstelle zu melden. § 13 Abs. 3 TPG will die gerechte Verteilung von Organen dadurch gewährleisten, dass nur solche Daten übermittelt werden dürfen, die für eine gerechte und medizinisch indizierte Organallokation erforderlich sind.[778] Manipulierte Daten widersprechen aber dieser Ratio, da sie einer solchen chancengleichen Verteilung eklatant zuwiderlaufen und einseitig andere bevorzugen. Verändert der Angeklagte nachträglich die Patientenakte als Gesamtakte, so überschreitet er seine Befugnisse und verstößt damit gegen Dienstpflichten.

Sollten die Patientenakten dagegen nicht mehr in Papierform geführt werden, sondern ausschließlich elektronisch verwaltet werden, so schiede § 267 StGB mangels Verkörperung der Gedankenerklärung aus. Um dennoch die Zuverlässigkeit und Sicherheit des Rechtsverkehrs schützen zu können, stünde § 269 StGB parat, welcher die Veränderung beweiserheblicher Daten sanktioniert.

B. Ausstellen unrichtiger Gesundheitszeugnisse gemäß § 278 StGB

Im Gegensatz zu § 267 StGB wird bei § 278 StGB auch derjenige bestraft, der als Arzt oder andere approbierte Medizinalperson ein unrichtiges Zeugnis[779]

---

778 vgl. BT-Drucks. 13/4355, S. 27, linke Spalte; Höfling-*Stockter*, TPG-Kommentar, § 13, Rn. 46f. sowie vor §§ 13–15, Rn. 40ff.

779 Unter Gesundheitszeugnis wird jede Erklärung in verkörperter oder elektronischer Form verstanden, die sich auf den Gesundheitszustand eines (lebenden) Menschen

über den Gesundheitszustand eines Menschen zum Gebrauch bei einer Behörde oder Versicherungsgesellschaft wider besseren Wissens ausstellt. § 278 StGB unterscheidet sich also darin, dass auch die Person bestraft wird, die zwar Aussteller der Urkunde ist, diese aber inhaltlich der Wahrheit zuwider ausgestellt hat. Pönalisiert wird damit die „schriftliche Lüge".[780] Ließe sich also nachweisen, dass der Angeklagte – als Arzt – nicht nur Befunde des anderen medizinischen Personals verfälscht, sondern, wie die Staatsanwaltschaft aufgrund der bisherigen Ermittlungen zu Grunde legt, auch selbst unrichtige Angaben in der Art gemacht hat, Patienten beispielsweise als dialysepflichtig einzustufen,[781] so liegt darin zweifellos die Ausstellung eines unrichtigen Gesundheitszeugnisses. Dieses diente im weiteren Verlauf auch der Vorlage bei Eurotransplant. Insoweit war dies eine unerlässliche Voraussetzung, den Patienten als potentiellen Empfänger registrieren zu lassen. Die sich nun aber aufdrängende Frage lautet, ob Eurotransplant überhaupt als Behörde i.S.v. § 278 StGB verstanden werden kann. Die Frage stellt sich in so unverblümter Klarheit, weil es sich bei Eurotransplant um eine privatrechtliche Stiftung nach niederländischem Recht handelt.[782]

Per Definition sind Behörden nun aber dadurch gekennzeichnet, dass sie „ständige, von der Person ihres Trägers unabhängige Organe der (...) Staatsgewalt (sind), die dazu berufen sind, unter öffentlicher Autorität für die Erreichung der Zwecke des Staates tätig zu sein".[783]

Subsumiert man unter die gängige Definition, so muss man feststellen, dass Eurotransplant als *ausländische juristische Person des Privatrechts* nicht der Staatsgewalt zugeordnet werden kann. Das Besondere nun aber ist, dass Eurotransplant zwar keine Behörde im eigentlichen Sinne ist, durch ihre weitreichenden Befugnisse im Rahmen der Organallokation aber faktisch hoheitlich auftritt.[784] Dies wird bereits klar, wenn man sich bewusst macht, dass Eurotrans-

---

bezieht. Egal ist, ob diese aktuelle, frühere oder sogar zukünftige Zustände erfassen; vgl. *Gercke*, MedR 2008, S. 592.

780 vgl. *Gercke*, MedR 2008, S. 593; *Kraatz*, Arztstrafrecht, S. 154, Rn. 256; *Schroth*, NStZ 2013, S. 446; *Ulsenheimer*, Arztstrafrecht in der Praxis, S. 457, Rn. 386.

781 zu diesem Vorwurf der Staatsanwaltschaft: Beschluss OLG Braunschweig vom 20.03.2013, Rn. 1, Az: Ws 49/13, abrufbar unter: http://www.rechtsprechung.niedersachsen.de/jportal/portal/page/bsndprod.psml?doc.id=KORE218762013&st=null&showdoccase=1&paramfromHL=true#focuspoint, (zuletzt abgerufen am 04.07.2014).

782 siehe dazu auch oben: Kap. Eins, X, A.

783 *Lackner/Kühl*, § 11, Rn. 20 (Wörter in Klammern sind nicht Gegenstand des Zitates); BVerfGE 10, S. 48.

784 vgl. *Schmidt-Aßmann*, Grundpositionen und Legitimationsfragen im öffentlichen Gesundheitswesen, S. 106; *Bader*, Organmangel und Verteilung, S. 196f.; *Schroth*,

plant ein Monopol bei der Vergabe von Organen hat. Nun mag man einwenden, dass Eurotransplant durch das TPG und den ET-Vertrag hinreichend in das deutsche Recht eingegliedert sei und die Vergabe nach konkreten Vorgaben erfolge. Eine solche Sicht ließe aber außer Betracht, dass Eurotransplant dennoch ein erheblicher Spielraum verbleibt. Insoweit entwickelt Eurotransplant die Algorithmen zur konkreten Vergabe faktisch in „Eigenregie". Hinzu kommt die Möglichkeit, von Richtlinien der Bundesärztekammer befristet abzuweichen, wenn es einen hinreichenden wissenschaftlichen Hintergrund gibt (vgl. § 5 Abs. 7 des ET-Vertrags). Bereits daran ist zu erkennen, wie weit die Entscheidungsmacht reicht, um auf die Verteilung und damit auf „Lebenschancen" Einfluss zu nehmen. Wenn aber Eurotransplant über „Lebenschancen" und damit letztlich über nicht weniger als über ein Teilhaberecht aus Art. 2 Abs. 2 Satz 1 i.V.m. Art 3 Abs. 1 GG bestimmt,[785] dann ist darin eine Aufgabe zu sehen, die dem Staat zugewiesen wäre.[786] Insoweit sind von den Entscheidungen zwingend auch Deutsche und damit Grundrechtsberechtigte betroffen. Damit übt Eurotransplant faktisch doch Hoheitsrechte aus.

Wenn Eurotransplant aber auf der einen Seite nicht unter den Begriff Behörde fällt, aber auf der anderen Seite dennoch faktisch Hoheitsrechte ausübt, so wäre dies nur möglich, wenn der Bund seine Hoheitsrechte *durch Gesetz* gemäß Art. 24 Abs. 1 GG auf Eurotransplant als *zwischenstaatliche Einrichtung* übertragen hätte. Voraussetzung für ein derartiges Vorgehen wäre demnach also (1.) eine gesetzliche Ermächtigung sowie, dass es sich (2.) bei Eurotransplant um eine zwischenstaatliche Einrichtung handelt. Die gesetzliche Ermächtigung ist in § 12 Abs. 2 TPG gegeben, wonach auch eine ausländische Einrichtung mit der Vermittlung von Organen beauftragt werden kann. Ob es sich bei Eurotransplant aber um eine zwischenstaatliche Einrichtung handelt, wird zu Recht bezweifelt. Zwischenstaatliche Einrichtungen zeichnen sich gewiss dadurch aus, dass diese mittels Verträge durch Völkerrechtssubjekte und damit durch Staaten geschaffen werden und international agieren.[787] Letzteres ist dabei zwar zu bejahen, aber als

---

NStZ 2013, S. 440, 446f.; Höfling-*Höfling*, TPG-Kommentar, § 12, Rn. 13ff.; Schroth/König/Gutmann/Oduncu-*Gutmann*, Kommentar zum TPG, § 12, Rn.10, 33.

785 zum Teilhaberecht: Schroth/König/Gutmann/Oduncu-*Gutmann*, Kommentar zum TPG, § 12, Rn. 43.

786 so schon: *Schmidt-Aßmann*, Grundpositionen und Legitimationsfragen im öffentlichen Gesundheitswesen, S. 106.

787 vgl. BVerfGE 2, S. 377; Maunz/Dürig-*Randelzhofer*, GG-Kommentar, Art. 24, Rn. 43ff.; *Zippelius/Würtenberger*, Deutsches Staatsrecht, S. 608; *Geiger*, Grundgesetz und Völkerrecht, S. 134.; BeckOK-GG/*Heintschel von Heinegg* GG Art. 24 Rn. 12f.

juristische Person des Privatrechts wurde Eurotransplant nicht durch Völkerrechtsverträge, sondern nach niederländischem Recht begründet.[788] Damit steht dann aber auch fest, dass eine Strafbarkeit nach § 278 StGB nicht in Betracht kommen kann.

C. Gebrauchen unrichtiger Gesundheitszeugnisse gemäß § 279 StGB

§ 279 StGB[789] scheitert ebenso wie § 278 StGB am Behördenbegriff.

D. Fälschen beweiserheblicher Daten gemäß § 269 StGB

Wie im Rahmen des § 267 bereits angesprochen, würde die rein elektronische Übermittlung patientenbezogener Daten durch den Angeklagten nicht den Tatbestand des § 267 StGB erfüllen. Zum einen, weil die elektronische Übermittlung bereits keine *verkörperte* Gedankenerklärung darstellt und ferner, weil es Eurotransplant an der Möglichkeit fehlt, die manipulierte (Gesamt)-Urkunde auch tatsächlich wahrzunehmen. Vielmehr erfolgt die Kenntnisnahme hier durch ein bloßes Ablesen. Um diese Lücke zu schließen, die durch die voranschreitende Modernisierung entstand, existiert § 269 StGB,[790] der es sanktioniert, „wer zur Täuschung im Rechtsverkehr beweiserhebliche Daten so speichert oder verändert, dass bei ihrer Wahrnehmung eine unechte oder verfälschte Urkunde vorliegen würde, oder derart gespeicherte oder veränderte Daten gebraucht."

Schutzzweck ist also, das Vertrauen in die Daten zu gewährleisten, die bei Datenverarbeitungsvorgängen verwendet werden.[791] Aus dem Tatbestand wird auch ersichtlich, dass bis auf die Möglichkeit der Wahrnehmung im Übrigen alle Voraussetzungen einer regulären Urkundenfälschung bestehen müssen.[792] Bei patientenbezogenen Daten handelt es sich um Informationen, die zweifellos in einem Datenverarbeitungssystem eingepflegt und elektronisch gespeichert

---

788 so auch: Vgl. *Schmidt-Aßmann*, Grundpositionen und Legitimationsfragen im öffentlichen Gesundheitswesen, S. 107f.; *Bader*, Organmangel und Verteilung, S. 197f.; *Schroth*, NStZ 2013, S. 440., 446f.; Höfling-*Höfling*, TPG-Kommentar, § 12, Rn. 18; *Norba,* Rechtsfragen der Transplantationsmedizin aus deutscher und europäischer Sicht, S. 131.

789 § 279 StGB lautet: Wer, um eine Behörde oder eine Versicherungsgesellschaft über seinen oder eines anderen Gesundheitszustand zu täuschen, von einem Zeugnis der in den §§ 277 und 278 bezeichneten Art Gebrauch macht, wird mit Freiheitsstrafe bis zu einem Jahr oder mit Geldstrafe bestraft.

790 vgl. *Haft*, NStZ 1987, S. 8f.

791 vgl. *Wessels/Hettinger*, Strafrecht BT /1, S. 268, Rn. 883; MK-StGB-*Erb*, § 269, Rn. 1.

792 vgl. *Wessels/Hettinger*, Strafrecht BT Teil 1, S. 268, Rn. 883.

werden können. Diese sind auch beweiserheblich dadurch, dass sie rechtlich relevant den Nachweis erbringen sollen, dass die Zuteilung eines Organs an einen Patienten gegenüber anderen Patienten vorrangig geboten ist.[793] Durch die Eingabe der Daten und der sich anschließenden Übersendung an Eurotransplant hat der Angeklagte die Daten sowohl gespeichert als auch gebraucht.[794] Auch die hypothetische Urkundeneigenschaft ist gegeben, insofern gilt das zur Urkundenfälschung entsprechend Gesagte.[795]

Darüber hinaus ist auch ein besonders schwerer Fall i.S.v. § 269 Abs. 3 i.V.m. § 267 Abs. 3 Nr. 4 StGB durch den Missbrauch amtlicher Befugnisse gegeben, wobei das zu § 267 Abs. 3 Nr. 4 StGB Gesagte entsprechend gilt.[796]

V. Bestechungsdelikte

A. Sonderdelikte für Amtsträger gem. §§ 331, 332 StGB

Als weitere Straftatbestände sind schließlich auch die Bestechungsdelikte ins Auge zu fassen, wobei §§ 331 Abs. 1, 332 Abs. 1 StGB als Sonderdelikte für Amtsträger eine besondere Aufmerksamkeit verdienen. Der Unterschied dieser sehr ähnlich klingenden Tatbestände besteht nun darin, dass die Vorteilsannahme (§ 331 StGB) bereits vorliegt, wenn der Amtsträger irgendeine dienstliche Handlung vornimmt, für die ein Vorteil gewährt wird,[797] während die Bestechlichkeit (§ 332 StGB) als Qualifikation voraussetzt, dass der Vorteil für eine bestimmte Handlung gewährt wird, welche zumindest in Umrissen hinreichend konkretisiert ist.[798] Ließe sich demnach nachweisen, dass der angeklagte Arzt – als Amtsträger –[799] einen Vorteil dafür erhielt oder sich versprechen ließ, dass er irgendeine Diensttätigkeit vornehmen werde, die in seinem Aufgabenbereich

793 zum Begriff der beweiserheblichen Daten siehe auch: *Buggisch*, NJW 2004, S. 3520.

794 Liegt sowohl ein Speichern als auch Verwenden vor und war der Täter bereits zur Verwendung entschlossen, so liegt nur eine einheitliche Tat vor. Demnach liegt in dem Speichern der Daten zugleich die Verwendung; vgl. *Petermann/Savanovic*, JuS 2011, S. 1006; S/S-*Heine/Schuster*, § 269, Rn. 24 i.V.m. § 267, Rn. 79.

795 zu § 267 StGB siehe: Kap. Zwei, IV, A.

796 siehe dazu: Kap. Zwei, IV, A.

797 vgl. BT-Drucks. 13/8079, S. 15, abrufbar unter: http://dip21.bundestag.de/dip21/btd/13/080/1308079.pdf, (zuletzt abgerufen am 11.08.2014); SK-StGB-*Rudolphi/Stein*, § 331, Rn. 28a.

798 vgl. BGH NStZ 1989, S. 74.

799 zur Amtsträgereigenschaft siehe: Kap. Zwei, III, C.

läge, so wäre § 331 Abs. 1 StGB verwirklicht.[800] Wäre der Vorteil dagegen für die Vornahme einer konkreten Maßnahme wie beispielsweise das Ändern von Blutwerten gewährt worden, so stünde § 332 Abs. 1 StGB im Raum, wobei für die Rechtsprechung unerheblich ist, dass die mit § 332 Abs. 1 StGB einhergehende Pflichtverletzung ggf. dienstrechtlich unzulässig war. Insoweit ist nach Auffassung der Rechtsprechung eine Diensthandlung bereits dann pflichtwidrig, wenn sie nicht nur zu den generellen Amtspflichten gehört, sondern auch dann, wenn die Stellung dazu missbraucht wird, eine dienstrechtlich unzulässige Handlung auszuüben, welche die Amtsstellung gerade ermöglicht.[801]

B. Bestechlichkeit gem. § 299 StGB

Für Fallgestaltungen, in denen der handelnde Arzt keine Amtsträgereigenschaft haben sollte, wäre eine Strafbarkeit nach § 299 Abs. 1 StGB (Bestechlichkeit) ins Auge zu fassen. Das wäre beispielsweise insofern denkbar, als dass der handelnde Arzt bei einem privaten Krankenhausträger beschäftigt sein könnte. Anders als die Sonderdelikte, welche die Unbestechlichkeit von Amtsträgern zu bewahren bezwecken, um so das Vertrauen in den Staat und dessen Integrität zu schützen,[802] bezweckt § 299 StGB den Schutz des freien Wettbewerbs.[803] Legt man diese Zielsetzung zugrunde, kann § 299 Abs. 1 StGB in Fällen der vorliegenden Art nicht eingreifen. Wenn die Vorteilgewährung insoweit von Seiten des Patienten in Aussicht gestellt wurde, so fehlt es am Erfordernis des „geschäftlichen Verkehrs". Handeln im geschäftlichen Verkehr im Sinne der Norm meint, dass derjenige, der den Vorteil gewährt, dadurch seinen Geschäftszweck fördert. Voraussetzung sind mithin immer geschäftliche Beziehungen zu dem Unternehmen und damit zu dem Angestellten, der bestochen werden soll.[804] Dem Patienten als privatem Endverbraucher fehlt es aber an dieser geschäftsbezogenen Eigenschaft.[805] Vielmehr erschöpft sich die Beziehung allein im Behandlungsvertrag gem. § 630a BGB, womit § 299 Abs. 1 StGB nicht bejaht werden kann.

---

800 Unerheblich ist dabei auch, ob die Handlung pflichtgemäß oder aber pflichtwidrig ist; vgl. SK-StGB-*Stein/Rudolphi*, § 331, Rn. 18.

801 vgl. BGH NStZ 2000, S. 598f.

802 vgl. etwa: BGH NJW 1960 S. 2155; NK-StGB-*Kuhlen*, § 331, Rn. 9; vgl. auch SK-StGB-*Stein/Rudolphi*, § 331, Rn. 4, vor § 331, Rn. 7.

803 statt vieler: S/S-*Heine/Eisele*, § 299 Rn. 2; HK-GS-*Bannenberg*, § 299, Rn. 3.

804 vgl. NK-StGB-*Dannecker*, § 299, Rn. 28.

805 vgl. NK-StGB-*Dannecker*, § 299, Rn. 28; vgl. auch: BGH NJW 1957, S. 1606.

VI. Verstöße gegen das Transplantationsgesetz

Im Bereich des Nebenstrafrechts muss schließlich an einen Verstoß gegen das Transplantationsgesetz selbst gedacht werden, wobei ein besonderes Augenmerk auf das Verbot des Organhandels gelegt werden soll. Dass der Vorwurf des Organhandels in der medialen Berichterstattung dabei ein Stück weit unterging, dürfte nicht zuletzt daran gelegen haben, dass der Kern der (öffentlichen) Empörung wohl darin zu sehen ist, dass durch das vorgeworfene Verhalten Menschen möglicherweise zu Tode gekommen sind.

A. Organhandel gemäß § 18 i.V.m. § 17 Abs. 1, 2 TPG

Es stellt sich die Frage, ob in dem vorgeworfenen Verhalten bereits ein strafrechtlich relevanter Organhandel zu erblicken sein könnte. Insoweit sanktioniert § 18 Abs. 1 TPG, dass, wer entgegen § 17 Abs. 1 Satz 1 mit einem Organ (…) Handel treibt oder entgegen § 17 Abs. 2 ein Organ entnimmt, überträgt oder sich übertragen lässt, bestraft wird. Das Verbot selbst, mit einem Organ oder Gewebe Handel zu treiben, das für eine Heilbehandlung bestimmt ist, ergibt sich dabei aus § 17 Abs. 1 Satz 1 TPG, wonach es verboten ist, mit Organen (…), die einer Heilbehandlung eines anderen zu dienen bestimmt sind, Handel zu treiben. Damit soll der gewinnorientierte Umgang mit Organen schlechthin unterbunden werden – so die Gesetzesbegründung.[806]

Eine Ausnahme dieses Verbots findet sich sodann wieder in § 17 Abs. 1 Satz 2 Nr. 1 TPG, wonach das Verbot nicht für „die Gewährung oder Annahme eines angemessenen Entgelts für die zur Erreichung des Ziels der Heilbehandlung gebotenen Maßnahmen (…)" gilt. Dadurch sollen solche Personen nicht unter ein Handeltreiben subsumiert werden, die beruflich im Bereich der Organtransplantation tätig sind.[807]

Was aber genau ist unter Handeltreiben zu verstehen? Die Antwort findet sich in der Gesetzesbegründung. Danach wollte der Gesetzgeber den Begriff so ausgelegt wissen, wie ihn die Rechtsprechung im Bereich der Betäubungsmittel anwendet.[808] Unter Handeltreiben ist demnach „jede eigennützige, auf Güterum-

---

806 vgl. BT-Druck 13/4355, S. 29.

807 vgl. Schroth/König/Gutmann/Oduncu -*König*, TPG-Kommentar, §§ 17, 18 Rn. 35.; Höfling-*Bernsmann/Sickor*, TPG-Kommentar, § 18, Rn. 38f.; *Schroth*, NStZ 2013, S. 445.

808 BT-Druck 13/4355, S. 29f.; kritisch zu dieser Auslegung: Oğlakcıoğlu, HRRS 2012, S. 384ff.; auch *Rissing- van Saan*, NStZ 2014, S. 238, die eine engere Auslegung befürwortet.

satz[809] gerichtete Tätigkeit zu verstehen, selbst wenn es sich nur um eine gelegentliche, einmalige oder vermittelnde Tätigkeit handelt."[810]

Ausgehend davon lassen sich nun für unseren Fall folgende denkbare Konstellationen bilden: (1.) Zunächst hat der Angeklagte zwar manipuliert, im Übrigen aber nur sein reguläres Gehalt weiter bekommen. (2.) Weiterhin möglich wäre auch, dass der Angeklagte über das normale Gehalt für die Transplantation eine Sonderzahlung vom Arbeitgeber oder von Dritten erhalten hat. (3.) Schließlich besteht auch die Möglichkeit, dass der Angeklagte direkt Zahlungen dafür erhielt, dass Akten gezielt manipuliert wurden, um dadurch die Organzuteilung zu beschleunigen.[811]

Betrachten wir zunächst die erste Variante. Subsumiert man unter die Definition des Handeltreibens, so lässt sich ohne weiteres feststellen, dass sowohl die Datenveränderung als auch die Übermittlung an Eurotransplant jeweils Handlungen darstellen, die auf den Umsatz von Organen gerichtet waren. Diese verfolgten letztlich das Ziel, eine Übertragung zu fördern.[812]

Hinsichtlich der weiteren Voraussetzungen ergibt sich aber ein Problem bezüglich des Merkmals der Eigennützigkeit. Zwar ließe sich behaupten, der Angeklagte handelte eigennützig, weil er aus egoistischen Motiven den persönlichen Behandlungserfolg höher wertschätzte als die sachgerechte Zuteilung an den eigentlich berechtigten Empfänger, womit in der Möglichkeit der Transplantation sodann auch der persönliche Vorteil zu erblicken wäre. Ein solches Verständnis der Eigennützigkeit ist so aber nicht gemeint. Erforderlich ist vielmehr ein Streben nach Gewinn, auf den kein Anspruch besteht. Charakteristisch für die Eigennützigkeit im Rahmen des Handeltreibens ist damit das Streben nach materiellen oder immateriellen Vorteilen.[813] Von solchen Vorteilen kann hier aber nicht die Rede sein. Das wird deutlich, wenn man sich vor Augen führt, dass die Manipulation zum Wohle der eigenen Patienten erfolgt sein dürfte und damit fremdnützig war. Eine Besserstellung des Angeklagten wäre damit jedoch nicht

---

809 Zum Güterumsatz vgl. auch: Schroth/König/Gutmann/Oduncu –*König*, TPG-Kommentar, §§ 17, 18 Rn. 20.

810 BT-Druck 13/4355, S. 30; siehe auch: BGH NJW 1980, S. 2204; BGH NJW 2005, S. 3790 m.w.N.; BGH NJW 1974, S. 959f; Schroth/König/Gutmann/Oduncu –*König*, TPG-Kommentar, §§ 17, 18 Rn. 3, 16; BVerfG NJW 2007, S. 1193f.

811 zu dieser Differenzierung vgl. *Schroth*, NStZ 2013, S. 445f.

812 zum Merkmal des Umsatzes von Organen vgl. Höfling *Bernsmann/Sickor*, TPG-Kommentar, § 18, Rn. 18; vgl. auch bei Betäubungsmitteln: BGH NJW 1982, S. 708.

813 vgl. BGH NStZ 2006, S. 578; BGH NJW 2005, S. 3791; BGH NStZ 2004, S. 106; Höfling-*Bernsmann/Sickor*, TPG-Kommentar, § 18, Rn. 33, m.w.N.

gegeben. Ein anderes Ergebnis wäre wohl nur dann denkbar, wenn man darauf abstellen würde, dass bereits die Behandlung einschließlich der Transplantation einen immateriellen Gewinn für den Angeklagten darstellen würde. Dies wäre beispielsweise dann denkbar, wenn durch die Operation neue Fähigkeiten oder Erkenntnisse gewonnen würden, die dem Angeklagten auch zukünftig einen Nutzen versprechen. Diese Erkenntnisse hätten dann auch einen messbaren Wert, der im Rahmen der immateriellen Vorteile zu fordern ist.[814] Verfehlt wäre es dagegen an das Gehalt des Angeklagten selbst anzuknüpfen, insoweit erhielt er dieses nämlich völlig unabhängig von der konkreten Behandlung und Transplantation. Das Gehalt stellt vielmehr die Kehrseite dar, dass der Angeklagte neben der vertraglich geregelten Anwesenheit eine Vielzahl von Behandlungen im Klinikum durchführt. Damit ist das Gehalt dann aber losgelöst von einzelnen Behandlungen.[815] In dieser ersten Variante scheidet ein strafbarer Organhandel damit in der Regel aus.

Hinsichtlich der zweiten Variante besteht zumindest dahingehend Übereinstimmung, dass wiederum der Arbeitgeber eine an sich nicht zu beanstandende (Sonder-)Zahlung leistet. Der Unterschied besteht aber darin, dass diese für eine konkrete Operation erfolgt. Die Manipulation hätte demnach zwei Auswirkungen. Zum einen würde der eigene Patient ein Organ zugeteilt bekommen und zum anderen der Angeklagte eine Prämie erhalten. Damit läge zweifellos ein Handeltreiben vor, wenn es dem Angeklagten auch auf die Sonderzahlung angekommen wäre, also Eigennutz vorliegen würde, denn in diesem Fall hätten die Anstrengungen des Angeklagten darauf abgezielt, sich durch die Manipulation einen vermögenswerten Vorteil zu verschaffen. Ob es zu der besagten Operation auch tatsächlich kommt, ist dagegen nachrangig. Insofern reicht es bereits aus, wenn das Verhalten des Angeklagten auf Umsatz ausgerichtet war.[816]

Liegt tatbestandlich ein Handeltreiben vor, so muss in einem nächsten Schritt untersucht werden, ob die Zahlung nicht als „Gewährung eines angemessenen Entgelts für die zur Erreichung des Ziels der Heilbehandlung gebotene Maßnahme" einzustufen wäre, vgl. § 17 Abs. 1 Satz 2 Nr. 1 TPG. Dass dabei die konkrete

814 vgl. dazu BGH-NStZ 1992, S. 594.

815 andere Ansicht aber: Schroth/König/Gutmann/Oduncu –*König*, TPG-Kommentar, §§ 17, 18 Rn. 38, der stattdessen eine analoge Anwendung des § 17 I, S. 2 Nr. 1 TPG favorisiert. Zustimmend dagegen: *Schroth*, NStZ 2013, S. 445, aber mit zum Teil abweichender Begründung.

816 BGH NJW 1982, S. 708; BGH NStZ 1982, 250; Schroth/König/Gutmann/Oduncu –*König*, TPG-Kommentar, §§ 17, 18 Rn. 20.

Höhe der Zahlung angemessen ist, soll nicht in Abrede gestellt werden.[817] Fraglich ist aber, ob die Transplantation als Heilbehandlung auch eine gebotene Maßnahme war, so dass in Folge dessen auch die Sonderzahlung angemessen gewesen wäre. Wann aber ist eine medizinische Maßnahme nun geboten? Lehnt man sich an die bei der Notwehr entwickelten Grundsätze an, so ist von Gebotenheit dann auszugehen, wenn normative und sozialethische Erwägungen nicht entgegenstehen.[818] Dem Gedanken der Gebotenheit folgend sollen also nicht alle Therapien, sondern nur solche als straffrei behandelt werden, die sich bei näherer Betrachtung nicht als rechtsmissbräuchlich darstellen. Nun ist durch die Beschreibung der Gebotenheit als sozialethische Einschränkung gewiss keine Klarheit erreicht. Um festzustellen, welche Therapien nicht geboten und damit unter sozialethischen Gesichtspunkten nicht als rechtsmissbräuchlich betrachtet werden, bedarf es erneut eines Blicks auf die der Organverteilung zugrundeliegenden Prinzipien. Zweifellos bezweckt das Verbot des Organhandels, dass das Gut „Organ" nicht kommerzialisiert wird, denn die Folge wäre, dass nur noch diejenigen ein Organ erhalten, die über entsprechende Finanzkraft verfügen. Das Verbot des Organhandels ist aber letztlich Ausdruck eines weitaus größeren Zieles. Danach bezweckt das TPG vor allem die Schaffung einer Verteilungsgerechtigkeit, indem die transparente und chancengleiche Verteilung des knappen Guts „Organ" sichergestellt werden soll.[819] Mit diesem Ziel steht die zielgerichtete Manipulation aber im eklatanten Widerspruch. Sie führt nicht nur zu einer regelwidrigen Zuteilung eines Organs, sondern zerstört darüber hinaus auch das Vertrauen von potentiellen Spendern in das System insgesamt, wodurch letztlich auch wiederum alle Listenpatienten mittelbar betroffen sind. Mit anderen Worten sorgt die Manipulation also zwar kurzfristig für einen Erflog, indem kranken Patienten geholfen wird, deren Behandlung vielleicht sogar medizinisch erforderlich war, aber es entzieht mittel- und langfristig der Organspende ihren wichtigsten Faktor, nämlich den zukünftigen Spender. Die sozialethischen Erwägungen haben also maßgeblich das Ziel, die Verteilungsgerechtigkeit zu berücksichtigen. Tut man dies, dann kann die Therapie aber nicht als geboten betrachtet werden, da sie diesem übergeordneten Ziel zuwider läuft. Daran än-

817 zum Merkmal der Angemessenheit des Entgelts siehe: Höfling *Bernsmann/Sickor*, TPG-Kommentar, § 18, Rn. 44; Schroth/König/Gutmann/Oduncu –*König*, TPG-Kommentar, §§ 17, 18 Rn. 43.

818 vgl. etwa *Wessels/Beulke/Satzger*, Strafrecht AT, S. 130, Rn. 342; *Roxin*, Strafrecht AT I, S. 683, Rn. 55ff.; S/S-*Perron*, § 32, Rn. 44. Kritisch zum Merkmal der sozialethischen Einschränkung: MK-StGB-*Erb*, § 32, Rn. 204f. m.w.N.

819 vgl. BT-Druck 13/4355, S. 2.

dert auch die generelle Erforderlichkeit der Operation selbst nichts. Gebotenheit kann hier – entgegen der Argumentation von Schroth – auch nicht mit Erforderlichkeit gleichgesetzt werden.[820] Die Begriffe können zweifellos inhaltliche Überschneidungen haben, müssen es aber nicht. Dass beide Begriffe einen durchaus unterschiedlichen Inhaltskern aufweisen, belegt schon der berühmte Obstbaumfall, wonach ein gelähmter Bauer ein Kind in seinem Obstbaum erschoss, weil es sich unbefugt an den Früchten des Bauern zu schaffen gemacht hatte.[821] Hier zeigt sich zwar, dass der Schuss erforderlich war, da es kein gleich geeignetes, aber milderes Mittel für den gelähmten Bauern gab, den Diebstahl zu verhindern, der tödlich wirkende Schuss aber keineswegs geboten war, da die sich gegenüberstehenden Rechtsgüter – Obst vs. Leben – in einem krassen Missverhältnis zueinander stehen. Erforderlichkeit erhält hier also eher die Bedeutung von Nützlichkeit bzw. Zweckmäßigkeit.[822] Die Gebotenheit versteht sich dagegen als wertende Einschränkung aufgrund von sittlichen Überlegungen, ob die Handlung mit der Wertentscheidung des TPG und damit mit unserer Rechtsordnung im Einklang steht. Dass dieses differenzierte Verständnis im TPG nicht gelten soll, darf daher bezweifelt werden. Der Gesetzgeber ging also von einer unterschiedlichen Bedeutung der zwei Wörter aus, so dass mit einer zwanglosen Gleichsetzung schon deshalb Zurückhaltung geboten sein sollte. Gegen eine Gleichsetzung der Begriffe Gebotenheit und Erforderlichkeit, i.S.v. medizinisch indiziert,[823] spricht aber auch folgender Gesichtspunkt: Würde tatsächlich nur Bezug auf die Heilbehandlung genommen werden und darauf, dass diese medizinisch indiziert sei, dann hätte man dies durch die Verwendung „medizinisch indiziert“ zum Ausdruck bringen können. Das TPG tut dies immerhin selbst in § 13 Abs. 3 Satz 1 TPG, wonach der behandelnde Arzt Patienten, bei denen die Übertragung vermittlungspflichtiger Organe *medizinisch angezeigt* ist, mit deren schriftlicher Einwilligung unverzüglich an das Transplantationszentrum zu melden hat. Wenn der Gesetzgeber tatsächlich Gebotenheit i.S.v. „medizinisch indiziert“ bzw. medizinisch angezeigt verstanden wissen haben wollte, warum hat er es nicht wie in § 13 TPG zum Ausdruck gebracht? Es überzeugt daher nicht, der Gebotenheit die Bedeutung „medizinisch indiziert“ beizumessen, wenn der Gesetzgeber ebendiese Bezeichnung an anderer Stelle bereits verwendet. Es ist

820 vgl. *Schroth*, NStZ 2013, S. 445f.

821 zu diesem Schulbuchfall vgl. *Fahl*, JA 2000, S. 461 m.w.N; *Roxin*, Strafrecht AT I, § 15, Rn. 55.

822 vgl. SK-StGB-*Günther*, § 32, Rn. 102.

823 so aber: *Schroth*, NStZ 2013, S. 445f.

daher überzeugender, eine Interpretation zugrunde zu legen, die auch den Prinzipien des TPG Rechnung trägt und diesen nicht widerspricht.

Aber selbst wenn man Gebotenheit mit Erforderlichkeit i.S.v. medizinisch indiziert gleichsetzten würde, käme man nicht zwingend – wie Schroth – zur Ablehnung des Tatbestandes, da die Transplantation dann immerhin medizinisch indiziert sei. Richtig ist sicherlich, dass das Merkmal „Gebotenheit" dem behandelnden Arzt einen Handlungsspielraum für Fälle aufzeigt, in denen mehrere Therapien in Betracht kommen. Die Transplantation als solche kommt aber nicht in jedem Fall als eine solche in Betracht. Dazu hätten nämlich die Voraussetzungen der Therapie *im konkreten Fall* überhaupt vorliegen müssen, der Patient also die medizinischen Vorgaben erfüllen müssen, damit die Transplantation die nötige Erfolgswahrscheinlichkeit aufweist. Insoweit besteht sicherlich Übereinstimmung darin, dass gewisse Mindestvoraussetzungen für eine Operation – für eine Transplantation erst recht – gegeben sein müssen, um nicht nur der Sicherheit des Patienten selbst Rechnung zu tragen, sondern auch, um eine Abstoßung des Organs zu verhindern und damit den sachgerechten Umgang mit dem knappen Gut „Organ" zu gewährleisten. Nur dann ist es nämlich auch sinnvoll, das Risiko für Mensch und Organ einzugehen. Gerade um letzteres sicherzustellen, gelten besonders strenge Anforderungen für die Patienten. Dass diese geforderten medizinischen Vorgaben stets vorlagen, kann aber nicht angenommen werden. Dies belegt schon der Vorwurf, der Angeklagte habe Falschangaben über die erforderliche Alkoholabstinenz seines Patienten gemacht.[824] So soll ein Patient erst eine Woche vor der geplanten Lebertransplantation eine „Entzugsklinik" aufgesucht haben.[825] Ist der vorgegebene Zeitraum der Abstinenz aber nicht erfüllt, so ist der Arzt angehalten, die Transplantation als schadensvorbeugende Maßnahme für Patient und Organ zu unterlassen. Wird diese dennoch durchgeführt, kann von einer gebotenen Maßnahme keine Rede mehr sein. In Variante zwei kann nach hier vertretener Auffassung, somit von einem strafbaren Verhalten ausgegangen werden.

Bleibt noch die dritte Konstellation, dass der Angeklagte also Zahlungen ausschließlich dafür erhielt, dass er Akten manipulierte. In diesem Fall ist von einem Handeltreiben auszugehen, denn auch hier hätten die Anstrengungen

---

824 vgl. Beschluss OLG Braunschweig vom 20.03.2013, S. 1, Rn. 1, Az: Ws 49/13, abrufbar unter: http://www.rechtsprechung.niedersachsen.de/jportal/portal/page/bsndprod.psml?doc.id=KORE218762013&st=null&showdoccase=1&paramfromHL=true#focuspoint, (zuletzt abgerufen am 06.08.2014).

825 vgl.: http://www.sueddeutsche.de/gesundheit/transplantationsskandal-in-goettingen-manipulation-leicht-gemacht-1.1861321-2, (zuletzt abgerufen am 06.08.2014).

des Angeklagten darauf abgezielt, den eigenen Patienten Organe zu beschaffen, indem durch die Manipulation in regelwidriger Weise in die Organverteilung eingegriffen wurde. Eine solche Zahlung wäre auch nicht angemessen gem. §17 Abs. 1 Satz 2 Nr. 1 TPG, da nach dem Sinn und Zweck der Norm nur solche Verhaltensweisen als angemessen betrachtet werden sollten, die in Übereinstimmung mit den Regeln des TPG durchgeführt wurden.[826] Die Manipulation von Patientendaten mit anschließender Falschübermittlung widerspricht den Verfahrensgrundsätzen im TPG jedoch in eklatanter Weise.[827]

Eine Strafbarkeit gem. § 18 Abs. 1 i.V.m. § 17 Abs. 1 Nr. 1 TPG kommt also in Betracht, soweit der Angeklagte entweder eine Sonderzahlung für das konkrete Organ oder aber für die Manipulation der Akten erhalten haben sollte.

B. Ordnungswidrigkeiten gemäß § 20 TPG

Außer den soeben dargestellten nebenstrafrechtlichen Tatbeständen enthält das TPG in § 20 Abs. 1 TPG eine Reihe von Bußgeldtatbeständen, soweit gegen die in § 20 Abs. 1 Nr. 1–11 TPG aufgezählten Pflichten verstoßen werden sollte.

In den Mittelpunkt des Interesses rückt dabei § 20 Abs. 1 Nr. 4 TPG, wonach ordnungswidrig handelt, wer vorsätzlich oder fahrlässig (1.) Organe entnimmt oder überträgt, bei der Eurotransplant als Vermittlungsstelle nicht beteiligt ist, oder aber (2.) zwar mit Beteiligung von Eurotransplant handelt, Eurotransplant bei der Vermittlung aber nicht die Kriterien der Erfolgsaussicht und Dringlichkeit beachtet.

Hier kommt die zweite Variante zum Tragen, da mitunter ein Patient ein Organ erhielt, dessen medizinische Situation eine Zuteilung an diesen gar nicht zugelassen hätte, womit es folglich an der Erfolgsaussicht oder aber Dringlichkeit fehlte. Ob die Voraussetzungen des § 20 Abs. 1 Nr. 4 TPG aber vorliegen, hängt entscheidend davon ab, wie man § 12 Abs. 3 Satz 1 TPG im Kontext des § 20 TPG versteht. Da nun aber die Gesetzesbegründung hinsichtlich dieser Frage vollkommen unergiebig ist,[828] können nur Vermutungen aufgestellt werden.

So ließe sich – in Übereinstimmung mit Oğlakcıoğlu – durchaus ein Verständnis zugrunde legen, wonach es bereits ausreicht, dass die

---

826 vgl. Höfling- *Bernsmann/Sickor*, TPG-Kommentar, § 18, Rn. 39.

827 so auch *Schroth*, NStZ 2013, S. 445.

828 Diese verweisen vielmehr nur auf das generelle Erfordernis einer Bußgeldbewehrung und vertrauen im Übrigen auf die standesrechtlichen Konsequenzen für Ärzte, vgl. BT-Drucks. 13/4355, S. 32 (Entwurf des TPG 1996); BT-Drucks. 17/7376, S. 26 (Entwurf zur Änderung des TPG vom 19.10. 2011).

Vermittlungsentscheidung rein faktisch unrichtig ist, ohne dass es auf einen Fehler bei Eurotransplant selbst ankommen würde. Wäre dies der Fall, dann hätte der angeklagte Arzt § 20 Abs. 1 Nr. 4 TPG verwirklicht, da er mittelbar durch die Manipulation der Daten vorsätzlich eine falsche Vermittlungsentscheidung hervorrief.[829] Andererseits könnte dahingehend argumentiert werden, dass die fehlerhafte Vermittlungsentscheidung aus der Sphäre von Eurotransplant selbst gekommen sein muss und der jeweilige Arzt in Kenntnis dieses Fehlers das Organ dennoch angenommen und übertragen hat.[830] Meines Erachtens spricht mehr für eine Interpretation im Sinne der zweiten Variante. Dies lässt sich damit begründen, dass der Gesetzgeber die absichtliche Falschdokumentation und Übermittlung von Patientendaten durch den neuen Straftatbestand des § 19 Abs. 2a TPG sanktioniert wissen wollte. Die Intention des Gesetzgebers bezüglich des Verbots der Falschübermittlung ist, dass dadurch die fehlerhafte Zuteilung von Organen verhindert werden soll, um damit auch in Zukunft das Vertrauen in das System und in die Verteilungsgerechtigkeit zu gewährleisten. Stimmt man darin überein, dann müsste man wohl aber sagen, dass solche Verhaltensweisen, die durch § 19 Abs. 2a TPG gerade verhindert werden sollen, nicht auch noch als Ordnungswidrigkeit geahndet werden sollen.

C. § 19 Abs. 2a TPG

Als Reaktion auf die Manipulationsvorwürfe hat der Gesetzgeber am 15. Juli 2013 den neuen Straftatbestand § 19 Abs. 2a TPG in das Transplantationsgesetz eingefügt, wonach mit Freiheitsstrafe bis zu zwei Jahren oder mit Geldstrafe bestraft wird, wer absichtlich entgegen § 10 Absatz 3 Satz 2 den Gesundheitszustand eines Patienten erhebt, dokumentiert oder übermittelt.[831] Die Struktur des Tatbestandes verdeutlicht sogleich auch eine Besonderheit, die der Gesetzgeber bereits häufig in anderen Nebenstrafgesetzen anwendet, um dadurch der Komplexität der heutigen Zeit Rechnung zu tragen.[832] Danach wird nicht an den Erfolg der schadensverursachenden Handlung angeknüpft, sondern bereits an das unerwünschte Verhalten selbst.[833] Sanktioniert wird also die Manipulations-

829 so verstanden, aber ohne weitere Begründung: Oğlakcıoğlu, HRRS 2012, S. 386.

830 so Höfling-*Bernsmann/Sickor*, TPG-Kommentar, § 20, Rn. 13ff.; auch *Rissing-van Saan*, NStZ 2014, S. 238, aber ohne weitergehende Begründung als den Verweis auf *Bernsmann/Sickor*.

831 vgl. BGBl. I S. 2430. Kritisch dazu: Vgl. *Schroth*, MedR 2013, S. 645f.

832 vgl. auch Kühne, NJW 1997, S. 1951.

833 vgl. etwa nur: §§ 95, 96 Arzneimittelgesetz (AMG); § 27 Chemikaliengesetz (ChemG); § 58 Lebensmittel- und Futtermittelgesetzbuch (LFGB).

handlung und nicht die daraus drohende Gefahr oder der daraus resultierende Schaden für andere Rechtsgüter. Erörterungen zur Kausalität werden damit hinfällig, da die Manipulation in den bisher aufgedeckten Fällen zweifelsfrei feststand. Würde demnach ein vergleichbarer Fall bekannt werden, wäre neben den bereits angesprochenen Delikten nunmehr auch § 19 Abs. 2a TPG von Interesse. Als tauglicher Täter käme dabei nur ein Arzt oder eine von diesem beauftragte Person in Betracht. Dies ergibt sich aus dem Verweis auf § 10 Abs. 3 Satz 2 TPG, welcher selbst auf den eigenen Satz 1 verweist. Als Tathandlung muss der Täter weiterhin den Gesundheitszustand eines Patienten entweder entgegen § 10 Abs. 3 Satz 2 Nr. 1 TPG unrichtig *erhoben*, *dokumentiert* oder aber entgegen § 10 Abs. 3 Satz 2 Nr. 2 TPG einen unrichtigen Gesundheitszustand *übermittelt* haben, um dadurch einen Patienten auf der Warteliste *zu bevorzugen*. Das bedeutet aber zugleich, dass eine Veränderung *zu Lasten* eines Patienten durch den vollständigen Verweis auf § 10 Abs. 3 Satz 2 TPG nicht von § 19 Abs. 2a TPG erfasst worden ist.[834] Auf die Frage, warum allerdings nur die unzulässige Bevorzugung eines Patienten strafbewehrt sein soll, nicht aber eine Veränderung zu dessen Lasten, darüber schweigt der Gesetzgeber. Augenscheinlich wird mit derartigen Konstellationen schier nicht gerechnet.[835]Auf subjektiver Tatbestandsseite muss der Täter bezüglich der objektiven Voraussetzungen in Form der Absicht gehandelt haben.

Subsumiert man die einzelnen Voraussetzungen unter Fälle wie unsere, dann ließe sich feststellen, dass der Angeklagte als Arzt einen tauglichen Täter darstellen würde. Auch hätte er durch die Veränderung von Blutwerten etc. und der Niederschrift dieser Ergebnisse in der Patientenakte den Gesundheitszustand eines Patienten der Wahrheit zuwider und damit unrichtig erhoben und dokumentiert. Dies geschehe schließlich auch nur deshalb, um eigene Patienten bei der Zuteilung zu begünstigen, um dadurch eine angemessene Therapie zu ermöglichen. Damit kommt es dem Täter auf den Erfolg der Manipulation gerade an, womit auch die erforderliche Absicht bejaht werden könnte. Zukünftige Verstöße ließen sich demnach ohne ausführliche Erörterungen zu den Fragen der Kausalität bejahen.

Käme es zukünftig erneut zu ähnlich gelagerten Fällen, müsste als weitere Frage aber geklärt werden, im welchem Konkurrenzverhältnis § 19 Abs. 2a TPG und die §§ 212, 211 StGB zueinander stehen. Immerhin ist kein Fall denkbar, bei welchem neben einem versuchten Totschlag nicht auch der § 19 Abs. 2a TPG

---

834 so schon *Schroth*, MedR 2013, S. 646f.

835 zu diesem Ergebnis bereits: *Schroth*, MedR 2013, S. 647.

mitverwirklicht wäre.[836] Der Anwendungsbereich des § 19 Abs. 2a TPG ginge damit faktisch gegen Null.

Es wäre daher in Übereinstimmung mit Verrel durchaus plausibel zu argumentieren, dass § 19 Abs. 2a TPG für derartige Konstellationen eine abschließende Sondervorschrift sei, womit die §§ 211, 212 StGB keine Anwendung mehr beanspruchen könnten.[837] Dennoch ist eine solche Schlussfolgerung m.E. letztlich nicht zwingend. Wie bereits bei der Prüfung des § 19 Abs. 2a TPG erwähnt wurde, sanktioniert dieser die Veränderung von Gesundheitsdaten nur dann, wenn es der Bevorzugung von Patienten dient. Würde also ein Arzt im Transplantationszentrum Göttingen zu Gunsten eigener Patienten manipulieren, woraufhin feststellbar im Transplantationszentrum München ein Patient versterben würde, so wären in einem solchen Fall die §§ 211, 212 StGB unanwendbar, da § 19 Abs. 2a TPG in dieser Konstellation spezieller wäre. Verändert der Täter die Gesundheitsdaten dagegen nicht, um einen Patienten zu bevorzugen, so kämen die §§ 211, 212 StGB dagegen vom Wortlaut her in Betracht, da § 19 Abs. 2a TPG eben diese Tatbegehungsmodalität nicht mit umfasst. Es hinge also letztlich vom Willen des Täters ab, ob dieser sich einem Strafrahmen von bis zu zwei Jahren oder in Extremfällen bis zu lebenslanger Haft ausgesetzt sieht. Eine solch unterschiedliche Beurteilung erscheint aber in Anbetracht dessen, dass man das gleiche Rechtsgut – das Leben – gefährdet und gegebenenfalls letztlich auch vernichtet, schwer nachvollziehbar. Ein Zurücktreten der §§ 211, 212 StGB erschiene darüber hinaus auch nur angemessen, wenn sowohl § 19 Abs. 2a TPG als auch die §§ 211, 212 StGB dem gleichen Rechtgüterschutz dienen würden. Daran kann aber gezweifelt werden. Während die §§ 211, 212 StGB zweifellos bezwecken, das Leben zu schützen, ist dieser Rechtsgüterschutz bei § 19 Abs. 2a TPG keineswegs so klar. Liest man die Gesetzesbegründung zu § 19 Abs. 2a TPG, wird vielmehr deutlich, dass § 19 Abs. 2a TPG nur das Vertrauen in das Allokationssystem selbst schützen bzw. gestärkt wissen will.[838] Ist dem aber so, dann wird das menschliche Leben nur noch mittelbar geschützt.[839] Ein unmittelbarer Schutz des Lebens über die §§ 211, 212 StGB wäre dagegen nicht mehr möglich. Ein solches Ergebnis ist m.E. nicht hinreichend befriedigend. Es öffnet die Tür für den Vorwurf, dass § 19 Abs. 2a TPG nicht den gesamten Unrechtsgehalt der Tat erfasst und abgegolten hat und es als Folge zu einer unangemessenen Privilegierung des Täters kommt. Folgender Fall zur Veranschaulichung:

---

836 so auch *Verrel*, MedR 2014, S. 469.

837 vgl. *Verrel*, MedR 2014, S. 469.

838 vgl. BT-Druck 17/13947, S. 40f.

839 zu dieser Schlussfolgerung vgl. auch: *Verrel*, MedR 2014, S. 468.

Manipuliert ein Krankenhausangestellter den Belegplan eines Operationssaales in der Notaufnahme mit der Folge, dass statt des eigentlich zur OP vorgesehenen Patienten nunmehr ein Bekannter des Täters mit nicht lebensbedrohlichen Verletzungen operiert wird, und verstirbt daraufhin der andere, nicht operierte Patient, so erscheint es sachgerecht, den Täter nach der hier vertretenen Auffassung[840] zumindest wegen eines versuchten Tötungsdelikts anzuklagen. Manipuliert dagegen ein Arzt im Bereich der Organallokation mit der Folge, dass ein Organ an einen Nichtberechtigten vergeben wird, woraufhin ein anderer Patient feststellbar verstirbt, so soll sich der Arzt in diesem Fall nur gem. § 19 Abs. 2a TPG verantworten müssen.

Im Sinne eines effektiven Rechtsgüterschutzes aber auch zur Vermeidung einer unangemessenen Privilegierung des Täters erscheint es mir daher geboten die §§ 211f. StGB auch neben den § 19 Abs. 2a TPG anzuwenden. Damit reduziert sich zwar die Anwendung letztlich nur noch auf solche Fälle, in denen der Nachweis eines (versuchten) Tötungsdelikts nicht gelingen mag. Gleichwohl wäre das Ziel erreicht, eine bestehende Regelungslücke zu schließen. Auch das Bemühen des Gesetzgebers, verlorenes Vertrauen zurückzugewinnen, stünde mit einer solchen Interpretation im Einklang.

VII. Strafbarkeit sonstiger Beteiligter

Die bisherigen Erörterungen erfolgten ausschließlich aus Sicht des behandelnden Arztes. Dabei wurde bereits im Rahmen der hypothetischen Einwilligung[841] die Möglichkeit angesprochen, dass Patienten möglicherweise auch in Kenntnis der manipulativen Herkunft des Spenderorgans in die Operation eingewilligt hätten. Wäre dies der Fall, so stünde nicht nur die Frage im Raum, ob der behandelnde Arzt strafrechtlich relevant gehandelt hätte, sondern auch, ob auch dem sich selbst rettenden Patienten ein eigenes strafrechtlich relevantes Verhalten vorgeworfen werden könnte. Immerhin ist nicht auszuschließen, dass die Kenntnis darauf beruhte, dass der Patient den angeklagten Arzt – als Haupttäter – dazu bestimmt hat, manipulativ tätig zu werden, womit eine Anstiftung in Betracht käme. Andererseits kann auch eine Hilfeleistung, bspw. in Form einer (psychischen) Unterstützungshandlung, vorgelegen haben, womit die Beihilfe relevant werden könnte. Unabhängig davon, welche Art der Beteiligung im konkreten Einzelfall vorliegen mag, stellt sich für beide Varianten die entscheidende Frage,

840 zur Versuchsstrafbarkeit: Kap. Zwei, II, B.
841 siehe dazu: Kap. Zwei, III, B, b).

ob für den Patienten nicht ein Rechtfertigungs- oder Entschuldigungsgrund besteht, da dadurch immerhin das eigene Leben abgesichert werden sollte.

Als Rechtfertigungsgrund kommen erneut die Notwehr gem. § 32 StGB sowie der rechtfertigende Notstand gem. § 34 StGB in Betracht. Hinsichtlich beider Rechtsinstitute gelten im Wesentlichen die obigen Ausführungen entsprechend.[842] Danach scheitert die Notwehr auch für den sich selbst rettenden Patienten am Erfordernis des rechtswidrigen Angriffs, da sich der eigene drohende Tod nicht als Folge eines anderen menschlichen Verhaltens darstellt, sondern aufgrund eines tragischen Krankheitsverlaufs einzutreten droht. Soweit man im Anschluss auf den rechtfertigenden Notstand blickt, führt auch hier eine Gegenüberstellung der sich widerstreitenden Rechtsgüter dazu, dass eine Rechtfertigung ausscheidet.[843]

Da somit kein Rechtfertigungsgrund vorliegt, gilt es zu überprüfen, ob nicht zumindest ein Entschuldigungsgrund in Betracht käme. Im Kern stellt sich hier die Frage nach dem Entschuldigungsgrund des § 35 Abs. 1 StGB. Dass ein bevorstehendes Organversagen eine gegenwärtige Gefahr in Form einer Dauergefahr für das Rechtsgut Leben darstellt, wurde bereits dargestellt.[844] Als möglicher Täter einer strafbewehrten Handlung, wäre der Patient auch in persönlicher Hinsicht zweifellos vom Schutz des § 35 StGB umfasst.[845] Im Rahmen der Notstandshandlung fordert § 35 Abs. 1 StGB, dass der Täter nur dann entschuldigt ist, wenn der bestehende Existenzkonflikt nicht anderes abwendbar gewesen ist. Konkret bedeutet dies, dass die Handlung sowohl geeignet als auch erforderlich gewesen sein muss, den drohenden Tod zu beseitigen.[846] Unter Zugrundelegung dieses Maßstabes wird man dem Patienten zunächst einmal zugestehen, dass eine Einwirkung auf den Arzt in Form der Anstiftung oder der Beihilfe grundsätzlich als taugliches Mittel[847] angesehen werden muss, um das eigene Leben zu schützen, da immerhin eine neue und damit weitere Möglichkeit geschaffen wurde, das benötigte Organ zu erhalten. Darüber hinaus müsste das gewählte Mittel aber auch erforderlich gewesen sein, was nur zu bejahen wäre, wenn unter den gleichgeeigneten Mitteln dasjenige ausgewählt wurde, das im Vergleich

842 vgl. Kap. Zwei, II, B, 4.

843 siehe dazu: Kap. Zwei, II, B, 4, b).

844 vgl. Kap. Zwei, II, B, 4, b) und 5; siehe auch: *Heinrich*, Strafrecht AT, Rn. 568.

845 vgl. *Heinrich*, Strafrecht AT, Rn. 567; S/S-*Perron*, § 35, Rn. 15.

846 vgl. *Heinrich*, Strafrecht AT, Rn. 564; S/S-*Perron*, § 35, Rn. 13; MK-StGB-*Müssig*, § 35, Rn. 26ff.; NK-StGB-*Neumann*, § 35, Rn. 21ff.

847 zur Definition der Geeignetheit vgl. S/S-*Perron*, § 35, Rn. 13; NK-StGB-*Neumann*, § 35, Rn. 22.

das mildeste darstellt.[848] Zur Beurteilung, ob die Erforderlichkeit vorliegt, bedarf es somit zunächst der Feststellung, ob es überhaupt andere ggf. gleichgeeignete Mittel gegeben hat, die im Ergebnis milder wären. Als alternative Gefahrenabwehroptionen rücken dabei zunächst die rechtmäßigen Vergabeformen, also das Standardverfahren sowie das beschleunigte Verfahren, in den Mittelpunkt der Betrachtung. Beide bieten dem Grunde nach die Möglichkeit, am Prozess der Organverteilung zu partizipieren. Vor allem stellen sie ein milderes Mittel[849] dar, da die Gefahr des Todes in diesem Fall auch ohne einen Eingriff in fremde Rechte bzw. als rechtmäßiger Eingriff in fremde Rechte abgewendet werden kann. Auf der anderen Seite haben die bisherigen Ausführungen gezeigt, dass eine bedarfsgerechte Zuteilung nicht sichergestellt ist und die Gefahr unberücksichtigt zu bleiben, real existiert. Diese Gefahr würde durch die Mitwirkung bei der Manipulation zum eigenen Vorteil verändert, wodurch die Wahrscheinlichkeit, nunmehr unberücksichtigt zu bleiben, messbar sinken würde. Dieser Vorteil führt im Rahmen einer wertenden Betrachtung dazu, dass beide Mittel nicht mehr als gleichgeeignet bezeichnet werden können. Vielmehr stellt die ordnungsgemäße Zuteilung damit ein nur unsicheres Mittel zur Gefahrenabwehr dar, während die Manipulation als das effektivere Mittel bezeichnet werden muss.[850]

Zur Beseitigung einer bestehenden Notlage kann es als mildere Gefahrenabwehroption regelmäßig aber auch geboten erscheinen, zunächst eigene Rechtsgüter zu opfern, bevor in den Rechtskreis Dritter eingegriffen wird.[851] Die Aufopferung eigener Rechte setzt aber voraus, dass solche Rechtsgüter überhaupt vorhanden sind und es sich dabei nicht um Rechtsgüter handelt, deren Schutz § 35 StGB bezweckt.[852] Die Möglichkeit zur Aufopferung von zunächst eigenen Rechtspositionen wird man aber in den Fällen verneinen müssen, in denen nur noch eine Transplantation als lebensverlängernde Therapie in Betracht kommt. Ein weiteres Abwarten würde in dieser Konstellation ansonsten dazu führen, dass die ohnehin bestehende Schadensdimension sich weiter verschlechtert, womit der bestehende Existenzkonflikt weiter verschärft werden würde, da durch die stetige Verschlechterung der medizinischen Konstitution vordergründig die Rechtsgüter Leib und Leben gefährdet würden und damit

---

848 vgl. NK-StGB-*Neumann*, § 35, Rn. 24; S/S-*Perron*, § 35, Rn. 13.

849 zum Vorgang solcher Mittel, die nicht in die Rechte Dritter eingreifen, vgl. BGH 48, 260; S/S-*Perron*, § 35, Rn. 13, m.w.N.

850 vgl. zur Wahl eines nur unsicheren Mittels: *Heinrich*, Strafrecht AT, Rn. 570; vgl. auch: SK-StGB-*Rogall*, § 35, Rn. 24.

851 vgl. bspw. NK-StGB-*Neumann*, § 35, Rn. 28.

852 vgl. bspw. SK-StGB-*Rogall*, § 35, Rn. 23; NK-StGB-*Neumann*, § 35.

eben solche Güter, deren Schutz § 35 StGB gewährleisten will. Berücksichtigt man schließlich, dass weder der Staat mit seinen Ressourcen, noch solidarische Dritte regelmäßig zur Gefahrenabwehr bereitstehen, sowie den Umstand, dass die gegenüberstehenden Interessen Leben – Leben deckungsgleich sind, so wird man konstatieren können, dass der Existenzkonflikt für den Patienten regelmäßig nicht anders abwendbar sein wird. Zumal aufgrund dieser Extremsituation die Schwere der Gefahr (Gefahr des Todes) und der drohende Schaden (Tod eines anderen Patienten) in keinem offensichtlichen Missverhältnis zueinander stehen.[853] Schließlich wird es dem sich selbst rettenden Patienten unter Berücksichtigung seines Selbsterhaltungstriebs regelmäßig auch nicht zumutbar sein, die existenzbedrohende Situation hinzunehmen.[854] Der sich selbst rettende Patient wäre demnach entschuldigt.

VIII. Zusammenfassung

Blickt man zurück auf die Anfangs aufgeworfene Frage, ob und wie sich gegebenenfalls eine Strafbarkeit begründen lässt, so haben die Ausführungen gezeigt, dass es bei der Bewältigung des „Organspendenskandals" zu nicht unerheblichen Schwierigkeiten kommt. Die Gründe dafür finden sich zum einen im System selbst, indem es weitestgehend privaten Institutionen überlassen wurde, die Organspende zu organisieren, mit der Folge, dass bereits die Ermittlung möglicher Opfer einen nicht unerheblichen Aufwand erfordert. Zum anderen bestehen rechtliche Problem wie die Begründung einer möglichen Zurechnung oder die Begründung des erforderlichen Vorsatzes im Rahmen des § 212 StGB. Das Ergebnis dieser Arbeit kann als dementsprechend zwiespältig bezeichnet werden. Einerseits kann und sollte eine Bewältigung dieser Thematik mit den Mitteln des Strafrechts nach Auffassung des Autors gelingen. Andererseits hat die Thematik erneut verdeutlicht, dass die Begründung und Nachweisbarkeit einer Zurechnung nur begrenzt möglich ist, und dass moderne Lebenssachverhalte wie die Organallokation eben diese Grenze zu erreichen vermögen. Dementsprechend

---

853 zu diesem Erfordernis vgl.: *Wessels/Beulke/Satzger*, Strafrecht AT, S. 169, Rn. 439.

854 vgl. HK-GS-*Duttge*, § 35, Rn. 12. Zum Merkmal der Zumutbarkeit: *Wessels/Beulke/Satzger*, Strafrecht AT, S. 170, Rn. 440; SK-StGB-*Rogall*, § 35, Rn. 26ff. Dieses Ergebnis dürfte dabei selbst für die Patienten gelten, die ein bevorstehendes Organversagen durch ihr Verhalten, wie bspw. durch Alkoholkonsum, mit verursacht haben. Denn insoweit handelt es sich dabei um eine erlaubte und damit tolerierte Selbstgefährdung. Ein sozial adäquates Verhalten kann m.E. nicht zur Versagung des § 35 Abs. 1 StGB führen.

ist die Sanktionierung des Hauptvorwurfes, menschliches Leben vernichtet zu haben, nach hier vertretener Ansicht auch nur im Rahmen des Versuchs strafbar. Aber auch bisher nicht im Fokus stehende Delikte boten Anlass zu tiefergehenden Erörterungen. Seien es die mit der Manipulation einhergehende Urkundenfälschung, die Aussetzung, der Organhandel oder aber die mitunter in Betracht kommende Körperverletzung am eigenen Patienten.

Als Reaktion auf die Geschehnisse entbrannte nicht nur in der juristischen Wissenschaft eine Diskussion hinsichtlich der strafrechtlichen Bewertung dieser Ereignisse. Auch der Gesetzgeber sah Handlungsbedarf und schuf als Folge der Ereignisse den § 19 Abs. 2a TPG, der seinem Regelungsziel nach zukünftig Veränderungen von Gesundheitsdaten unter Strafe stellt, wenn diese dazu dienen, Patienten regelwidrig zu bevorzugen. Inwieweit es tatsächlich erforderlich war, legislativ tätig zu werden, wird seit der Einführung nicht minder diskutiert.[855] So wäre statt der Schaffung eines neuen zugeschnitten Paragraphen ohne weiteres auch die Anpassung des § 278 StGB an die Gegebenheiten möglich gewesen.[856] Damit hätte man zwar nicht den Kernvorwurf des Skandals „gepackt", aber zumindest im Bereich der Urkundsdelikte klare rechtliche Verhältnisse schaffen können. So hätte man den Wortlaut dahingehend ändern können, dass auch Eurotransplant als „Fremdkörper" mit erfasst ist.[857] Ein weiterer Vorteil wäre aber auch gewesen, dass man damit zugleich den Streit um die Frage entschärft hätte, ob die Veränderung der Patientenakte als Gesamtakte eine taugliche Urkundenfälschung darstellt. Denn im Gegensatz zu § 267 StGB fällt im Rahmen des § 278 StGB die Patientenakte zweifellos unter den Wortlaut des Gesundheitszeugnisses.[858] Bleibt zum Schluss die Frage zu beantworten, ob das hier vertretene Ergebnis auch als sachgerechte Antwort auf die Manipulationsvorwürfe gewertet werden kann. Dass die Antwort auf die Frage sehr unterschiedlich ausfällt, verwundert kaum und wurde in der Arbeit deutlich. Dennoch ist m.E. das hier gefundene Ergebnis sachgerecht. Diejenigen, die dies anders beurteilen und einen versuchten Totschlag ablehnen, wären gezwungen einzugestehen, dass das Strafrecht ansonsten seinen Zweck, Rechtsgüter zu schützen, im Bereich der Organallokation verloren hätte. Das Leben wäre zukünftig nur noch mittelbar über §19 Abs. 2a TPG geschützt.[859] Dies widerspricht aber einem effektiven Rechtsgüterschutz. Eine Ahndung derartiger Fälle, ausschließlich unter § 19 Abs. 2 a

855 kritisch: *Schroth*, MedR 2013, S. 645f.
856 vgl. dazu *Schroth*, MedR 2013, S. 645.
857 zu diesem Problem siehe: Kap. Zwei, IV, B.
858 so bereits *Schroth*, MedR 2013, S. 645f.
859 zu § 19 Abs. 2a TPG siehe: Kap. Zwei, VI, C.

TPG, erschiene letztlich auch unter kriminalpolitischen Gesichtspunkten als nicht befriedigend. Wenn es im Rahmen der generalpräventiven Ausrichtung des Strafrechts auch dessen Aufgabe ist, eine schuldangemessene Antwort auf die Tat zu geben, um dadurch das Vertrauen der Bevölkerung zu stärken[860], dann kann eine Strafandrohung von bis zu zwei Jahren Freiheitsstrafe schwerlich als schuldangemessen begriffen werden, wenn Patienten vorsätzlich und feststellbar das Leben genommen wurde. Die hier vertretene Lösung führt daher auch dazu, dass eine unangemessene Privilegierung des Täters vermieden und das Vertrauen gestärkt wird, da das Recht in der Lage bleibt, sich auch im Bereich der Organallokation effektiv durchzusetzen. Schließlich bietet das hier vertretene Ergebnis auch unter der negativen Zielsetzung der Generalprävention einen Gewinn – zukünftige Täter von vergleichbaren Handlungen abzuschrecken.[861] Zukünftigen Tätern würde vor Augen geführt, dass erhebliche strafrechtliche Konsequenzen drohen.[862] Dass es sich dabei auch um ein ernst zu nehmendes Szenario handelt, also auch zukünftig mit vergleichbaren Fällen gerechnet werden muss, zeigt bereits ein Manipulationsverdacht im Deutschen Herzzentrum Berlin, wonach in 28 Fällen der Verdacht besteht, dass Patientendaten verändert wurden, um eigene Patienten bei der Vergabe zu bevorzugen.[863]

---

860 vgl. *Roxin*, Strafrecht AT I, § 3, Rn. 26, m.w.N.; *Wessels/Beulke/Satzger*, Strafrecht AT, S. 7, Rn. 12.

861 vgl. *Roxin*, Strafrecht AT I, § 3, Rn. 25; *Wessels/Beulke/Satzger*, Strafrecht AT, S. 7, Rn. 12.

862 andere Ansicht: *Verrel*, MedR 2014, S. 469, der eine Verurteilung wegen versuchten Totschlags nicht für erforderlich hält, um künftige Täter abzuschrecken.

863 vgl. http://www.faz.net/aktuell/gesellschaft/gesundheit/transplantationsskandal-am-berliner-herzzentrum-13111067.html, (zuletzt abgerufen am 04.12.2014).

Literaturverzeichnis

Ahlert, Marlies: „Priorisierung in der Transplantationsmedizin – Algorithmen der Organverteilung“, S. 146–154. In: Lilie/Rosenau/Hakeri (Hrsg.)

–, „Die Organtransplantation – Rechtsfragen bei knappen medizinischen Ressourcen“, Nomos Verlag, Baden-Baden 2011

Angstwurm, Heinz: „Sichere Feststellung des Todes vor der Organspende“, Aufsatz. In: Dietrich, Elke (Hrsg.)

–, „Organspende Organtransplantation – Ein Report des Machbaren“, R. S. Schulz Verlag, Percha am Starnberger See 1985

Arzt, Gunther Weber, Ulrich Heinrich, Bernd Hilgendorf, Eric: „Strafrecht – Besonderer Teil“, Lehrbuch, 2. Auflage, Ernst und Werner Gieseking Verlag, Bielefeld 2009, Zitiert: AW-*Bearbeiter*

Augsberg, Steffen: „HU-Allokation – vom Ausnahme- zum Regelfall?“, Aufsatz. In: Middel, Claus-Dieter /Pühler, Wiebke /Lilie, Hans /Vilmar, Karsten (Hrsg.)

–, „Novellierungsbedarf des Transplantationsrechts“, S. 109–115. C. H. Beck Verlag, München 2010

Bader, Mathis: „Organmangel und Verteilung“, Dissertation, Mohr Siebeck, Tübingen 2010

Bauer, Wolfram: „Die Abgrenzung des dolus eventualis –ein Problem der Versuchsproblematik“, Aufsatz. In: Zeitschrift für Wirtschaft Steuer Strafrecht (wistra) 1991. S. 168–171, C. F. Müller Verlag

Baumann, Jürgen: „Körperverletzung oder Freiheitsdelikt?“, Aufsatz. In: Neue Juristische Wochenschrift 1958 S. 2092–2094, C. H. Beck Verlag

Beck'scher Onlinekommentar zum GG: Epping, Volker / Hillgruber, Christian (Hrsg.), Kommentar, Edition: 21, Stand: 01. 06. 2014, C. H. Beck Verlag, Zitiert: BeckOK-GG-*Bearbeiter*

Beck'scher Onlinekommentar zur StPO: Graf, Peter Jürgen (Hrsg.), Kommentar. Edition: 18, Stand 24. 04. 2014, C. H. Beck Verlag, Zitiert: BeckOK-StPO-*Bearbeiter*

Benckert, Christoph Quante, Markus Jonas, Sven: „Allokationsprobleme in der Transplantationsmedizin – Ärztliche Erfahrungen“, Aufsatz. In: Zeitschrift für Evidenz, Fortbildung und Qualität im Gesundheitswesen 2010, S. 397–399, Elsevier Verlag

Bernsmann, Klaus Zieschang, Frank: „Zur strafrechtlichen Haftung des Verursachers einer Gefahrenlage für Schäden eines Retters“, Aufsatz. In: Juristische Schulung 1995, S. 775–779, C. H. Beck Verlag

Bockelmann, Paul: „Operativer Eingriff und Einwilligung des Verletztem“, Aufsatz. In: Juristenzeitung 1962, S. 525–529, J.C.B. Mohr Verlag

Bockelmann, Paul: „Rechtliche Grundlagen und rechtliche Grenzen der ärztlichen Aufklärungspflicht“, Aufsatz. In: Neue Juristische Wochenschrift 1961, S. 945–951, C. H. Beck Verlag

Böcker, Philipp: „Die ‚hypothetische Einwilligung' im Zivil- und Strafrecht“, Aufsatz. In: Juristenzeitung 2005, S. 925–932, Mohr Siebeck Verlag

Böning, Jochen: „Kontrolle im Transplantationsgesetz – Aufgaben und Grenzen der Überwachungs- und der Prüfungskommission nach den §§ 11 und 12 TPG“, Dissertation, Peter Lang Verlag, Frankfurt am Main, Berlin, Bern, Bruxelles, New York, Oxford, Wien 2009

Böse, Martin: „OLG Braunschweig Beschl. v. 20.03.2013 – Ws 49/13 (Zum versuchten Totschlag durch Manipulation der Zuteilung von Spenderorganen)“, Aufsatz. In: Zeitschrift für das Juristische Studium 2014, S. 117–121, Abrufbar unter: www.zjs-online.com

Brammsen, Joerg: „Kausalitäts- und Täterschaftsfragen bei Produktfehlern“, Aufsatz. In: Jura 1991, S. 533–538, Walter de Gruyter Verlag

Brammsen, Joerg: „Erfolgszurechnung bei unterlassener Gefahrvermeidung durch einen Garanten“, Aufsatz. In: Monatsschrift für Deutsches Recht (MDR) 1989, S. 123–127, Dr. Otto Schmidt Verlag

Breyer, Friedrich Daele, Wolfgang van den Engelhard, Magret Gubernatis, Gundolf Kliemt, Hartmut Kopetzki, Christian Schlitt, Hans Jürgen Taupitz, Jochen: „Organmangel – Ist der Tod auf der Warteliste unvermeidbar?“, Springer Verlag, Berlin, Heidelberg 2006

Bruns, Hans-Jürgen: „Ungeklärte Verfahrensrechtliche Fragen des Contergan-Prozesses“, Aufsatz. In: Schroeder, Friedrich-Christian/ Zipf, Heinz (Hrsg.), Festschrift für Reinhart Maurach zum 70. Geburtstag, S. 469–486, C. F. Müller Verlag, Karlsruhe 1972

Buchborn, E: „Derzeitige medizinische Möglichkeiten der Organtransplantation“, Beitrag. In: Hiersche, Hans Dieter/Hirsch, Günter/Graf-Baumann, Toni *(Hrsg.)*

–, „Rechtliche Fragen der Organtransplantation“, S. 4–11, Springer Verlag, Berlin 1990

Buggisch, Walter: „Fälschung beweiserheblicher Daten durch Verwendung einer falschen E-Mail-Adresse?“, Aufsatz. In: Neue Juristische Wochenschrift 2004, S. 3519–3522, C. H. Beck Verlag

Bülte, Jens: Anm. zum Beschluss des OLG Braunschweig. In: Strafverteidiger 2013, S. 753–758, Carl Heymanns Verlag

Chilecki, Stefan: „Zur Dogmatik der Aussetzung (§221 StGB) nach dem sechsten Strafrechtsreformgesetz“, Dissertation, Dr. Kovac Verlag, Hamburg 2010

Claassen, Laura: „Neutralisierungstechniken und kognitive Dissonanz", Dissertation, Tectum Verlag, Marburg 2013

Conrads, Christoph: Eurotransplant und UNOS – Modelle der Organallokation?, Aufsatz. In: Medizinrecht 1996, S. 300–309, Springer und C. H. Beck Verlag

Dannecker, Gerhard Streng, Franziska: „Rechtliche Möglichkeiten und Grenzen einer an den Erfolgsaussichten der Transplantation orientierten Organallokation", Aufsatz. In: Juristenzeitung 2012, S. 444–452, Mohr Siebeck Verlag

Dannecker, Gerhard Streng-Baunemann, Anne Franziska: „Verschaffung des Wartelistenzugangs für Alkoholiker entgegen den Organallokations-Richtlinien der Bundesärztekammer – (versuchter) Totschlag?", Aufsatz. In: Neue Zeitschrift für Strafrecht 2014, S. 673–680, C. H. Beck Verlag

Dencker, Friedrich: „Kausalität und Gesamttat", Abhandlung, Duncker & Humblot Verlag, Berlin 1996

Deutsch, Erwin: „Das Transplantationsgesetz vom 05.11.1997", Aufsatz. In: Neuer Juristischer Wochenzeitschrift, Jahr 1998, S. 777–782, C. H. Beck Verlag

Dieners, Peter Sonnenschein, Edwin: „Tissue Engineering – Grundlagen Probleme und Zukunftsperspektiven". In: Pharma Recht 2003, S. 150–161, C. H. Beck Verlag & pmi Verlag

Dölling, Dieter Duttge, Gunnar Rössner, Dieter (Hrsg.): „Gesamtes Strafrecht", Handkommentar, 3. Auflage, Nomos Verlag, Baden-Baden 2013, Zitiert: HK-GS-*Bearbeiter*

Duttge, Gunnar: „Organmangel-Holzwege, Umwege, Lösungswege", Aufsatz. In: Zeitschrift für Lebensrecht 2011, S. 55–60, Juristen-Vereinigung Lebensrecht

Duttge, Gunnar: „Die ‚hypothetische Einwilligung' als Strafausschlußgrund", Aufsatz. In: Hoyer, Andreas/ Müller, Henning Ernst/ Pawlik, Michael/ Wolter Jürgen (Hrsg.), Festschrift für Friedrich-Christian Schroeder zum 70. Geburtstag, S. 179–195, C. F. Müller Verlag, Heidelberg 2006

Ebert, Udo Kühl, Kristian: „Kausalität und objektive Zurechnung", Aufsatz. In: Jura (1979), S. 561–576, Walter de Gruyter Verlag

Eigler, Friedrich-Wilhelm: „Probleme der Organtransplantation", Aufsatz. In: Medizinrecht 1992, S. 88–92, Springer & C. H. Beck Verlag

Engisch, Karl: „Die Kausalität als Merkmal der strafrechtlichen Tatbestände", Abhandlung, J.C.B. Mohr Verlag, Tübingen 1931

Erb, Volker: „Die Zurechnung von Erfolgen im Strafrecht", Aufsatz. In: Juristische Schulung 1994, S. 449–456, Beck Verlag

Erhard, Jochen Daul, Anton E. Eigler, Friedrich-Wilhelm: „Organspende und Organkonservierung", Aufsatz. In: Deutsches Ärzteblatt 1995, S. 43–49

Esser, Dirk: „Verfassungsrechtliche Aspekte der Lebendspende von Organen zu Transplantationszwecken", Dissertation, Gießen 2000

Fahl, Christian: „Anmerkung zum Urteil LG Rostock, Urteil vom 16.09.1996 (Werfen eines Gullydeckels)". In: Neue Zeitschrift für Strafrecht 1997, S. 391–392, C. H. Beck Verlag

Fahl, Christian: „Das Ende der Hemmschwellentheorie -Ein Nachruf", Aufsatz. In: Juristische Schulung 2013, S. 499–502, C. H. Beck Verlag

Fahl, Christian: „Sozialethische Einschränkung der Notwehr", Aufsatz. In: Juristische Arbeitsblätter 2000, S. 460–465, Luchterhand Verlag

Fateh-Moghadam, Bijan Gutmann, Thomas: „Rechtsfragen der Organverteilung", Aufsatz. In: Neue Juristische Wochenzeitschrift 2002, S. 3365–3372, C. H. Beck Verlag

Fateh-Moghadam, Bijan: „Anmerkung zu OLG Braunschweig, Beschl. V. 20.3.2013 – Ws 49/13 (LG Braunschweig)", Aufsatz. In: Medizinrecht 2014, S. 665–666, Springer & C. H. Beck Verlag

Feuerich, Wilhelm E. Weyland, Dag: „Bundesrechtsanwaltsordnung", Kommentar, 8. Auflage, Franz Vahlen Verlag, München 2012, Zitiert: Feuerich/Weyland-*Bearbeiter*

Fincke, Martin: „Arzneimittelprüfung strafbare Versuchsmethoden", Abhandlung, C. F. Müller Verlag, Heidelberg 1977

Freund, Georg: „Strafrecht Allgemeiner Teil", Lehrbuch, 2. Auflage, Springer Verlag, Berlin 2009

Frisch, Wolfgang: „Die Conditio-Formel: Anweisung zur Tatsachenfeststellung oder normative Aussage?", Aufsatz. In: Dölling, Dieter/ Erb, Volker (Hrsg.)

–, „Festschrift für Karl Heinz Gössel zum 70. Geburtstag", S. 51–71, C. F. Müller Verlag, Heidelberg 2002

Frisch, Wolfgang: „Vorsatz und Risiko", Abhandlung, Carl Heymanns Verlag, Köln 1983

Frister, Helmut: „Strafrecht Allgemeiner Teil", Lehrbuch, 5.Auflage, C. H. Beck Verlag, München 2011

Gaier, Reinhard Wolf, Christian Göcken, Stephan: „Anwaltliches Berufsrecht", Kommentar, 1. Auflage, Carl Heymanns Verlag, Köln 2010, Zitiert: Gaier/Wolf/Göcken-*Bearbeiter*

Gallas, Wilhelm: „Zum gegenwärtigen Stand der Lehre vom Verbrechen", Aufsatz. In: Zeitschrift für die gesamte Strafrechtswissenschaft 67 (1955), S. 1–47, Walter de Gruyter Verlag

Geiger, Rudolf: „Grundgesetz und Völkerrecht", Lehrbuch, 6. Auflage, C. H. Beck Verlag, München 2013

Geilen, Gerd: „Notwehr und Notwehrexzeß“, Aufsatz. In: Jura 1981, S. 200–210, De Gruyter Verlag

Gercke, Björn: „Das Ausstellen unrichtiger Gesundheitszeugnisse nach § 278 StGB“, Aufsatz. In: Medizinrecht 2008, S. 592–595, Springer und C. H. Beck Verlag

Gössel, Karl Dölling, Dieter: „Strafrecht Besonderer Teil I“, Lehrbuch, 2. Auflage, C. F. Müller Verlag, Heidelberg 2004

Gragert, Jörg: „Strafrechtliche Aspekte des Organhandels“, Dissertation, Dr. Kovac Verlag, Hamburg 1997

Greco, Luis: „Wider die jüngere Relativierung der Unterscheidung von Unrecht und Schuld“, Aufsatz. In: Pötz, Paul-Günter (Hrsg.)

–, „Goltdammer's Archiv für Strafrecht“ 2009, S. 636–650, R.v. Decker's Verlag 1995

Gropp, Walter: „Strafrecht Allgemeiner Teil“, Lehrbuch, 3. Auflage, Springer Verlag, Berlin 2005

Gropp, Walter: „Hypothetische Einwilligung im Strafrecht?“, Aufsatz. In: Hoyer, Andreas/ Müller, Henning Ernst/ Pawlik, Michael/ Wolter Jürgen (Hrsg.), Festschrift für Friedrich-Christian Schroeder zum 70. Geburtstag, S. 197–207, C. F. Müller Verlag,

Gutmann, Thomas Schroth, Ulrich: „Rechtliche und ethische Aspekte der Lebendspende von Organen“, Aufsatz. In: Oduncu, Fuat/Schroth, Ulrich/Vossenkuhl, Wilhelm (Hrsg.), „Transplantation Organgewinnung und -allokation“, S. 271–290, Vandenhoeck & Ruprecht Verlag, Göttingen 2003

Haas, Volker: „Kausalität und Rechtsverletzung“, Dissertation, Duncker & Humblot, Berlin 2002

Haas, Volker: „Zum Rechtsgrund von Versuch und Rücktritt“, Aufsatz. In: Zeitschrift für die gesamte Strafrechtswissenschaft (ZStW) 123 (2011), S. 226–259, Walter de Gruyter Verlag

Hacker, Wolfgang Lautner, Tobias: „Der Grundtatbestand der Aussetzung (§221 Abs. 1 StGB)“, Aufsatz. In: Jura 2006, S. 274–280, De Gruyter Verlag

Haft, Fritjof: „Das Zweite Gesetz zur Bekämpfung der Wirtschaftskriminalität (2. WiKG) – Teil 2: Computerdelikte“, Aufsatz. In: Neue Zeitschrift für Strafrecht 1987, S. 6–10, C. H. Beck Verlag

Halter, Hans: „Xenotransplantation – Lösung des Allokationsproblems?“, Beitrag. In: Becchi, Paolo/Bondolfi, Alberto/Kostka, Ulrike/Seelmann, Kurt (Hrsg.)

–, „Organallokation Ethische und rechtliche Fragen“, S. 261–268, Schwabe Verlag, Basel 2004

Hamza, Amir Fornara, Paolo: „Neue Entwicklungen in der Organlebendspende“, Aufsatz, S. 97–115. In:Lilie/Rosenau/Hakeri (Hrsg.)

–, „Die Organtransplantation – Rechtsfragen bei knappen medizinischen Ressourcen“, Nomos Verlag, Baden-Baden 2011

Hannich, Rolf (Hrsg.): „Karlsruher Kommentar zur Strafprozessordnung“, Kommentar, 7. Auflage, C. H. Beck Verlag, München 2013

Hardtung, Bernhard: „Ärztliche Aufklärung über Außenseitermethode – ‚Zitronensaftfall‘“, Aufsatz. In: Neue Zeitschrift für Strafrecht 2011, S. 635–637, C. H. Beck Verlag

Hassemer, Winfried: „Person Welt und Verantwortlichkeit. Prolegomena einer Lehre von der Zurechnung im Strafrecht“. In: Schulz, Joachim/ Vormbaum, Thomas (Hrsg.)

–, „Festschrift für Günter Bemmann“, S. 175–192, Nomos Verlag, Baden-Baden 1997

Hassemer, Winfried: „Produktverantwortung im modernen Strafrecht“, Abhandlung, C. F. Müller Verlag, Heidelberg 1994

Hassemer, Winfried: „Einführung in die Grundlagen des Strafrechts“, Lehrbuch, 2. Auflage, C. H. Beck Verlag, München 1990

Hecker, Bernd: „Strafrecht AT und BT: Notwehr gegenüber einem Pressefotografen“, Aufsatz. In: Juristische Schulung 2012, S. 1039–1041, C. H. Beck Verlag

Hecker, Bernd: „Strafrecht AT und BT: Beteiligung von Ärzten an sog. Pharma-Marketing“, Aufsatz. In: Juristische Schulung 2012, S. 852–856, C. H. Beck Verlag

Heger, Martin: „Die Aussetzung als strafrechtsdogmatischer Mikrokosmos“, Aufsatz. In: Zeitschrift für die gesamte Strafrechtswissenschaft (ZStW) 119 (2007), S. 593–632, Walter de Gruyter Verlag

Heinrich, Bernd: Strafrecht Allgemeiner Teil, Lehrbuch, 4. Auflage, W. Kohlhammer Verlag, Stuttgart 2014

Herdegen, Gerhard: „Bemerkungen zur Beweiswürdigung“, Aufsatz. In: Neue Zeitschrift für Strafrecht 1987, S. 193–199, Beck Verlag

Herzberg, Dietrich: „Strafverzicht bei bedingt vorsätzlichem Versuch?“, Aufsatz. In: Neue Zeitschrift für Strafrecht 1990, S. 311–318, C. H. Beck Verlag

Hilgendorf, Erich: „Körperteile als ‚gefährliche Werkzeuge‘“, Aufsatz. In: Zeitschrift für die gesamte Strafrechtswissenschaft 112 (2000), S. 811–833, De Gruyter Verlag ZStW

Hilgendorf, Erich: „Zur Lehre vom Erfolg in seiner konkreten Gestalt“, Aufsatz. In: Pötz, Paul-Günter (Hrsg.)

–, „Goltdammer's Archiv für Strafrecht“ 1995, S. 515–534, R.v. Decker's Verlag 1995

Hilgendorf, Erich: „Der „gesetzmäßige Zusammenhang“ im Sinne der modernen Kausallehre“, Aufsatz. In: Jura 1995, S. 514–522, Walter de Gruyter Verlag

Höfling, Wolfram: „Transplantationsgesetz“, Kommentar, 2. Auflage, Erich Schmidt Verlag, Berlin 2013

Höfling, Wolfram, Rixen, Stephan: „Verfassungsfragen der Transplantationsmedizin“, Abhandlung, J. C. B. Mohr Verlag, Tübingen 1996

Höfling, Wolfram: „Verteilungsgerechtigkeit in der Transplantationsmedizin“, Aufsatz. In: Juristenzeitung 2007, S. 481–486, Mohr Siebeck Verlag

Holznienkemper, Thomas: „Organspende und Transplantation und ihre Rezension in der Ethik der abrahaminitischen Religionen“, Dissertation, LIT Verlag Münster 2005

Hörnle, Tatjana: „Die wichtigsten Änderungen des Besonderen Teils des StGB durch das 6. Gesetz zur Reform des Strafrechts“, Aufsatz. In: Jura 1998, S. 169–182, Walter de Gruyter Verlag

Hoyer, Andreas: „Die traditionelle Strafrechtsdogmatik vor neuen Herausforderungen: Probleme der strafrechtlichen Produkthaftung“. In: Pötz, Paul-Günter (Hrsg.), Goltdammer's Archiv für Strafrecht 1996, S. 160–178, R v. Decker Verlag

Hoyer, Andreas: „Der Konflikt zwischen richterlicher Beweiswürdigungsfreiheit und dem Prinzip in dubio pro reo“, Aufsatz. In: Zeitschrift für die gesamte Strafrechtswissenschaft, Band 105 (1993), S. 523–556, De Gruyter Verlag

Hoyer, Andreas: „Kausalität und/ oder Risikoerhöhung“, Aufsatz. In: Rogal, Klaus/ Puppe, Ingeborg/ Stein, Ulrich/Wolter, Jürgen (Hrsg.)

–, „Festschrift für Hans-Joachim Rudolphi zum 70. Geburtstag“, S. 95–105, Luchterhand, Neuwied 2004

Hoyer, Andreas: „Anmerkung: Aussetzung durch Abbruch der Hilfeleistung“, Beitrag. In: Neue Zeitschrift für Strafrecht 1994, S. 84–86, C. H. Beck Verlag

Hoyer, Andreas: „Strafrecht Allgemeiner Teil I“, Lehrbuch, 1. Auflage, Luchterhand Verlag, Neuwied 1996

Hübner, Christoph: „Die Entwicklung der objektiven Zurechnung“, Dissertation, Duncker & Humblot Verlag, Berlin 2004

Jäger, Christian: „Die Delikte gegen Leben und körperliche Unversehrtheit nach dem 6. Strafrechtsreformgesetz – Ein Leitfaden für Studium und Praxis“, Aufsatz. In: Juristische Schulung 2000, S. 31–38, C. H. Beck Verlag

Jähnke, Burkhard Laufhütte, Heinrich Wilhelm Odersky, Walter: „Leipziger Kommentar zum StGB“, Kommentar, Band 5 (§ 146–§ 222 StGB), 11. Auflage, De Gruyter Verlag, Berlin 2006, Zitiert: LK-*Bearbeiter*

Jakobs, Günther: „Strafrecht Allgemeiner Teil – Die Grundlagen und die Zurechnungslehre“, Lehrbuch, 2. Auflage, Walter de Gruyter Verlag, Berlin 1991

Jarass, Hans D. Pieroth, Bodo: „Grundgesetz für die Bundesrepublik Deutschland", Kommentar, 11. Auflage, C. H. Beck Verlag, München 2011, Zitiert: Jarass/Pieroth-*Bearbeiter*

Joecks, Wolfgang Miebach, Klaus: Münchener Kommentar zum Strafgesetzbuch, Joecks, Wolfgang/ Miebach, Klaus (Hrsg.), 2. Auflage, Band 1, Band 4, Band 5, C. H. Beck Verlag, München, Zitiert: MK-StGB-*Bearbeiter*

Joo, Ho-No: „Organtransplantation und Strafrecht", Dissertation, Peter Lang Verlag, Frankfurt am Main 2004

Junghanns, Ray: „Verteilungsgerechtigkeit in der Transplantationsmedizin", Dissertation, Peter Lang Verlag, Frankfurt am Main 2001

Kahlo, Michael: „Zur Strafrechtlichen Verantwortlichkeit des Arztes im Zusammenhang mit der Ausstellung einer Todesbescheinigung", Aufsatz. In: Neue Juristische Wochenschrift 1990, S. 1521–1524, C. H. Beck Verlag

Kargl, Walter: „Körperverletzung durch Heilbehandlung", Aufsatz. In: Pötz, Paul-Günter (Hrsg.)

–, „Goltdammer's Archiv für Strafrecht" (2001), S. 538–554, R.v. Decker Verlag

Kaufmann, Armin: „Tatbestandsmäßigkeit und Verursachung im Contergan-Verfahren", Aufsatz. In: Juristenzeitung 1971, S. 569–576

Kaufmann, Armin: „Dogmatik der Unterlassungsdelikte", Abhandlung, Otto Schwartz & Co Verlag, Göttingen 1959

Kaufmann, Arthur: „Kritisches zur Risikoerhöhungstheorie" In: Vogler, Theo/ Hermann, Joachim (Hrsg.), Festschrift für Jescheck zum 70. Geburtstag -Band 1-, S. 273–283, Duncker und Humblot Verlag, Berlin 1985

Kaufmann, Arthur: „Die eigenmächtige Heilbehandlung", Aufsatz. In: Zeitschrift für die gesamte Strafrechtswissenschaft 73 (1961), S. 341–384, De Gruyter Verlag

Kindhäuser, Urs: „Strafgesetzbuch – Lehr und Praxiskommentar", Kommentar, 5. Auflage, Nomos Verlag, Baden-Baden 2013, Zitiert: *Kindhäuser*, LPG-StGB

Kindhäuser, Urs: „Strafrecht Allgemeiner Teil", Lehrbuch, 6. Auflage, Nomos Verlag, Baden-Baden 2013

Kindhäuser, Urs: „Kausalanalyse und Handlungszuschreibung", Aufsatz. In: Pötz, Paul-Günter (Hrsg.)

–, „Goltdammer's Archiv für Strafrecht" (1984), S. 477–498, R.v. Decker Verlag

Kindhäuser, Urs: „Strafrecht Besonderer Teil I", Lehrbuch, 6. Auflage, Nomos Verlag, Baden-Baden 2014

Kindhäuser, Urs Neumann, Ulfrid Paeffgen, Hans-Ulrich: Strafgesetzbuch, Kommentar. In: Kindhäuser, Urs/Neumann, Ulfrid/Paeffgen, Hans-Ullrich (Hrsg.)

–, „Nomos Kommentar zum Strafgesetzbuch“, 4. Auflage, Band: 1, Band: 2, Band: 3, Nomos Verlag, Baden-Baden 2013, Zitiert: NK-StGB-*Bearbeiter*

Kleinknecht, Th. Müller, H Reitberger, L.: „StPO – Kommentar zur Strafprozessordnung Band 4“, Kleinknecht, Th./Müller, H./Reitberger, L. (Hrsg.), Kommentar, Carl Heymanns Verlag, Köln 2011, Zitiert: Kleinknecht/Müller/Reitberger-*Bearbeiter*

Klinkhammer, Gisela: „Organallokation: Suche nach dem passenden Spender“, Aufsatz. In: Deutsches Ärzteblatt 2010, S. 2369-2370.

Kloth, Karsten: „Todesbestimmung und postmortale Organentnahme“, Dissertation, Peter Lang Verlag, Frankfurt am Main 1996

Knoche, Joachim: „Nebenwirkungen überzogener Anforderungen an die ärztliche Aufklärungspflicht – Eine Analyse der juristisch-medizinischen Wechselbeziehung“, Aufsatz. In: Neue Juristische Wochenschrift 1989, S. 757–759, C. H. Beck Verlag

Koch, Arnd: „Strafbarkeit der Trennung siamesischer Zwillinge?“, Aufsatz. In: Pötz, Paul-Günter (Hrsg.)

–, „Goltdammer's Archiv für Strafrecht“ 2011, S. 129–144, R.v. Decker's Verlag

Koch, Arnd: „Tötung Unschuldiger als straflose Rettungshandlung?“, Aufsatz. In: Juristische Arbeitsblätter 2005, S. 745–749, Luchterhand Verlag

Kohlhaas, Max: „Rechtsfolgen von Transplantationseingriffen“, Aufsatz. In: Neue Juristische Wochenschrift 1970, S. 1224–1226, C. H. Beck Verlag

Koriath, Heinz: „Grundlagen strafrechtlicher Zurechnung“, Habilitationsschrift, Duncker & Humblot, Berlin 1994

Koriath, Heinz: „Kausalität und objektive Zurechnung“. In: Studien zum Strafrecht, Abhandlung, 1. Auflage, Nomos Verlag, Baden-Baden 2007

Koriath, Heinz: „Kausalität, Bedingungstheorie und psychische Kausalität“, Dissertation, Otto Schwartz &Co Verlag, Göttingen 1988

Kraatz, Erik: „Arztstrafrecht“, Studienbuch, Kohlhammer Verlag, Stuttgart 2013

Krey, Volker Esser, Robert: „Deutsches Strafrecht Allgemeiner Teil“, Lehrbuch, 5. Auflage, Kohlhammer Verlag, Stuttgart 2012

Krüger, Robert: „Die Organvermittlungstätigkeit Eurotransplants im Sinne des § 12 TPG“, Dissertation, Peter Lang Verlag, Frankfurt am Main 2011

Krukemeyer, Manfred G. Lison, Arno E.: „Transplantationsmedizin – ein Leitfaden für den Praktiker“, 1. Auflage, Gruyter Verlag, Berlin 2006, Zitiert: Krukemeyer/Lison-*Bearbeiter*

Krümpelmann, Justus: „Zur Kritik der Lehre vom Risikovergleich bei den fahrlässigen Erfolgsdelikten“, Aufsatz. In: Pötz, Paul-Günter (Hrsg.)

–, „Goltdammer's Archiv für Strafrecht“ (1984), S. 491–510, R.v. Decker Verlag

Kudlich, Hans: „Die strafrechtliche Aufarbeitung des „Organspende-Skandals"", Aufsatz. In: Neue Juristische Wochenzeitschrift 2013, S. 917–920

Kudlich, Hans: „An der Grenze des Tötungsvorsatzes", Aufsatz. In: Juristische Arbeitsblätter 2013, S. 152–154, Vahlen Verlag

Küfner, Nikolaus J.: „Rechtsphilosophische Aspekte moderner Medizintechniken am Beispiel der Organtransplantation und der Intensivmedizin" Dissertation, Peter Lang Verlag, Frankfurt am Main 1997

Kühl, Kristian: „Strafrecht Allgemeiner Teil", Lehrbuch, 7. Auflage, Vahlen Verlag, München 2012

Kuhlen, Lothar: „Strafhaftung bei unterlassenem Rückruf gesundheitsgefährdender Produkte". In: Neue Zeitschrift für Strafrecht 1990, S. 566–570, C. H. Beck Verlag

Kuhlen, Lothar: „Grundfragen der strafrechtlichen Produkthaftung", Aufsatz. In: Juristenzeitung 1994, S. 1142–1147, J.C.B Mohr Verlag

Kuhlen, Lothar: „Ausschluss der objektiven Erfolgszurechnung bei hypothetischer Einwilligung des Betroffenen", Aufsatz. In: Juristische Rundschau 2004, S. 227–230, De Gruyter Verlag

Kuhlen, Lothar: „Objektive Zurechnung bei Rechtfertigungsgründen", Aufsatz. In: Schünemann, Bernd/Achenbach, Hans/ Bottke, Wilfried/Haffke, Bernhard/Rudolphi, Hans-Joachim (Hrsg.), Festschrift für Claus Roxin zum 70. Geburtstag, S. 331–347, Walter de Gruyter Verlag 2001

Kühne, Hans-Heiner: „Strafprozessrecht", Lehr- und Handbuch, 8. Auflage, C. F. Müller Verlag, Heidelberg 2010

Kühne, Hans-Heiner: „Strafrechtliche Produkthaftung in Deutschland", Aufsatz. In: Neue Juristische Wochenschrift 1997, S. 1951–1954, C. H. Beck Verlag

Küper, Wilfried: „Grundfragen des neuen Aussetzungsdelikts", Aufsatz. In: Zeitschrift für die gesamte Strafrechtswissenschaft (ZStW) 111 (1999), S. 30–64, Walter de Gruyter Verlag

Küpper, Georg: „Grenzen der normativierenden Strafrechtsdogmatik", Habilitationsschrift, Duncker & Humblot Verlag, Berlin 1992

Lackner, Karl Kühl, Kristian: „Strafgesetzbuch", Kühl, Kristian, Heger, Martin (Hrsg.), Kommentar, 28. Auflage, C. H. Beck Verlag, München 2014, Zitiert: LK-*Bearbeiter*

Ladeur, Karl-Heinz Augsberg, Ino: „Die Funktion der Menschenwürde im Verfassungsstaat", Abhandlung, Mohr Siebeck Verlag, Tübingen 2008

Ladiges, Manuel: „Die Aussetzung nach § 221 StGB", Aufsatz, Juristische Schulung 2012, S. 687–691, C. H. Beck Verlag

Lampe, Ernst-Joachim: „Tat und Unrecht der Fahrlässigkeitsdelikte", Aufsatz. In: Zeitschrift für die gesamte Strafrechtswissenschaft (ZStW) 101 (1989), S. 3–51, Walter de Gruyter Verlag

Lampe, Ernst-Joachim: „Die sogenannte Gesamturkunde und das Problem der Urkundenfälschung durch den Aussteller", Aufsatz. In: Pötz, Paul-Günter (Hrsg.)

–, „Goltdammer's Archiv für Strafrecht" (1964), S. 321–332, R.v. Decker Verlag

Lang, Christoph: „Kultur des Lebens oder Kultur des Sterbens", Aufsatz. In: Zeitschrift für Rechtspolitik 1995, S. 457–461, C. H. Beck Verlag

Lang, Heinrich: „Knappheitsentscheidung im Sozialrecht – Zum Rechtsschutzdefizit gegenüber transplantationsrechtlichen Verteilungsentscheidungen". In: Vierteljahresschrift für Sozialrecht 2002, S. 21–43

Lang, Heinrich: „Deregulierte Verantwortungslosigkeit", Aufsatz. In: Medizinrecht 2005, S. 269–279, Springer und C. H. Beck Verlag

Lauf, Adolf: „Die Entwicklung des Arztrechts 1988/89", Aufsatz, Neue Juristische Wochenzeitschrift 1989, S. 1521–1528, C. H. Beck Verlag

Laufhütte, Heinrich Wilhelm van Saan, Ruth Rissing Tiedemann, Klaus (Hrsg.): „Leipziger Kommentar zum StGB", Kommentar, Band 1 (§ 1–§ 31 StGB), Band 2 (§ 32–§ 55 StGB), Band 9 / Teil 2 (§ 267 StGB–§ 283d StGB), 12. Auflage, De Gruyter Verlag, Berlin, Zitiert: LK-*Bearbeiter*

Laufs, Adolf Kern, Bernd-Rüdiger: „Handbuch des Arztrechts", Praxishandbuch, 4. Auflage, C. H. Beck Verlag, München 2010, Zitiert: Laufs/Kern-*Bearbeiter*

Leitmeier, Lorenz: „Bedingter Vorsatz bei Tötungsdelikten – Hemmschwellentheorie ohne Erklärungswert", Aufsatz. In: Neue Juristische Wochenschrift 2012, S. 2850–2853, C. H. Beck Verlag

Lilie, Hans: „Wartelistenbetreuung nach dem Transplantationsgesetz", Aufsatz. In: Ahrens, Hans-Jürgen/ v. Bar, Christian/ Fischer, Gerfried/ Spickhoff, Andreas/ Taupitz, Jochen (Hrsg.)

–, „Festschrift für Erwin Deutsch zum 70. Geburtstag", S. 643–649, Carl Heymanns Verlag, Köln 1999

Lilie, Hans: „Überwachung und Prüfung der Transplantationsmedizin", Aufsatz. In: Ahrens, Hans-Jürgen/ v. Bar, Christian/ Fischer, Gerfried/ Spickhoff, Andreas/ Taupitz, Jochen (Hrsg.)

–, „Medizin und Haftung -, Festschrift für Erwin Deutsch zum 80. Geburtstag", S. 331–341, Springer Verlag, Berlin 2009

Lilie, Hans: „Der IGES Bericht aus der Sicht der Ständigen Kommission Organtransplantation – die juristische Perspektive". In: Middel, Claus-Dieter /Pühler, Wiebke /Vilmar, Karsten (Hrsg.)

–, „Organspende und Organtransplantation in Deutschland – Bestandsaufnahme und Bewertung“, 1. Auflage, S. 17–22, Deutscher Ärzte-Verlag, Köln 2012

Linck, Joachim: „Gesetzliche Regelung von Sektionen und Transplantationen“, Aufsatz. In: Juristenzeitung 1973, S. 759–765, J. C. B. Mohr Verlag

Löffler, Peter: „’In dubio pro reo’ – einheitliche Antwort auf alle Zweifelsfragen?“, Aufsatz. In:, Juristische Arbeitsblätter (1987), S. 77–84, Alfred Metzner Verlag

Losse, Heinz: „Organtransplantation – Einführung“, in: Toellner, Richard (Hrsg.)

–, „Organtransplantation – Beiträge zu ethischen und juristischen Fragen“, S. 3–6, Stuttgart / New York 1991

Louven, Klaus: „Prima-facie-Beweis im Strafprozeß?“, Aufsatz. In: Monatsschrift für Deutsches Recht 1970, S. 295–296, Monatsschrift für Deutsches Recht, Verlagsgesellschaft

Mackie, John: „The Cement of the Universe. A Study of Causation“, Abhandlung, Oxford 1974

Maiwald, Manfred: „Kausalität und Strafrecht“, Abhandlung, Verlag Otto Schwartz & Co, Göttingen 1980

Malitz, Kirsten: „Der untaugliche Versuch beim unechten Unterlassungsdelikt: Zum Strafgrund des Versuchs“, Dissertation, Duncker & Humblot Verlag, Berlin 1998

Mangoldt, Hermann v. Klein, Friedrich Starck, Christian: „Grundgesetz“, Kommentar, Band 2, 6. Auflage, Franz Vahlen Verlag, München 2010

Matt, Holger Renzikowski, Joachim: „Strafgesetzbuch“, Kommentar, 1. Auflage, Franz Vahlen Verlag, München 2013, Zitiert: MR-StGB-*Bearbeiter*

Maunz, Theodor Dürig, Günter: „Grundgesetz Kommentar“, Band II, 70. Auflage, C. H. Beck Verlag, München, Zitiert: Maunz/Dürig-*Bearbeiter*

Maurach, Reinhart, Schröder, Friedrich-Christian, Maiwald, Manfred: „Strafrecht Besonderer Teil – Teilband I“, Lehrbuch, 10. Auflage, C. F. Müller Verlag, Heidelberg / Hamburg 2009

Maurach, Reinhart Zipf, Heinz: „Strafrecht Allgemeiner – Teilband I“, Lehrbuch, 8. Auflage, C. F. Müller Verlag, Heidelberg 1992

Merkel, Reinhold: „Hirntod und kein Ende“, Aufsatz, Jura 1999, S. 113–122, Walter de Gruyter Verlag

Müller, Christian: „Die Abgrenzung von dolus eventualis und bewusster Fahrlässigkeit (unter Berücksichtigung der aktuellen Rechtsprechung zur ‚Hemmschwellentheorie’)“, Aufsatz. In: Juristische Arbeitsblätter 2013, S. 584–589, Vahlen Verlag

Müller, Christoph Markus: „Anscheinsbeweis im Strafprozeß“, Dissertation, Duncker& Humblot Verlag, Berlin 1998

Musielak, Hans-Joachim: „Grundkurs ZPO“, Lehrbuch, 11. Auflage, C. H. Beck Verlag, München 2012

Norba, Daniela: „Rechtsfragen der Transplantationsmedizin aus deutscher und europäischer Sicht“, Dissertation, Duncker & Humblot Verlag, Berlin 2009

Oduncu, Fuat: „Hirntod und Organtransplantation“, Abhandlung, Vandenhoeck & Ruprecht, Göttingen 1998

Oduncu, Fuat: „Einführung“, Beitrag. In: Oduncu, Fuat/Schroth, Ulrich/Vossenkuhl, Wilhelm (Hrsg.), „Transplantation: Organgewinnung und -allokation“, Beitrag, S. 9–12, Vandenhoeck & Ruprecht Verlag, Göttingen 2003

Oğlakcıoğlu, Mustafa Temmuz: „Aus aktuellem Anlass: Das strafbare Handeltreiben mit Organen“, Aufsatz. In: Onlinezeitschrift für Höchstrichterliche Rechtsprechung zum Strafrecht, (HRRS) 2012, S. 381–388

Otto, Harro: „Risikoerhöhungsgrundsatz statt Kausalitätsgrundsatz als Zurechnungskriterium bei Erfolgsdelikten“, Aufsatz. In: Neue Juristische Wochenschrift 1980, S. 417–424

Otto, Harro: „Die objektive Zurechnung eines Erfolges im Strafrecht“, Aufsatz. In: Jura 1992, S. 90–99, Walter de Gruyter Verlag

Otto, Harro: „Grundkurs Strafrecht Allgemeine Strafrechtslehre“, Lehrbuch, 7. Auflage, Walter de Gruyter Verlag, München 2004

Otto, Harro: „Die Probleme der Urkundenfälschung (§ 267 StGB) in der neueren Rechtsprechung und Lehre“, Aufsatz. In: Juristische Schulung 1987, S. 761–770, C. H. Beck Verlag

Petermann, Stefan Savanovic, Aleksandar: „Fortgeschrittenenklausur – Strafrecht: Vermögens- und Urkundsdelikte – Gewinnmaximierung mittels Internetplattform“, Aufsatz. In: Juristische Schulung 2011, S. 1003–1009, C. H. Beck Verlag

Peters, Karl: „Strafprozeßrecht“, Lehrbuch, 4.Auflage, C. F. Müller Verlag, Heidelberg 1985

Pfeiffer, Gerd: „StPO – Strafprozessordnung“, Kommentar, 5. Auflage, C. H. Beck Verlag, München 2005

Pommer, Stephanie: „Rechtliche Aspekte der Blutstammzellspende“, Dissertation, LIT Verlag, Berlin 2010

Prittwitz, Cornelius: „Strafrecht und Risiko“, Habilitationsschrift, Vittorio Klostermann Verlag, Frankfurt am Main 1993

Prütting, Hanns Gehrlein, Markus: „ZPO Kommentar“, Prütting, Hanns/ Gehrlein, Markus (Hrsg.), Kommentar, 6. Auflage, Luchterhand Verlag, Köln 2014

Pschyrembel: „Pschyrembel – Klinisches Wörterbuch“, 261. Auflage, Walter de Gruyter Verlag, Berlin 2007

Puppe, Ingeborg: „Die Lehre von der objektiven Zurechnung“, Aufsatz. In: Jura 1997, S. 408–416, Walter de Gruyter Verlag

Puppe, Ingeborg: „Anmerkung zum BGH Urteil v. 02. 08. 1995 – 2 StR 221/94 (LG Frankfurt/M.)“, Aufsatz. In: Juristenzeitung 1996, S. 318–320

Puppe, Ingeborg: „Naturgesetze vor Gericht“, Aufsatz. In: Juristenzeitung 1994, S. 1147–1151

Puppe, Ingeborg: “Die verschuldeten Folgen der Tat als Strafzumessungsgründe“, Aufsatz. In: Seebode, Manfred (Hrsg.)

–, „Festschrift für Günter Spendel zum 70. Geburtstag“, S. 450–468, Walter de Gruyter Verlag 1992

Puppe, Ingeborg: „Strafrecht Allgemeiner Teil – Im Spiegel der Rechtsprechung“, Lehrbuch, 2. Auflage, Nomos Verlag, Baden-Baden 2011

Puppe, Ingeborg: „Brauchen wir eine Risikoerhöhungslehre?“. In: Schünemann, Bernd/Achenbach, Hans/ Bottke, Wilfried/Haffke, Bernhard/Rudolphi, Hans-Joachim (Hrsg.)

–, „Festschrift für Claus Roxin zum 70. Geburtstag“, Beitrag, S. 287–306, De Gruyter Verlag, Berlin 2001

Puppe, Ingeborg: „Naturalismus und Normativismus in der modernen Strafrechtsdogmatik“, Aufsatz. In: Pötz, Paul-Günter (Hrsg.), Goltdammer's Archiv für Strafrecht 1994, S. 297–318, R. v. Decker's Verlag

Puppe, Ingeborg: „Erfolg und seine kausale Erklärung im Strafrecht“. In: Zeitschrift für die gesamte Strafrechtswissenschaft, Band 92 (1980), S. 863–911, De Gruyter Verlag

Puppe, Ingeborg: „Zurechnung und Wahrscheinlichkeit“, Aufsatz. In: Zeitschrift für die gesamte Strafrechtswissenschaft, Band 95 (1983), S. 287–315, De Gruyter Verlag

Puppe, Ingeborg: „Ein Versuch, kriminalistisch zu denken“, Aufsatz. In: Schweizer Zeitschrift für Strafrecht, Band 107 (1990), S. 141–153, Verlag Stämpfle & Cie AG

Puppe, Ingeborg: „Die Beziehung zwischen Sorgfaltswidrigkeit und Erfolg bei den Fahrlässigkeitsdelikten“. In: Zeitschrift für die gesamte Strafrechtswissenschaft 99 (1987), S. 595–616, Walter de Gruyter Verlag

Puppe, Ingeborg: „Tötungsvorsatz und Affekt – Über die neue Rechtsprechung des BGH zum dolus eventualis in Bezug auf den möglichen Todeserfolg bei offensichtlich lebensgefährlichen Gewalthandlungen“, Aufsatz. In: Neue Zeitschrift für Strafrecht 2014, S. 183–187, C. H. Beck Verlag

Puppe, Ingeborg: „BGH, Urt. V. 22.3.2012 – 4 StR 558/11 m. Anm. von Puppe“. In: Juristische Rundschau 2012, S. 477–479, De Gruyter Verlag

Puppe, Ingeborg: „Die Erfolgszurechnung im Strafrecht", Abhandlung, 1. Auflage, Nomos Verlag, Baden-Baden 2000

Puppe, Ingeborg: „Die strafrechtliche Verantwortlichkeit des Arztes bei mangelnder Aufklärung über eine Behandlungsalternative", Aufsatz. In: Pötz, Paul-Günter (Hrsg.)

–, „Goltdammer's Archiv für Strafrecht" (2003), S. 764–776, R.v. Decker Verlag

Puppe, Ingeborg: „Hypothetische Einwilligung bei medizinischem Heileingriff – Urt. Des BGH v. 20.1.2004 – 1 StR 319/03 mit Anmerkung von Puppe". In: Juristische Rundschau 2004, S. 469–472, De Gruyter Verlag

Puppe, Ingeborg: „Erscheinungsformen der Urkunde", Aufsatz. In: Jura 1980, S. 18–22, Walter de Gruyter Verlag

Puppe, Ingeborg: „Die neue Rechtsprechung zu den Fälschungsdelikten", Aufsatz, Juristenzeitung 1997, S. 490–500, Mohr Siebeck Verlag

Puppe, Ingeborg: „* Verantwortlichkeit von Klinikärzten für von Untergebrachtem bei Ausgang begangene Straftaten (Ls.) (m. Anm. Puppe)", Aufsatz. In: Neue Zeitschrift für Strafrecht 2004, S. 554–556, C. H. Beck Verlag

Ranft, Otfried: „ Zur Unterscheidung von Tun und Unterlassen im Strafrecht", Aufsatz. In: Juristische Schulung 1963, S. 340–345, C. H. Beck Verlag

Ranft, Otfried: „Strafprozeßrecht", Lehrbuch, 3. Auflage, Richard Boorberg Verlag, Stuttgart 2005

Regizahn, Ernest F.: „Urkundenfälschung an Krankenakte OLG Koblenz Urt. v. 19. 9. 1994 – 2 Ss 123/94 – m. Anm. v. Regizahn", Aufsatz. In: Medizinrecht 1995, S. 29–34, Springer und C. H. Beck Verlag

Rengier, Rudolf: „Strafrecht Allgemeiner Teil", Lehrbuch, 5. Auflage, C. H. Beck Verlag, München 2013

Rengier, Rudolph: „Strafrecht Besonderer Teil II", Lehrbuch, 15. Auflage, C. H. Beck Verlag, München 2014

Richter-Kuhlmann, Eva: „Transplantation: Organspendenrate bleibt 2013 niedrig", Aufsatz. In: Deutsches Ärzteblatt 2013, S. 2255

Richter-Kuhlmann, Eva Sigmund-Schultze, Nicola: „Organtransplantation: Was sich gesetzlich ändert", Aufsatz. In: Deutsches Ärzteblatt 2012, S. 1310–1313

Richter-Kuhlmann, Eva: „Erneute Debatte um die Widerspruchsregelung", Aufsatz. In: Deutsches Ärzteblatt, 2010, S. 1668

Rissing-van Saan, Ruth: „Der sog. ‚Transplantationsskandal' – eine strafrechtliche Zwischenbilanz", Aufsatz. In: Neue Zeitschrift für Strafrecht, S. 233–244, C. H. Beck Verlag

Rixen, Stephan: „Lebensschutz am Lebensende", Schriften zum öffentlichen Recht Band 795, Dissertation, Duncker und Humblot, Berlin 1999

Rixen, Stephan: „Todesbegriff, Lebensgrundrecht und Transplantationsgesetz“, Aufsatz. In: Zeitschrift für Rechtspolitik 1995, S. 461–466, C. H. Beck Verlag

Rolinski, Klaus: „Statistische Kausalität“. In: Kühne, Hans-Heiner (Hrsg.)

–, „Festschrift für Koichi Miyazawa“, S. 483–500, Nomos Verlag, Baden-Baden 1995

Rönnau, Thomas: „BGH Urt. V. 15.10.2003 -1 StR 300/03 m. Anm. v. Rönnau“, Beitrag, Juristenzeitung 2004, S. 799–804, Mohr Siebeck Verlag

Rosenberg, Sebastian: „Die postmortale Organtransplantation“, Dissertation, Peter Lang Verlag, Frankfurt am Main 2008

Rosenberg, Sebastian: „Transplantationsbeauftragte stärken“, Aufsatz. In: Middel, Claus-Dieter /Pühler, Wiebke /Lilie, Hans /Vilmar, Karsten (Hrsg.)

–, „Novellierungsbedarf des Transplantationsrechts“, S. 109–115, C. H. Beck Verlag, München 2010

Roth, Gerhard: „Verstand oder Gefühl – wem sollen wir folgen?“, Abhandlung. In: Roth, Gerhard/ Grün, Klaus-Jürgen/ Friedman, Michel (Hrsg.)

–, „Kopf oder Bauch – Zur Biologie der Entscheidung“, S. 15–27, Vandenhoeck & Ruprecht, Göttingen 2010

Roxin, Claus Schroth, Ulrich: „Handbuch des Medizinstrafrechts“, 4. Auflage, Boorberg, Stuttgart 2010

Roxin, Claus: Strafrecht – Allgemeiner Teil I, Lehrbuch, 4. Auflage, C. H. Beck Verlag, München 2006

Roxin, Claus: „Gedanken zur Problematik der Zurechnung im Strafrecht“. In: Juristische Fakultät Göttingen (Hrsg.)

–, „Festschrift für Richard M. Honig zum 80. Geburtstag“, S. 133–150, Otto Schwartz Verlag, Göttingen 1970

Roxin, Claus: „Täterschaft und Teilnahme“, Monographie, 8. Auflage, Walter de Gruyter Verlag, Berlin 2006

Roxin, Claus: „Pflichtwidrigkeit und Erfolg bei fahrlässigen Delikten“, Aufsatz. In: Zeitschrift für die gesamte Strafrechtswissenschaft 74 (1962), S. 411–444, Walter de Gruyter Verlag

Roxin, Claus: „Literaturbericht Allgemeiner Teil“, Aufsatz. In: Zeitschrift für die gesamte Strafrechtswissenschaft 78 (1966), S. 214–261, Walter de Gruyter Verlag

Roxin, Claus: „Strafverfahrensrecht“, Lehrbuch, 25. Auflage, C. H. Beck Verlag, München 1998

Roxin, Claus Schünemann, Bernd: „Strafverfahrensrecht“, Lehrbuch, 26. Auflage, C. H. Beck Verlag, München 2009

Roxin, Claus: „Strafrecht Allgemeiner Teil Band II“, Lehrbuch, 2. Auflage, C. H. Beck Verlag, München 2003

Roxin, Claus: „Zum Schutzzweck der Norm bei fahrlässigen Delikte“, Aufsatz. In: Lackner, Karl/Leferenz, Heinz/ Schmidt, Eberhard/ Welp, Jürgen/ Wolff, Ernst Amadeus (Hrsg.)

–, „Festschrift für Wilhelm Gallas zum 70. Geburtstag“, S. 241–259, Walter de Gruyter Verlag, Berlin 1973

Rudolphi, Hans-Joachim Horn, Eckerhard Samson, Erich Günther, Hans-Ludwig (Hrsg.): „Systematischer Kommentar zum Strafgesetzbuch“, Kommentar, Carl Heymanns Verlag, Köln, Zitiert: SK-StGB-*Bearbeiter*

Samson, Erich: „Probleme strafrechtlicher Produkthaftung“, Aufsatz. In: Strafverteidiger 1991, S. 182–186, Carl Heymanns Verlag

Samson, Erich: „Inus-Bedingung und strafrechtlicher Kausalbegriff“, Aufsatz. In: Rogal, Klaus/ Puppe, Ingeborg/ Stein, Ulrich/Wolter, Jürgen (Hrsg.)

–, „Festschrift für Hans-Joachim Rudolphi zum 70. Geburtstag“, S. 259–266, Luchterhand, Neuwied 2004

Samson, Erich: „Hypothetische Kausalverläufe im Strafrecht“, Habilitationsschrift, Metzner Verlag, Frankfurt am Main 1972

Samson, Erich: „Begehung und Unterlassung“. In: Stratenwerth, Günter/ Kaufmann, Armin/ Geilen, Gerd/ Hirsch, Hans Joachim/ Schreiber, Hans-Ludwig/ Jakobs, Günther/ Loos, Fritz (Hrsg.)

–, „Festschrift für Hans Welzel zum 70. Geburtstag“, Beitrag, S. 579–603, Walter de Gruyter Verlag, Berlin 1974

Satzger, Helmut Schluckbier, Wilhelm Widmaier, Gunter (Hrsg.): „StGB Strafgesetzbuch“, Kommentar, 2. Auflage 2014, Carl Heymanns Verlag, Köln 2014, Zitiert: SSW-StGB-*Bearbeiter*

Satzger, Helmut Schluckbier, Wilhelm Widmaier, Gunter (Hrsg.): „StPO Strafgesetzbuch“, Kommentar, 1. Auflage, Carl Heymanns Verlag, Köln 2009, Zitiert: SSW-StPO-*Bearbeiter*

Schachtsteiner, Albrecht Siebold, Dagmar: „Die erweiterte Zustimmungslösung des Transplantationsgesetzes im Konflikt mit dem Grundgesetz“, Aufsatz. In: Die öffentliche Verwaltung 2000, S. 129–137, Kohlhammer Verlag

Schäfer, Ulrich: „Aspekte der Knochenmarktransplantation“, Beitrag. In: Toellner, Richard (Hrsg.)

–, „Organtransplantation - Beiträge zu ethischen und juristischen Fragen“, S. 37–42, Urban & Fischer Verlag, Stuttgart 1991

Schlüchter, Ellen: „Zusammenhang zwischen Pflichtwidrigkeit und Erfolg bei Fahrlässigkeitstatbeständen“, Aufsatz. In: Juristische Arbeitsblätter (1984), S. 673–680, Ernst und Werner Verlag

Schlüchter, Ellen: „Grundfälle zur Lehre der Kausalität“, Aufsatz. In: Juristische Schulung 1976, S. 312–315, C. H. Beck Verlag

Schmeissner, Katja: „(Straf-)Rechtliche Aspekte der Transplantation fetaler Zellen und Gewebe“, Dissertation, Berlin Verlag, Berlin 2002

Schmidhäuser, Eberhard: „Strafrecht Allgemeiner Teil“, Lehrbuch, 2. Auflage, J.C.B. Mohr Verlag, Tübingen 1984

Schmidhäuser, Eberhard: „Strafrecht Allgemeiner Teil“, Lehrbuch, 2. Auflage, J.C.B Mohr Verlag, Tübingen 1975

Schmidt-Aßmann, Eberhard: „Grundrechtspositionen und Legitimationsfragen im öffentlichen Gesundheitswesen“, Abhandlung, Walter De Gruyter Verlag, Berlin 2001

Schmidt, Volker H.: „Politik der Organverteilung“, Dissertation, Nomos Verlag, Baden-Baden 1996

Schneider, Hendrik Busch, Josephine: „Der Lebensretter als Mörder? Der ‚Organspendenskandal‘ an der Grenze der Strafrechtsdogmatik“, Aufsatz. In: Neue Kriminalpolitik 2013, S. 362–372, Nomos Verlag

Schönke, Adolf Schröder, Horst: „Strafgesetzbuch“, Schönke, Adolf/ Schröder, Horst (Hrsg.), Kommentar, 29. Auflage, C. H. Beck Verlag, München 2014, Zitiert S/S-*Bearbeiter*

Schreiber, Hans-Ludwig Wolfslast, Gabriele: „Ein Entwurf für ein Transplantationsgesetz“, Aufsatz. In: Medizinrecht 1992, S. 189–195, C. H. Beck Verlag & Springer Verlag

Schroth, Ulrich: „Die strafrechtliche Beurteilung der Manipulationen bei der Leberallokation“, Aufsatz. In: Neue Zeitschrift für Strafrecht 2013, S. 437–447, C. H. Beck Verlag

Schroth, Ulrich: „Spendenautonomie und Schadensvermeidung“, Aufsatz. In: Medizinrecht 2012, S. 570–576, Springer & C. H. Beck Verlag

Schroth, Ulrich: „Strafrecht Besonderer Teil“, Lehrbuch, 5. Auflage, Boorberg Verlag, Stuttgart 2010

Schroth, Ulrich: „Die Rechtsprechung des BGH zum Tötungsvorsatz in der Form des ‚dolus eventualis‘“, Aufsatz. In: Neue Zeitschrift für Strafrecht 1990, S. 324–326, C. H. Beck Verlag

Schroth, Ulrich: „§19 Abs. 2a TPG – ein missglückter medizinstrafrechtlicher Schnellschuss“, Aufsatz. In: Medizinrecht 2013, S. 645–647, Springer Verlag & C. H. Beck Verlag

Schroth, Ulrich Hoffmann, Elisabeth: „Die strafrechtliche Beurteilung der Manipulation bei der Leberallokation – kritische Anmerkung zu einem Zwischenbericht“, Aufsatz. In: Neue Zeitschrift für Strafrecht 2014, S. 468–493, C. H. Beck Verlag

Schroth, Ulrich König, Peter Gutmann, Thomas Oduncu, Fuat (Hrsg.): „Transplantationsgesetz“, Kommentar, 1. Auflage, Beck Verlag, München 2005

Schünemann, Bernd: „Der Richter im Strafverfahren als manipulierter Dritter? Zur empirischen Bestätigung von Perseveranz- und Schulterschlußeffekt", Aufsatz. In: Strafverteidiger 2000, S. 159–165, Carl Heymanns Verlag

Schünemann, Bernd: „Experimentelle Untersuchung zur Reform der Hauptverhandlung in Strafsachen", Aufsatz. In: Kerner, Hans-Jürgen/ Kury, Helmut/ Sessar, Klaus (Hrsg.)

–, „Deutsche Forschung zur Kriminalitätsentstehung und Kriminalitätskontrolle Band 6/2", S. 1109–1151, Carl Heymanns Verlag, Köln 1983

Schünemann, Bernd: „Moderne Tendenzen in der Dogmatik der Fahrlässigkeits- und Gefährdungsdelikte". In: Juristische Ausbildung (JA) (1975), S. 167–176, Vahlen Verlag

Schünemann, Bernd: „Anmerkung", Aufsatz. In: Strafverteidiger 1985, S. 229–233, Alfred Metzner Verlag

Schünemann, Bernd: „Die deutschsprachige Strafrechtswissenschaft nach der Strafrechtsreform im Spiegel des Leipziger Kommentars und des Wiener Kommentars", Aufsatz. In: Pötz, Paul-Günter (Hrsg.)

–, „Goltdammer's Archiv für Strafrecht" 1985, S. 341–380, R.v. Decker Verlag

Schünemann, Bernd: „Die deutschsprachige Strafrechtswissenschaft nach der Strafrechtsreform im Spiegel des Leipziger Kommentars und des Wiener Kommentars", Aufsatz. In: Pötz, Paul-Günter (Hrsg.)

–, „Goltdammer's Archiv für Strafrecht" 1986, S. 293–352, R.v. Decker Verlag

Schünemann,, Bernd: „Über die objektive Zurechnung", Aufsatz. In: Pötz, Paul-Günter (Hrsg.)

–, „Goltdammer's Archiv für Strafrecht" 1999, S. 207–229, R.v. Decker Verlag

Sengler, Helmut Schmidt, Angelika: „Organentnahme bei Hirntoten als „noch Lebenden"?". In: Medizinrecht 1997, S. 241–247, Springer und C. H. Beck Verlag

Siegmund- Schultze, Nicola: „Organspende in Deutschland – Wege aus einer angespannten Situation", Aufsatz. In: Deutsches Ärzteblatt 2013, S. 2118–2124

Siegmund-Schultze, Nicola: „Organtransplantation: Zwischen Effektivität und Gerechtigkeit", Aufsatz. In: Deutsches Ärzteblatt 2010, S. 2367–2368

Siegmund-Schultze, Nicola: „Die Justiz betritt Neuland". In: Deutsches Ärzteblatt 2013, S. 1468–1469

Siegmund-Schultze, Nicola: „Organspende: Jetzt werden die Weichen gestellt", Aufsatz. In: Deutsches Ärzteblatt 2011, S. 2249

Sommer, Ulrich: „Effektive Strafverteidigung – ein Handbuch für Theorie und Praxis", 1.Auflage, Carl-Heymanns Verlag, Köln 2011

Spickhoff, Andreas (Hrsg.): „Medizinrecht", Kommentar, 2. Auflage, C. H. Beck Verlag, München 2014, Zitiert: Spickhoff-*Bearbeiter*

Stegmüller, Wolfgang: „Probleme und Resultate der Wissenschaftstheorie und Analytischen Philosophie Band I“, Abhandlung, 2. Auflage, Springer Verlag, Berlin 1983

Sternberg-Lieben, Irene Fisch, Christian: „Der neue Tatbestand der (Gefahr-) Aussetzung (§ 221 StGB n.F.)“, Aufsatz. In: Jura 1999, S. 45–51, Walter de Gruyter Verlag

Sternberg-Lieben, Irene: „Voraussetzungen der Notwehr“, Aufsatz. In: Juristische Arbeitsblätter 1996, S. 299–308, Luchterhand Verlag

Stoecker, Katharina: „Zum Novellierungsbedarf der gesetzlichen Regelungen zur Lebendspende unter besonderer Berücksichtigung europäischer und internationaler Vorschriften“, Dissertation, Universitätsdrucke Göttingen, Göttingen 2012

Strack, Fritz Deutsch, Roland: „Theorien der Sozialpsychologie Band. 3“, Frey Dieter/Irle Martin (Hrsg.), Lehrbuch, 2. Auflage, Hans Huber Verlag, Berlin 2002

Strasser, Fedor: „Die Zurechnung von Retter-, Flucht- und Verfolgerverhalten im Strafrecht“, Dissertation, Duncker & Humblot, Berlin 2008

Stratenwerth, Günter: „Bemerkungen zum Prinzip der Risikoerhöhung“, Aufsatz. In: Lackner, Karl/Leferenz, Heinz/ Schmidt, Eberhard/ Welp, Jürgen/ Wolff, Ernst Amadeus (Hrsg.)

–, „Festschrift für Wilhelm Gallas zum 70. Geburtstag“, S. 227–239, Walter de Gruyter Verlag, Berlin 1973

Stratenwerth, Günter Kuhlen, Lothar: „Strafrecht Allgemeiner Teil, – Die Straftat“, Lehrbuch, 6. Auflage, Vahlen Verlag, München 2011

Streng, Franz: „Der Irrtum beim Versuch – Ein Irrtum?“, Aufsatz. In: Zeitschrift für die gesamte Strafrechtswissenschaft (ZStW) 109 (1997), S. 862–899, Walter de Gruyter Verlag

Streng, Franz: „Rücktritt und dolus eventualis“, Aufsatz. In: Juristenzeitung 1990, S. 212–220, J.C.B. Mohr Verlag

Surbek, Daniel: „Der Embryo als Spender und Empfänger von Stammzellen“, Beitrag. In: Becchi, Paolo/Bondolfi, Alberto/Kostka, Ulrike/Seelmann, Kurt (Hrsg.)

–, „Die Zukunft der Transplantation von Zellen, Geweben und Organen“, S. 11–20, Schwabe Verlag, Basel 2007

Tiemeyer, Jürgen: „Der relative Indeterminismus und seine Bedeutung für das Strafrecht“, Aufsatz. In: Zeitschrift für die gesamte Strafrechtswissenschaft, Band 105 (1993), S. 483–522, De Gruyter Verlag

Toepel, Friedrich: „Kausalität und Pflichtwidrigkeitszusammenhang beim fahrlässigen Erfolgsdelikt“, Dissertation, Duncker & Humblot Verlag, Berlin 1992

Ugowski, Patrick: „Rechtsfragen der Lebendspende von Organen“, Dissertation, Münster 1998

Ulsenheimer, Klaus: „Erfolgsrelevante und erfolgsneutrale Pflichtverletzungen im Rahmen der Fahrlässigkeitsdelikte“, Aufsatz. In: Juristenzeitung (1969), S. 364–369, J.C.B Mohr Verlag

Ulsenheimer, Klaus: „Arztstrafrecht in der Praxis“, Lehrbuch, 4. Auflage, C. F. Müller Verlag, Heidelberg 2008

Ulsenheimer, Klaus: „Das Verhältnis zwischen Pflichtwidrigkeit und Erfolg bei den Fahrlässigkeitsdelikten“, Dissertation, Ludwig Röhrscheid Verlag, Bonn 1965

Ulsenheimer, Klaus: „Neuere Entwicklungen im Arztstrafrecht“, Aufsatz. In: Schiller, Herbert/Tsambikakis, Michael (Hrsg.)

–, „Kriminologie und Medizinrecht: Festschrift für Gernot Steinhilper“, S. 225–236, C. F. Müller Verlag, Heidelberg / Hamburg 2013

Verrel, Thorsten: „Sanktionierung von Allokationsauffälligkeiten“, Aufsatz, In: Lilie, Hans/Rosenau, Henning/Hakeri, Hakan (Hrsg.)

–, „Die Organtransplantation – Rechtsfragen bei knappen medizinischen Ressourcen“, S. 181–187, Nomos Verlag, Baden-Baden 2011

Verrel, Torsten: „Manipulation von allokationsrelevanten Patientendaten – ein (versuchtes) Tötungsdelikt?“, Aufsatz. In: Medizinrecht 2014, S. 464–469, Springer & C. H. Beck Verlag

Vogel, Joachim: „Norm und Pflicht bei den unechten Unterlassungsdelikten“, Abhandlung, Duncker & Humblot Verlag, Berlin 1993

Vogt, Sebastian Karbaum, Davia: „Transplantation – geschichtliche Trends und Entwicklungswege“, Beitrag. In: Toellner, Richard (Hrsg.)

–, „Organtransplantation – Beiträge zu ethischen und juristischen Fragen“, S. 7–17, Stuttgart 1991

Volk, Klaus: „Anscheinsbeweis und Fahrlässigkeit im Strafprozeß“, Aufsatz. In: Pötz, Paul-Günter (Hrsg.)

–, „Goltdammer's Archiv für Strafrecht“ (1973), S. 161–177, R.v. Decker Verlag

Walder, Hans: „Die Kausalität im Strafrecht“, Aufsatz. In: Schweizer Zeitschrift für Strafrecht, Band 93 (1977), S. 113–163, Verlag Stämpfle & Cie AG

Weber, Ralph: „Der Hirntodbegriff und der Tod des Menschen„, Aufsatz. in: Zeitschrift für Lebensrecht 2002, S. 94–106, Juristen-Vereinigung Lebensrecht

Weck, Monika Christine: „Vom Mensch zur Sache?: Der Schutz des Lebens an seinen Grenzen“, Dissertation, Shaker Verlag, Aachen 2003

Wessels, Johannes Beulke, Werner Satzger, Helmut: „Strafrecht Allgemeiner Teil“, Lehrbuch, 43. Auflage, C. F. Müller Verlag, Heidelberg / Hamburg 2013

Wessels, Johannes Hettinger, Michael: „Strafrecht Besonderer Teil 1", Lehrbuch, 37. Auflage, C. F. Müller Verlag, Heidelberg / Hamburg 2013

Wolter, Jürgen: „Objektive und personale Zurechnung von Verhalten, Gefahr und Verletzung in einem funktionalen Straftatsystem", Habilitationsschrift, Duncker & Humblot Verlag, Berlin 1981

Wolter, Jürgen: „Konkrete Erfolgsgefahr und konkreter Gefahrenerfolg im Strafrecht", Aufsatz. In: Juristische Schulung 1978, S. 748–754, C. H. Beck Verlag

Zimmermann, Theo: „Zur Problematik der unechten Unterlassungsdelikte", Aufsatz. In: Neue Juristische Wochenschrift 1952, S. 1321–1322, C. H. Beck Verlag

Zippelius, Reinhold: „Allgemeine Staatslehre: Politikwissenschaften", Lehrbuch, 16. Auflage, C. H. Beck Verlag, München 2010

Zippelius, Reinhold Würtenberger, Thomas: „Deutsches Staatsrecht", Lehrbuch, 32. Auflage, C. H. Beck Verlag, München 2008

www.ingramcontent.com/pod-product-compliance
Ingram Content Group UK Ltd.
Pitfield, Milton Keynes, MK11 3LW, UK
UKHW021906290926
8980IPUK00015B/1095

9 783631 667453